독학사 2·4단계

영어영문학과

영어학개론

SD에듀
㈜시대고시기획

머리말

학위를 얻는 데 시간과 장소는 더 이상 제약이 되지 않습니다. 대입 전형을 거치지 않아도 '학점은행제'를 통해 학사학위를 취득할 수 있기 때문입니다. 그중 독학학위제도는 고등학교 졸업자이거나 이와 동등 이상의 학력을 가지고 있는 사람들에게 효율적인 학점 인정 및 학사학위 취득의 기회를 줍니다.

학습을 통한 개인의 자아실현 도구이자 자신의 실력을 인정받을 수 있는 스펙으로서의 독학사는 짧은 기간 안에 학사학위를 취득할 수 있는 지름길로 많은 수험생들의 선택을 받고 있습니다.

이 책은 독학사 시험에 응시하는 수험생들이 단기간에 효과적인 학습을 할 수 있도록 다음과 같이 구성하였습니다.

01 단원 개요
핵심이론을 학습하기에 앞서 각 단원에서 파악해야 할 중점과 학습목표를 정리하여 수록하였습니다.

02 핵심이론
시험에 출제될 수 있는 내용을 '핵심이론'으로 수록하였으며, 이론 안의 '더 알아두기' 등을 통해 내용 이해에 부족함이 없도록 하였습니다. (2025년 시험부터 적용되는 개정 평가영역 반영)

03 실전예상문제
해당 출제영역에 맞는 핵심포인트를 분석하여 구성한 '실전예상문제'를 수록하였습니다.

04 최종모의고사
최신 출제유형을 반영한 '최종모의고사(2회분)'를 통해 자신의 실력을 점검해 볼 수 있으며, 실제 시험에 임하듯이 시간을 재고 풀어 본다면 시험장에서의 실수를 줄일 수 있을 것입니다.

05 주관식 문제
4단계 시험을 대비할 수 있도록 '주관식 문제'를 수록하였습니다.

영어학은 자연 언어로서의 영어에 대한 학술적 연구 성과를 공부하는 학문입니다. 말소리에 대한 연구 분야인 '음성학과 음운론', 말소리가 모여 어떻게 어휘를 형성하는지에 대한 '형태론', 어휘가 어떻게 문장이 되고 의미가 나타나는지를 살펴보는 '통사론과 의미론', 실생활에서의 문장의 쓰임을 살펴보는 '화용론' 등으로 구성되어 있습니다. 영어학을 공부하면 인간의 언어가 어떻게 머릿속에 있는 인간의 생각을 상대방에게 효율적으로 전달할 수 있는지 파악할 수 있고, 언어가 어떻게 문화와 문명 발전에 도움을 주는 인류 최대의 발명품이 되었는지 이해할 수 있을 것입니다.

편저자 드림

BDES

독학학위제 소개

▌독학학위제란?

「독학에 의한 학위취득에 관한 법률」에 의거하여 국가에서 시행하는 시험에 합격한 사람에게 학사학위를 수여하는 제도

- ✓ 고등학교 졸업 이상의 학력을 가진 사람이면 누구나 응시 가능
- ✓ 대학교를 다니지 않아도 스스로 공부해서 학위취득 가능
- ✓ 일과 학습의 병행이 가능하여 시간과 비용 최소화
- ✓ 언제, 어디서나 학습이 가능한 평생학습시대의 자아실현을 위한 제도
- ✓ 학위취득시험은 4개의 과정(교양, 전공기초, 전공심화, 학위취득 종합시험)으로 이루어져 있으며, 각 과정별 시험을 모두 거쳐 학위취득 종합시험에 합격하면 학사학위 취득

▌독학학위제 전공 분야 (11개 전공)

국어 국문학 | 영어 영문학 | 심리학 | 경영학 | 컴퓨터 공학 | 간호학

법학 | 행정학 | 가정학 | 유아 교육학 | 정보 통신학

※ 유아교육학 및 정보통신학 전공 : 3, 4과정만 개설
   (정보통신학의 경우 3과정은 2025년까지, 4과정은 2026년까지만 응시 가능하며, 이후 폐지)
※ 간호학 전공 : 4과정만 개설
※ 중어중문학, 수학, 농학 전공 : 폐지 전공으로 기존에 해당 전공 학적 보유자에 한하여 2025년까지 응시 가능

※ SD에듀는 현재 4개 학과(심리학과, 경영학과, 컴퓨터공학과, 간호학과) 개설 완료
※ 2개 학과(국어국문학과, 영어영문학과) 개설 진행 중

독학학위제 시험안내

과정별 응시자격

단계	과정	응시자격	과정(과목) 시험 면제 요건
1	교양	고등학교 졸업 이상 학력 소지자	• 대학(교)에서 각 학년 수료 및 일정 학점 취득 • 학점은행제 일정 학점 인정 • 국가기술자격법에 따른 자격 취득 • 교육부령에 따른 각종 시험 합격 • 면제지정기관 이수 등
2	전공기초		
3	전공심화		
4	학위취득	• 1~3과정 합격 및 면제 • 대학에서 동일 전공으로 3년 이상 수료 (3년제의 경우 졸업) 또는 105학점 이상 취득 • 학점은행제 동일 전공 105학점 이상 인정 (전공 28학점 포함) ➜ 22.1.1. 시행 • 외국에서 15년 이상의 학교교육과정 수료	없음(반드시 응시)

응시방법 및 응시료

• 접수방법 : 온라인으로만 가능
• 제출서류 : 응시자격 증빙서류 등 자세한 내용은 홈페이지 참조
• 응시료 : 20,700원

독학학위제 시험 범위

• 시험 과목별 평가영역 범위에서 대학 전공자에게 요구되는 수준으로 출제
• 시험 범위 및 예시문항은 독학학위제 홈페이지(bdes.nile.or.kr) ➜ 학습정보 ➜ 과목별 평가영역에서 확인

문항 수 및 배점

과정	일반 과목			예외 과목		
	객관식	주관식	합계	객관식	주관식	합계
교양, 전공기초 (1~2과정)	40문항×2.5점 =100점	–	40문항 100점	25문항×4점 =100점	–	25문항 100점
전공심화, 학위취득 (3~4과정)	24문항×2.5점 =60점	4문항×10점 =40점	28문항 100점	15문항×4점 =60점	5문항×8점 =40점	20문항 100점

※ 2017년도부터 교양과정 인정시험 및 전공기초과정 인정시험은 객관식 문항으로만 출제

합격 기준

■ 1~3과정(교양, 전공기초, 전공심화) 시험

단계	과정	합격 기준	유의 사항
1	교양	매 과목 60점 이상 득점을 합격으로 하고, 과목 합격 인정(합격 여부만 결정)	5과목 합격
2	전공기초		6과목 이상 합격
3	전공심화		

■ 4과정(학위취득) 시험 : 총점 합격제 또는 과목별 합격제 선택

구분	합격 기준	유의 사항
총점 합격제	• 총점(600점)의 60% 이상 득점(360점) • 과목 낙제 없음	• 6과목 모두 신규 응시 • 기존 합격 과목 불인정
과목별 합격제	• 매 과목 100점 만점으로 하여 전 과목(교양 2, 전공 4) 60점 이상 득점	• 기존 합격 과목 재응시 불가 • 1과목이라도 60점 미만 득점하면 불합격

시험 일정

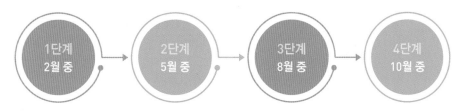

■ 영어영문학과 2단계 시험 과목 및 시간표

구분(교시별)	시간	시험 과목명
1교시	09:00~10:40(100분)	영어학개론, 영국문학개관
2교시	11:10~12:50(100분)	중급영어, 19세기 영미소설
중식 12:50~13:40(50분)		
3교시	14:00~15:40(100분)	영미희곡Ⅰ, 영어음성학
4교시	16:10~17:50(100분)	영문법, 19세기 영미시

※ 시험 일정 및 세부사항은 반드시 독학학위제 홈페이지(bdes.nile.or.kr)를 통해 확인하시기 바랍니다.
※ SD에듀에서 개설되었거나 개설 예정인 과목은 빨간색으로 표시하였습니다.

독학학위제 단계별 학습법

1단계 평가영역에 기반을 둔 이론 공부!

독학학위제에서 발표한 평가영역에 기반을 두어 효율적으로 이론을 공부해야 합니다. 각 장별로 정리된 '핵심이론'을 통해 핵심적인 개념을 파악합니다. 모든 내용을 다 암기하는 것이 아니라, 포괄적으로 이해한 후 핵심내용을 파악하여 이 부분을 확실히 알고 넘어가야 합니다.

2단계 시험 경향 및 문제 유형 파악!

독학사 시험 문제는 지금까지 출제된 유형에서 크게 벗어나지 않는 범위에서 비슷한 유형으로 줄곧 출제되고 있습니다. 본서에 수록된 이론을 충실히 학습한 후 '실전예상문제'를 풀어 보면서 문제의 유형과 출제의도를 파악하는 데 집중하도록 합니다. 교재에 수록된 문제는 시험 유형의 가장 핵심적인 부분이 반영된 문항들이므로 실제 시험에서 어떠한 유형이 출제되는지에 대한 감을 잡을 수 있을 것입니다.

3단계 '실전예상문제'를 통한 효과적인 대비!

독학사 시험 문제는 비슷한 유형들이 반복되어 출제되므로, 다양한 문제를 풀어 보는 것이 필수적입니다. 각 단원의 끝에 수록된 '실전예상문제'를 통해 단원별 내용을 제대로 학습하였는지 꼼꼼하게 확인하고, 실력을 점검합니다. 이때 부족한 부분은 따로 체크해 두고, 복습할 때 중점적으로 공부하는 것도 좋은 학습 전략입니다.

4단계 복습을 통한 학습 마무리!

이론 공부를 하면서, 혹은 문제를 풀어 보면서 헷갈리고 이해하기 어려운 부분은 따로 체크해 두는 것이 좋습니다. 중요 개념은 반복학습을 통해 놓치지 않고 확실하게 익히고 넘어가야 합니다. 마무리 단계에서는 '최종모의고사'를 통해 실전연습을 할 수 있도록 합니다.

COMMENT

합격수기

> 저는 학사편입 제도를 이용하기 위해 2~4단계를 순차로 응시했고 한 번에 합격했습니다.
> 아슬아슬한 점수라서 부끄럽지만 독학사는 자료가 부족해서 부족하나마 후기를 쓰는 것이 도움이 될까 하여
> 제 합격전략을 정리하여 알려드립니다.

#1. 교재와 전공서적을 가까이에!

학사학위 취득은 본래 4년을 기본으로 합니다. 독학사는 이를 1년으로 단축하는 것을 목표로 하는 시험이라 실제 시험도 변별력을 높이는 몇 문제를 제외한다면 기본이 되는 중요한 이론 위주로 출제됩니다. SD에듀의 독학사 시리즈 역시 이에 맞추어 중요한 내용이 일목요연하게 압축·정리되어 있습니다. 빠르게 훑어보기 좋지만 내가 목표로 한 전공에 대해 자세히 알고 싶다면 전공서적과 함께 공부하는 것이 좋습니다. 교재와 전공서적을 함께 보면서 교재에 전공서적 내용을 정리하여 단권화하면 시험이 임박했을 때 교재 한 권 으로도 자신 있게 시험을 치를 수 있습니다.

#2. 시간확인은 필수!

쉬운 문제는 금방 넘어가지만 지문이 길거나 어렵고 헷갈리는 문제도 있고, OMR 카드에 마킹까지 해야 하니 실제로 주어진 시간은 더 짧습니다. 1번에 어려운 문제가 있다고 해서 시간을 많이 허비하면 쉽게 풀 수 있는 마지막 문제들을 놓칠 수 있습니다. 문제 푸는 속도도 느려지니 집중력도 떨어집니다. 그래서 어차피 배점은 같으니 아는 문제를 최대한 많이 맞히는 것을 목표로 했습니다.
① 어려운 문제는 빠르게 넘기면서 문제를 끝까지 다 풀고 ② 확실한 답부터 우선 마킹한 후 ③ 다시 시험 지로 돌아가 건너뛴 문제들을 다시 풀었습니다. 확실히 시간을 재고 문제를 많이 풀어 봐야 실전에 도움이 되는 것 같습니다.

#3. 문제풀이의 반복!

여느 시험과 마찬가지로 문제는 많이 풀어 볼수록 좋습니다. 이론을 공부한 후 실전예상문제를 풀다 보니 부족한 부분이 어딘지 확인할 수 있었고, 공부한 이론이 시험에 어떤 식으로 출제될지 예상할 수 있었습니다. 그렇게 부족한 부분을 보충해가며 문제 유형을 파악하면 이론을 복습할 때도 어떤 부분을 중점적으로 암기해야 할지 알 수 있습니다. 이론 공부가 어느 정도 마무리되었을 때 시계를 준비하고 최종모의고사를 풀었습니다. 실제 시험시간을 생각하면서 예행연습을 하니 시험 당일에는 덜 긴장할 수 있었습니다.

학위취득을 위해 오늘도 열심히 학습하시는 동지 여러분에게도 합격의 영광이 있으시길 기원하면서 이만 줄입니다.

이 책의 구성과 특징

단원 개요

> ### 단원 개요
>
> 제1편에서는 영어학이 속해 있는 언어학이라는 큰 학문의
> 변형생성문법에 이르기까지 어떠한 변화를 겪었는가를 살펴봄
> 어족에서 게르만어를 거쳐 현대영어에 이르기까지의 역사를
> 미국영어와 영국영어의 차이점을 살펴본다.
>
> ### 출제 경향 및 수험 대책
>
> '영어학의 기초' 편에는 이론적인 내용이 많아 상대적으로 암
> 해서 공부하여야 하고, 영어의 계보가 시대적으로 어떻게 변
> 잘 살펴보고 영국영어와 미국영어 간의 차이를 다양한 측면

01 단원 개요

핵심이론을 학습하기에 앞서 각 단원에서 파악해야 할 중점과 학습목표를 확인해 보세요.

제1편 영어학의 기초

제 3 장 문법 연구의 변천

제 1 절 전통문법(Traditional Grammar) 중요 ★★★

문법 연구는 BC 4세기경 아리스토텔레스(Aristotle)로부터 시작하여 20세기 초 예스퍼슨(O. Jespersen)의 과학적 전통문법까지 긴 역사를 지니고 있다. 아리스토텔레스는 말을 구성하는 요소로서 주부, 술부, 접속사의 세 요소를 들었다. 그의 이론을 계승한 스토아 학파(Stoicism)는 명사, 동사, 접속사에 관사(article)를 첨가하여 4품사를 주장했다. BC 1세기경 스락스(D. Thrax)는 "문법의 기술(Art of Grammar)"이라는 짧은 문법책을 썼는데 이것이 그리스어에 관한 최초의 문법책으로 일컬어지고 있다. 그는 문법 기술의 단위로서 문장과 단어를 주시하였고, 그리스어의 낱말을 8품사(명사, 대명사, 동사, 관사, 부사, 전치사, 접속사로 나누었으며, 특히 동사와 명사에 관한 속성을 논의했다. 즉 명사에 대하여 성(gender), 수(number), 격(case)의 속성을 언급하며, 성을 남성·여성·중성으로 구분하였고, 수는 단수·복수·이중수(dual)로 구분했으며, 격은 주격(nominative)·소유격(genitive)·여격(dative)·호격(vocative)·대격(accusative)으로 구분하였다. 그의 연구는 로마 시대의 바로(M. I. Varro)에 전승되었고, 2천 년간 라틴어, 영어 등 여러 유럽 언어의 문법 틀을 이루었다.

1 전통문법의 등장

영국에서의 영문법 연구는 16세기부터 19세기 말까지 활발하게 전개되었다. 주로 라틴어 문법의 영향 아래 라틴어 문법에서 설정된 용어를 좇아 영어를 분석하는 방법을 답습하였다. 이러한 문법 모형을 전통문법이라고 한다. 1755년 사무엘 존슨(S. Johnson)의 "영어사전(Dictionary of the English Language)"이 발간되어 규범문법의 토석을 마련하였다. 현대의 사전에 비하면 어휘가 매우 부족하지만 관용구와 어휘의 용법을 비교적 잘 설명해 놓았다. 규범적인 전통적 영문법을 이룩한 학자들을 순서대로 나열하면 '스락스 → 바로 → 로우스(R. Lowth) → 머레이(L. Murray)'가 된다. 전통문법의 주요 내용을 살펴보면, 우선 문장의 의미를 근거로 하여 문장 분석을 하였고, 문장을 주부와 술부로 나누고 그 구조를 구(phrase), 절(clause), 문장(sentence)으로 나누었다. 또 어휘를 8품사(명사, 대명사, 동사, 형용

02 핵심이론

평가영역을 바탕으로 꼼꼼하게 정리된 '핵심이론'을 통해 꼭 알아야 하는 내용을 명확히 파악해 보세요.

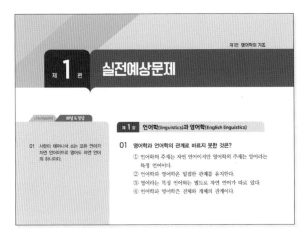

03 실전예상문제

'핵심이론'에서 공부한 내용을 바탕으로
'실전예상문제'를 풀어 보면서 문제를
해결하는 능력을 길러 보세요.

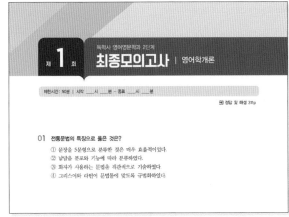

04 최종모의고사

'최종모의고사'를 실제 시험처럼 시간을
정해 놓고 풀어 보면서 최종점검을 해
보세요.

05 주관식 문제

출제유형을 분석하여 반영한 '주관식 문
제'로 4단계 시험도 대비해 보세요.

CONTENTS
목차

핵심이론 + 실전예상문제

제1편
영어학의 기초

제1장 언어학(linguistics)과 영어학(English linguistics) ·············· 003
제2장 영어학의 분야 ·· 004
제3장 문법 연구의 변천 ·· 006
제4장 영어의 계보 ··· 011
제5장 현대영어(Modern English)의 이해 ·································· 014
제6장 미국영어와 영국영어 ·· 019
실전예상문제 ·· 022

제2편
영어음성학
(English Phonetics)

제1장 말소리의 생성 ·· 041
제2장 자음(consonants) ·· 046
제3장 모음(vowels) ·· 052
제4장 음성기호(phonetic symbols) ··· 055
제5장 음률자질(prosodic features) ··· 056
실전예상문제 ·· 060

제3편
영어음운론
(English Phonology)

제1장 음소(phonemes)와 이음(allophones) ································· 077
제2장 말소리의 분포 유형 ··· 079
제3장 음운의 연속 ··· 081
제4장 변별적 자질(distinctive features) ····································· 083
제5장 음운의 변동(phonological changes) ·································· 089
제6장 음운 규칙(phonological rules) ·· 096
제7장 음절구조 ·· 101
실전예상문제 ·· 104

제4편
영어형태론
(English Morphology)

제1장 형태소(morphemes) ·· 127
제2장 파생접사에 의한 어형성(derivational morphology) ·············· 132
제3장 기타 방법에 의한 어형성 ·· 139
제4장 단어의 구조 ··· 145
제5장 이형태(allomorphs) ·· 148
실전예상문제 ·· 149

제5편	제1장 문장의 구조 의존성(structural dependency)	167
영어통사론 (English Syntax)	제2장 문장의 구조	170
	제3장 문장의 변형	174
	제4장 문장의 생성	179
	제5장 변형규칙(transformational rules)	186
	실전예상문제	199

제6편	제1장 단어의 의미	229
영어의미론 (English Semantics)	제2장 문장의 의미	241
	실전예상문제	245

제7편	제1장 화용론의 범위	257
영어화용론 (English Pragmatics)	제2장 직시(deixis)	259
	제3장 대화함축(conversational implicatures)	261
	제4장 전제(presupposition)의 화용론적 설명	267
	제5장 화행(speech acts)	270
	실전예상문제	275

최종모의고사	최종모의고사 제1회	285
	최종모의고사 제2회	296
	최종모의고사 제1회 정답 및 해설	311
	최종모의고사 제2회 정답 및 해설	314

부록	4단계 대비 주관식 문제	319

당신이 저지를 수 있는 가장 큰 실수는 실수를 할까 두려워하는 것이다.

- 앨버트 하버드 -

제 **1** 편

영어학의 기초

제1장 언어학(linguistics)과 영어학(English linguistics)

제2장 영어학의 분야

제3장 문법 연구의 변천

제4장 영어의 계보

제5장 현대영어(Modern English)의 이해

제6장 미국영어와 영국영어

실전예상문제

단원 개요

제1편에서는 영어학이 속해 있는 언어학이라는 큰 학문의 틀을 배우고, 영어문법이 전통문법에서부터 구조문법을 거쳐 변형생성문법에 이르기까지 어떠한 변화를 겪었는가를 살펴보게 된다. 또 영어라는 언어의 족보를 배우기 위해 인도-유럽어족에서 게르만어를 거쳐 현대영어에 이르기까지의 역사를 간단히 살펴보게 된다. 끝으로 현대영어의 특징을 공부하면서 미국영어와 영국영어의 차이점을 살펴본다.

출제 경향 및 수험 대책

'영어학의 기초' 편에는 이론적인 내용이 많아 상대적으로 암기할 양도 많다. 시대에 따른 각종 영어문법의 특징을 잘 구별해서 공부하여야 하고, 영어의 계보가 시대적으로 어떻게 변해왔는가도 잘 알아두어야 한다. 현대영어의 특징을 분야별로 잘 살펴보고 영국영어와 미국영어 간의 차이를 다양한 측면에서 알아두어야 한다.

제 1 장 언어학(linguistics)과 영어학(English linguistics)

언어(language)란 인간의 구조화(structured)된 의사소통(communication) 시스템으로 음성(speech), 몸짓(gesture), 수화(sign), 문자(writing) 등을 기반으로 한다. 언어는 조직적이고, 기호적이고, 음성적이고 관습적인 수단이며, 인간의 두뇌 작용의 결과인 만큼 인간의 심상(mind)을 꿰뚫어 보는 도구라고 하였다. 언어 연구의 궁극적인 목표는 언어의 구조와 기능을 이해하고, 인간의 사고과정 및 인지과정을 이해하는 데까지 확대된다.

언어학이란 규칙의 지배를 받는 한 체계로서의 언어를 과학적으로 연구하는 학문으로서, 언어의 모든 측면을 분석하고, 연구 방법과 이론적 모델을 확립하는 것을 포함한다. 많은 언어 가운데 특정 언어를 연구하는 것을 개별 언어 연구라고 하는데, 영어학이란 영어라는 한 특정 언어에 대한 과학적인 연구를 뜻한다. 즉, 언어학의 주제는 인간의 자연 언어(natural language)인데 영어학의 주제는 영어라는 한 특정 언어(specific language)이다.

특정 언어와 자연 언어가 따로 존재하는 것이 아니라 자연 언어는 특정 언어들이 모여서 이루어진 것이므로, 언어학과 영어학은 전체와 개체의 관계를 이룬다. 언어학을 떠나서 영어학을 연구할 수는 없으며, 반대로 영어학 등의 개별 언어학이 제공하는 연구 결과에 근거하지 않고서는 언어학의 연구가 불가능하다.

제 2 장 영어학의 분야

분류의 기준이나 관점에 따라 영어학의 분야는 몇 가지로 나눌 수 있다.

1 기술문법(descriptive grammar) vs 규범문법(prescriptive grammar) 중요 ★★

기술문법이란 언어의 모든 규칙 체계를 가치 판단을 넣지 않고 존재하는 그대로의 모습을 객관적으로 기술하는 것을 말한다. 원어민 화자들이 자신의 언어의 소리, 어휘, 문장, 의미, 화용 등에 관하여 내재적으로 알고 있는 지식을 관찰되는 그대로 서술하는 것이다. 영어학의 지식 체계는 이러한 기술문법 태도를 지닌 연구의 결과라고 볼 수 있다. 이에 반해 **규범문법**이란 가상의 어떤 '올바른' 기준을 정해 놓고 이를 지키지 않으면 기존의 언어를 오염시킨다고 생각하는 규범적 규칙의 집합체나 혹은 언어에 대한 접근 태도를 가리킨다. 영어와 관련된 규범 규칙 사례로는 '전치사를 문미에 두지 마라(Never end a sentence with a preposition)', 'who말고 whom을 사용해라(Use whom, not who)', '부정사를 분리하지 마라(Do not split infinitives)', '이중부정을 사용하지 마라(Do not use double negatives)' 등이 있다.

2 영어학의 핵심 연구 분야

전통적으로 알려진 영어학의 핵심 연구 분야는 다음과 같다. 비교적 최근에 나타난 주변 연구 분야는 후에 배운다.

(1) **음성학(phonetics)과 음운론(phonology)** : 말소리와 이들의 운용 등 체계를 연구한다.

(2) **형태론(morphology)** : 어휘 형성의 체계를 연구한다.

(3) **통사론(syntax)** : 구와 문장의 형성 체계를 연구한다.

(4) **의미론(semantics)** : 어휘와 문장의 의미 체계를 연구한다.

(5) **화용론(pragmatics)** : 문장의 화맥 내에서의 해석을 연구한다.

3 공시성(synchronic) vs 통시성(diachronic)

영어학의 각 분야를 연구할 때 연구의 범위를 어떻게 보느냐에 따라 공시적 연구와 통시적 연구로 나뉜다. 공시적 연구는 말 그대로 어느 한 특정한 시점에서 언어 현상을 연구하는 것이며, 통시적 연구는 언어 현상이 시간의 흐름에 따라 역사적으로 변천하는 과정을 연구하는 것이다. 시간의 흐름을 따라 통시적 연구를 하더라도 시대별로 연구 결과를 비교하기 위해서는 공시적 연구가 바탕이 되어야 한다. 따라서 어느 연구 방법이든 공시적 연구를 우선해야 한다.

4 영어학의 주변 연구 분야

핵심적인 언어학 연구 분야 이외에도 인접한 다른 학문 분야와의 학제적(cross-disciplinary) 연구가 이루어지기도 한다. 언어학의 핵심 연구 분야와 주변 연구 분야는 편의상의 구분이고 서로 상호보완적인 관계를 유지한다. 그중 언어학과 관련된 주변 연구 분야를 나열하면 다음과 같다.

(1) **심리언어학**(psycholinguistics) : 언어 활동을 심리적 연구 방법에 기초하여 연구하고 해석한다.

(2) **사회언어학**(sociolinguistics) : 사회 속에서 나타나는 언어의 양상을 연구한다.

(3) **인류언어학**(anthropological linguistics) : 언어와 문화의 관계를 연구한다.

(4) **수리언어학**(mathematical linguistics) : 수학적 방법과 개념을 이용하여 언어를 연구한다.

(5) **응용언어학**(applied linguistics) : 언어의 획득, 습득, 언어 교육을 연구하는 학문이다.

(6) **전산언어학**(computational linguistics) : 자연 언어를 컴퓨터로 모델링하는 연구를 수행한다.

(7) **인지언어학**(cognitive linguistics) : 인지 과학적인 관점에서 언어를 연구한다.

제 3 장　문법 연구의 변천

제 1 절　전통문법(Traditional Grammar) 중요 ★★★

문법 연구는 BC 4세기경 아리스토텔레스(Aristotle)로부터 시작하여 20세기 초 예스퍼슨(O. Jespersen) 의 과학적 전통문법까지 긴 역사를 지니고 있다. 아리스토텔레스는 말을 구성하는 요소로서 주부, 술 부, 접속사의 세 요소를 들었다. 그의 이론을 계승한 스토아 학파(Stoicism)는 명사, 동사, 접속사에 관사(article)를 첨가하여 4품사를 주장했다. BC 1세기경 스락스(D. Thrax)는 "문법의 기술(Art of Grammar)"이라는 짧은 문법책을 썼는데 이것이 그리스어에 관한 최초의 문법책으로 일컬어지고 있다. 그는 문법 기술의 단위로서 문장과 단어를 주시하였고, 그리스어의 낱말을 8품사(명사, 대명사, 동사, 관사, 부사, 분사, 전치사, 접속사)로 나누었으며, 특히 동사와 명사에 관한 속성을 논의하였다. 즉 명 사에 대하여 성(gender), 수(number), 격(case)의 속성을 언급하며, 성을 남성·여성·중성으로 구분하였 고, 수는 단수·복수·이중어(dual)로 구분했으며, 격은 주격(nominative)·소유격(genitive)·여격(dative)· 호격(vocative)·대격(accusative)으로 구분하였다. 그의 연구는 로마 시대의 바로(M. T. Varro)에 전승 되었고, 2천 년간 라틴어, 영어 등 여러 유럽 언어의 문법 틀을 이루었다.

1 전통문법의 등장

영국에서의 영문법 연구는 16세기부터 19세기 말까지 활발하게 전개되었다. 주로 라틴어 문법의 영향 아 래 라틴어 문법에서 설정된 용어를 좇아 영어를 분해하는 방법을 답습하였다. 이러한 문법 모형을 **전통문법** 이라고 한다. 1755년 사무엘 존슨(S. Johnson)의 "영어사전(Dictionary of the English Language)"이 발 간되어 규범문법의 초석을 마련하였다. 현대의 사전에 비하면 어휘가 매우 부족하지만 관용구와 어휘 의 용법을 비교적 잘 설명해 놓았다. 규범적인 전통적 영문법을 이루게 한 학자들을 순서대로 나열하 면 '스락스 → 바로 → 로우스(R. Lowth) → 머레이(L. Murray)'가 된다. 전통문법의 주요 내용을 살펴보면, 우선 문장의 의미를 근거로 하여 문장 분석을 하였고, 문장을 주부와 술부로 나누고 그 구 조를 구(phrase), 절(clause), 문장(sentence)으로 나누었다. 또 어휘를 8품사(명사, 대명사, 동사, 형용 사, 부사, 전치사, 접속사, 감탄사)로 분류하고 문장의 형식을 5형식으로 나누었다. 하지만 전통문법은 문제점도 많은데, 먼저 품사의 분류 기준에 일관성이 없다는 점과 5형식 문형 분류에 문제점이 많다 는 점, 또 무엇보다도 규범문법이라는 점이 그것이다.

2 과학적 전통문법(혹은 문헌문법)의 등장

1898년에 스위트(H. Sweet)가 "새로운 영문법(A New English Grammar)"을 출간하면서 기존의 규범문법에서 탈피하여 다양한 많은 예를 과학적으로 분석하는 과학적 전통문법이 등장하게 되었다. 그를 이어 예스퍼슨, 푸츠머(H. Poutsma), 커르미(G.O. Curme) 등 주로 유럽 영어학자들에 의해 이루어진 과학적 전통문법을 문헌문법이라 부르기도 한다. 스위트는 품사와 같은 문법 범주를 설정할 때, 형태·의미·기능을 고루 고려해야 한다고 주장하고, 모든 품사의 정의에 이 세 기준을 일괄적으로 적용하였다. 과학적 전통문법은 높이 평가되고 있으며, 이들의 연구 업적은 앞으로도 영문법 연구에 큰 공헌을 할 것이다.

제 2 절 구조문법(Structural Grammar) 중요 ★★★

구조문법이란 1920년대부터 시작되어 1957년 촘스키(N. Chomsky)의 "통사구조(Syntactic Structures)"가 나오기까지의 문법 이론을 말한다. 파블로프(I.P. Pavlov)의 조건반사 학습이론을 통한 행동주의(behaviorism) 심리학이 확립되면서, 이 이론이 미국의 심리학계를 비롯한 전 학계를 휩쓸게 되었고, 이 영향을 받아 언어 연구도 새로운 전기를 맞이하게 된다. 구조주의 문법의 대표적인 학자로는 프리즈(C. Fries), 글리슨(H. Gleason), 블룸필드(L. Bloomfield) 등이 있으며 특히 블룸필드(1933년)의 "언어(Language)"는 구조문법의 성서로 불리고 있다. 20세기 초 미국의 보아스(F. Boaz)는 미국 인디언 언어를 기술하면서 다른 언어에 존재하는 시제에 구애받지 않고 인디언 언어에 존재하는 시간 개념 표시를 그대로 기술하여 보여주었다. 이것은 화자가 쓰는 문법을 있는 그대로 분석하는 이른바 귀납적인 기술문법의 근본 원리가 되었다. 같은 시대 미국의 사피어(E. Sapir)는 "언어(Language)"라는 저서를 통하여 언어와 문화 간의 관계를 기술하였는데, 그도 미국 인디언 언어를 분석하면서 그들의 언어도 논리적이고 규칙적인 체계를 갖고 있다는 사실을 주장하였다.

구조문법의 근본 사상에는 행동주의나 경험주의가 깔려 있었으므로 그들의 문법 연구도 과학적이었다. 즉, 연구대상이 되는 언어 자료를 실제 경험에 의해 눈에 보이고 귀에 들리는 다분히 구어적인 언어를 중심으로 수집하였고, 분석자의 주관성이 가미되기 쉬운 의미 부분은 분석의 객관성이 실현되지 않는다는 이유로 분석의 대상에서 제외시키거나 제쳐 놓았다. 또한 음운, 형태소, 어휘를 중요시하고, 이 단위들이 이루는 문법의 계층을 엄격하게 구분하였다. 분석의 대상이 되는 각 계층에서 그 계층을 구성하는 단위(unit)의 목록(inventory)을 작성해 놓으면 그것이 합해져서 전체 문법을 구성하게 된다.

1 음운론의 시초

예전에는 음운론이라는 분야가 문법에서 존재하지 않았었다. 그러나 1929년에 프라하 학파(Prague school)의 기관지가 발행되면서, 그 학파의 트루베츠코이(N. Trubetzkoy)가 대립(opposition)에 의한 음소(phoneme)의 개념을 확실히 정의하면서 음성학과 음운론의 경계를 구축하게 되었고, 이것이 음운론 발전의 기틀을 이루게 되었다. 그는 음을 더 이상 물리적 성질로 규명하지 않고 언어음 체계 속에서의 기능을 주시하였다. 그래서 의미를 분화시키는 변별적(distinctive) 기능을 수행하는 최소의 소리 단위인 음소의 개념을 분명히 할 수 있었다.

2 형태론 연구

구조문법 학자들은 다양한 기준에 따라 낱말을 분류했는데, 먼저 형태에 따라서 명사, 동사, 형용사, 부사로 나누었다. 명사는 복수 어미(-s)와 소유격 어미(-'s)를 가질 수 있는 낱말이고, 동사는 시제 어미(-s, -ed) 또는 여러 활용형 어미(-en, -ed, -ing)를 가질 수 있는 낱말이며, 형용사나 부사는 비교급(-er)이나 최상급(-est) 어미를 가질 수 있는 낱말이다. 다음으로 낱말의 형태가 어떤 파생접사와 연관되어 있느냐에 따라 명사(-er, -or, -ment, -ness 등), 동사(-ate, -ize, -fy, en-, -en 등), 형용사(-ous, -ful, -less, -able, -y 등), 부사(-ly, -wise, -ward 등)로 나누었다. 또 낱말을 기능에 따라서 제1부류(명사류, 주어/목적어 기능), 제2부류(동사류, 서술하는 말), 제3부류(형용사류, 명사 수식 혹은 be-동사의 보어 기능), 제4부류(부사류, 동사·형용사·부사·문장을 수식)로 나누었다. 이처럼 구조문법 학자들은 낱말을 분류할 때 형태와 (분포에 따른) 기능 모두를 고려하여 보다 과학적인 연구를 수행하였다.

3 통사론 연구

구조문법 학자들은 문장을 구성하는 구성성분을 큰 단위에서 작은 단위로 계속 잘라나가는 직접구성성분 분석(immediate constituent analysis)의 방법을 사용하고 있다. 이 분석 방법은 표층구조만을 연구대상으로 하였다. 구조문법의 공통점은, 각 구성 요소의 기능이 다른 요소와의 관계 혹은 분포 속에서 비로소 나타나며, 각 계층의 구성 요소가 전부 모여서 전체의 문법 체계를 구축한다는 점이다.

4 전통문법과 구조문법 비교 중요 ★★★

전통문법은 정신주의(mentalism)를 바탕으로 한 데 반하여 구조문법은 경험주의(empiricism)나 행동주의(behaviorism)에 바탕을 두고 있고, 전통문법은 규범문법인 데 반해 구조문법은 기술문법이다. 전통문법은 라틴어 문법을 모델로 한 분석을 추구하는 데 반해, 구조문법은 전체 구조 속에서 객관적인 분포와 기능에 의존하는 과학적 분석을 추구한다. 또한 전통문법의 분석은 직관에 의존하는 경향이 많은 데 비해, 구조문법의 분석은 항상 언어 자료에 의해서 기술적·객관적으로 입증되어야 한다.

구조문법의 선구자인 소쉬르(F. Saussure)의 강의는 제자들에 의해 1916년에 책으로 출판되었고, 그의 사상으로부터 비로소 언어학이 하나의 과학적 체계를 갖추게 되었다.

제 3 절 　변형생성문법(Transformational Generative Grammar) 중요 ★★★

변형생성문법은 촘스키(N. Chomsky)의 "통사구조(Syntactic Structures, 1957)"에서 비롯되었다. 그는 구조문법 학자인 해리스(Z. Harris)의 제자로서 구조문법에 일대 혁명을 일으키며 변형생성문법의 이론을 세운 유명한 수학자이자 언어학자이다. 구조문법이 경험주의와 행동주의를 바탕으로 한 데 반해 변형생성문법은 이성주의(rationalism)와 정신주의(mentalism)를 철학적 배경으로 하고 있다. 그는 문법 이론이 더욱 객관적이고 일반적이기 위해서는 우선 언어 자료가 가능한 한 풍부해야 하는데, 구조문법에서 사용된 언어 자료는 지나치게 제한된 것이었음을 지적한다. 그러나 변형생성문법은 구조문법과 마찬가지로 언어 연구의 객관성과 과학적인 연구 절차를 존중한다.

변형생성문법은 언어능력(linguistic competence)과 언어수행(linguistic performance)을 구분하고 연구의 목표를 언어능력의 규명에 두고 있다. 언어 습득(language acquisition)과 관련하여, 구조문법은 행동주의 심리학에 입각하여 모방과 반복 및 연습을 통한 후천설을 주장하였으나 변형생성문법은 선천설(innateness theory)을 주장한다. 즉 어린 아이는 태어날 때 언어습득장치(language acquisition device, LAD)를 갖고 태어나며, 이것을 가동시켜 자신에게 주어지는 모국어 언어 자료를 무의식적으로 분석함으로써 스스로 규칙을 터득해 가며 언어를 습득한다고 주장한다. 이 문법의 가장 큰 특징은 문법 기술에 심층구조(deep structure)를 도입했다는 점이다. 이 심층구조는 변형규칙(transformational rules)에 의해 표층구조(surface structure)로 변형된다.

1 변형생성문법 이론의 변화

촘스키가 "통사론의 국면(Aspects of the Theory of Syntax, 1965)"에서 구축한 이론을 표준이론(Standard Theory)이라고 하는데, 이 이론은 모든 의미를 심층구조에서 포착하는 이론이었다. 그러나 1970년대에 들어서서 촘스키와 자켄도프(R. Jackendoff)는 기존 이론을 확대한 확대표준이론(Extended Standard Theory)에서 의미의 포착이 심층구조뿐만 아니라 표층구조와 변형의 유도 과정에서도 이루어져야 한다고 주장한다. 같은 시기에 포스탈(P.M. Postal), 레이코프(G. Lakeoff), 매콜리(J.D. McCawley)는 종래의 심층구조를 더욱 심화시켜 계속 심층구조에서만 의미를 포착하도록 한 생성의미론(Generative Semantics)을 제안했다. 두 이론이 계속 공방을 벌이다가 생성의미론은 더 이상 발전되지 못하고 사라졌으나, 확대표준이론은 계속 연구가 진행되어 1981년에 촘스키의 "지배와 결속에 관한 강의(Lectures on Government and Binding)" 저서를 통하여 수정확대표준이론(Revised Extended Standard Theory)으로 발전되었다. 이 이론은 규칙 체계 위주의 문법 이론에서 탈피하여 원리 체계[투사원리(Projection Principle), 결속원리(Binding Principle), 공범주(empty category) 등] 위주의 문법으로의 전환을 의미한다. 이 이론은 이전의 너무 많아 통제가 어려웠던 수많은 변형 규칙들을 대부분 α-이동 규칙(move-α)으로 통합하였다.

2 최소주의 이론

지배결속이론의 단점을 해결하고 이론적 장치를 가능한 한 최소화하면서도 문법 현상의 설명력을 극대화할 수 있는 이론이 촘스키의 1993/1995년 이론인 **최소주의**(minimalism) **이론**이다. 이 이론은 지배결속이론에서 다루던 D(Deep)-구조, S(Surface)-구조, LF(Logical Form)-구조, PF(Phonetic Form)-구조의 수를 줄여서 LF-구조와 PF-구조만을 문법에서 고려하여 이들이 언어의 핵심을 이룬다고 주장한다. 최소주의 이론은 문장을 구성하는 구성 요소들에 대한 자질을 점검하는 문법 이론이라고 볼 수 있다.

제4장 영어의 계보

제1절 인도-유럽 어족(Indo-European Language Family)

영어는 인도-유럽 어족(이하 인구어)에 속하는 언어인데, 이 어족(language family)은 다른 어족에 비해 가장 많은 문헌이나 자료가 남아 있으며, 문법 기능을 접사로 나타낸 굴절 언어(inflected language)였고, 가족 관계나 원시적 생활과 관련된 어휘에 유사성이 많은 것으로 알려져 있다. 이 어족은 원래 8개 어단(language group)으로 분류되었으나, 20세기 초에 발견된 상형문자인 토카리아어(Tocharian languages)와 히타이트어(Hittites language)를 합쳐서 10개의 어단으로 구성된다. 인구어는 페르시아어와 힌두어를 포함하는 인도-이란어(Indo-Iranian languages), 러시아어와 폴란드어를 포함하는 슬라브어(Slavic languages), 영어를 포함하는 서구 유럽 언어(Germanic languages)로 진화하게 된다. 따라서 영어, 러시아어, 힌두어, 그 밖의 서구 유럽어들은 역사적으로 한 어족에 속하는 언어를 이룬다.

지리적 분포에 따른 어단을 비교하면 다음과 같다. 원시 인구어(Proto-Indo-European Language)에서는 100을 나타내는 낱말이 kmtom이었는데, 서방 어단인 켄툼어(centum language)에서는 첫 k 음이 /k/ 또는 /h/ 음으로 발음되고, 동방 어단인 사템어(satum language)에서는 이보다 전설된(fronted) 자음인 /s/ 또는 /ʃ/ 음으로 발음되었다. 히타이트어와 토카리아어는 지리적으로는 동방 어단에 속하지만 발음상으로는 서방 어단인 켄툼어에 속한다.

서방 어단(켄툼어)	동방 어단(사템어)
라틴어(Latin) 켈트어(Celtic) 그리스어(Greek) 게르만어(Germanic) 토카리아어(Tocharian) 히타이트어(Hittite)	인도-이란어(Indo-Iranian) 발트-슬라브어(Balto-Slavic) 아르메니아어(Armenian) 알바니아어(Albanian)

제 **2** 절 게르만어(Germanic Languages)

영어는 인구어 중에서도 게르만어에 속하는 언어이며, 게르만어는 서방 어단인 켄툼어에 속한다. 낱말 100이 영어에서는 hundred, 독일어에서는 hundert로 모두 [h]로 발음되는데 그 이유는 인구어의 폐쇄 자음인 [k]가 게르만어에서 마찰음 [h]로 음변화(sound change)했기 때문이다.

1 제1차 자음전환 중요 ★★

게르만어들이 공통적으로 겪은 제1차 자음전환/그림 법칙(The First Consonant/Sound Shift or Grimm's Law)의 규칙을 제시하면 다음 그림과 같다. 순환적인 전환 규칙으로 '대기음 → 비대기음(유성음) → 무성음 → 마찰음'으로 변한다.

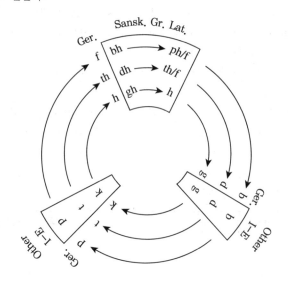

▶ 게르만어들의 제1차 자음전환 규칙

(1) 대기음(aspirated sounds)의 비대기음(unaspirated sounds)화

① 인구어 bh / 라틴어 f / 그리스어 ph → 게르만어 b 예 b̲hrater / f̲rater → b̲rother

② 인구어 dh / 라틴어 f / 그리스어 th → 게르만어 d 예 d̲hug(h)əter / t̲hugater → d̲aughter

③ 인구어 gh / 라틴어 h / 그리스어 ch → 게르만어 g 예 g̲hosti / h̲ostis → g̲uest

(2) 유성폐쇄음(voiced plosive sounds)의 무성음(voiceless sounds)화

① 인구어 b → 게르만어 p 예 라틴어 la̲b(ial) → li̲p

② 인구어 d → 게르만어 t 예 라틴어 car̲d(iac) → hear̲t

③ 인구어 g → 게르만어 k 예 라틴어 g̲en(enual) → k̲nee

(3) 무성폐쇄음(voiceless plosive sounds)의 마찰음(fricative sounds)화

① 인구어 p → 게르만어 f 예 라틴어 p̱ed(al) → f̱oot

② 인구어 t → 게르만어 th 예 그리스어 t̲reis → t̲hree

③ 인구어 k → 게르만어 h 예 라틴어 c̱ardiac → ẖeart

> 💡 **더 알아두기** 🔍
>
> **게르만어의 지역에 따른 분류**
> ① 동 게르만어(East Germanic) : 고트어(Gothic)
> ② 북 게르만어(North Germanic) : 노르웨이어(Norwegian), 아이슬랜드어(Icelandic), 스웨덴어(Swedish), 덴마크어(Danish)
> ③ 서 게르만어(West Germanic) : 저지 독일어(Low German)인 영어(English), 네덜란드어(Dutch), 프리지아어(Frisian), 플레미시어(Flemish)와 고지 독일어(High German)인 독일어(German)

2 제2차 자음전환 중요 ★★

자음전환은 600~700여 년에 걸쳐 일어난 것으로, 영어가 소속된 저지 독일어에서는 독일어 특유의 일정한 자음이 그대로 사용된 데 반하여, 현대 독일어가 소속된 고지 독일어에서는 이 자음들이 일정한 자음으로 변하게 되었고, 이를 제2차 자음전환/그림 법칙(The Second Consonant/Sound Shift or Grimm's Law)이라고 부른다. 그 내용을 보면 다음과 같다.

> ① 저지 독일어 p → 고지 독일어 pf / f (모음 뒤에서)
> 　예 p̱lant → P̱flanze, p̱epper → P̱feffer
> ② 저지 독일어 t → 고지 독일어 z / s (모음 뒤에서)
> 　예 t̲en → Z̲ehen, bet̲ter → bes̲ser
> ③ 저지 독일어 k → 고지 독일어 ch (모음 뒤에서)
> 　예 boo̱k → Buc̱h, brea̱k → brec̱hen, ma̱ke → mac̱hen
> ④ 저지 독일어 d → 고지 독일어 t
> 　예 d̲ance → t̲anzen, d̲ay → T̲ag
> ⑤ 저지 독일어 s → 고지 독일어 sch[ʃ] (l, m, n, p, t 앞에서)
> 　예 s̲leep → S̲chlafen, s̲now → S̲chnee
> ⑥ 저지 독일어 v → 고지 독일어 b (모음 사이에서)
> 　예 giv̲e → geb̲en, hav̲e → hab̲en, lov̲e → lieb̲en

게르만어에 제2차 자음전환이 일어난 형태가 현재의 표준 독일어이다. 영어의 계보를 정리해 보면 "인구어 → 게르만어 → 서 게르만어 → 저지 독일어 → 영어"와 같다.

제 5 장 현대영어(Modern English)의 이해

제 1 절 현대영어의 성립

현대영어를 시기별로 구분하면 약 1500년경 이후의 영어를 현대영어라 하는데, 1700년 무렵을 기준으로 이전을 초기 현대영어(Early Modern English), 그 이후 1900년경까지를 후기 현대영어(Late Modern English)라고 부른다. 1900년대 이후, 즉 20세기 영어를 현재영어(Contemporary or Present Day English)라고 하여 구별하기도 한다.

1 15~16세기 영어

15세기에는 많은 중류 계층 사람들이 읽고 쓰는 것을 배웠다. 높아지는 교육 수준으로 인해 대중 교육이 실현되면서 런던 방언(London dialect)은 영국의 표준 문자 언어로 확정되었다. 16세기 영어는 자유분방한 시대정신을 그대로 반영하고 있으며 셰익스피어(W. Shakespeare)가 구사한 언어는 바로 이 같은 영어였다.

2 18세기 사전과 문법서

로우스(R. Lowth)는 "영문법의 입문(A Short Introduction to English Grammar)"이란 책을 써서 영어 문법을 표준화시켰고, 존슨(S. Johnson)은 "영어사전(Dictionary of the English Language)"을 써서 영어에 안정성을 주고 많은 영어 어휘와 철자법에 대한 기준을 제시하기도 했다. 또 웹스터(N. Webster)는 1784년 "영어의 문법원론(A Grammatical Institutes of the English Language)"을 저술하여 영어 문법에 큰 공헌을 했다.

3 19세기 이후

과학과 기술의 경이로운 진보는 새로운 어휘(neologism)의 발생을 촉진하게 되었고, 엄청난 수의 복합어와 파생어의 생성을 볼 수 있게 되었다. 또 미국이 세계적 강국으로 성장함에 따라 세계어로서의 영어의 중요성은 더욱 높아지고 있다.

제 2 절 | 현대영어의 특징

1 굴절형의 극소화 중요 ★★

영어에 존재하는 굴절형(inflected forms)의 분량에 따라 영어사에서 고대영어(Old English) 시기를 온전한 굴절의 시대(period of full inflection), 굴절형이 -e로 수평화된 중세영어(Middle English) 시기를 수평화된 굴절의 시대(period of levelled inflection)라 하며, 굴절형이 대폭 상실된 현대영어(Modern English) 시기를 소실된 굴절의 시대(period of lost inflection)라고 부른다.

(1) 어순의 고정화

소유격 어미 -'s를 제외하고 모든 격어미가 소실됨으로써 문장에서는 문법적 기능이 어순에 의해서 결정되게 되었다. 예 You love Mary. Mary loves you.

(2) 문법적인 성의 소실

현대영어는 다른 인도-유럽어와 비교해 볼 때 문법적인 성(grammatical gender)을 갖고 있지 않다. 라틴어나 독일어는 명사에 남성/중성/여성을 구분하고 있고, 프랑스어는 남성/여성을 구별하고 있는데, 이러한 문법적 성 구분은 의미와는 전혀 무관하고 관습에 의해 결정된 것이므로 외국어로 이러한 언어를 배울 때 무척 애를 먹게 된다. 그런데 현대영어에서는 성에 의존하여 붙던 굴절어미(inflectional endings)가 상실되면서 문법적 성의 구별이 무의미하게 되었고, 단지 자연적인 성(natural gender)을 좇아서 수컷은 남성 명사가 되어 he/him으로 받고, 암컷은 she/her 등으로 받으며 그 이외에는 중성 it으로 구분되어 쓰인다.

(3) 조동사의 활성화

독일어나 프랑스어에서는 현재에도 직설법(indicative mood)과 가정법(subjunctive mood) 같은 서법(mood)의 구별이 동사의 굴절어미의 형태에 따라 표시되는데, 고대영어에서도 -e, -en의 가정법 굴절어미가 사용되었지만 중세영어에서 거의 탈락되고 현대영어에서는 be와 were가 남아있을 뿐이다. 서법을 나타내던 굴절어미가 위축되자 현대영어에서는 조동사 do의 활약이 커지게 되었는데, 셰익스피어는 동사의 부정형을 He spoke not과 같이 썼지만, 점차 조동사의 사용이 활발해지면서 He did not speak로 변하였고 현대영어로 계승되었다. 잘 알려진 바와 같이 do는 의문문에도 나타나며 동사를 강조할 때에도 쓰인다.

(4) 전치사의 활성화

격어미(case endings)가 소실됨으로써 격 표시를 분명하게 하기 위하여 전치사의 용법이 광범위하게 확장되었다. 두드러진 것이 대격(목적격 accusative)과 여격(~에게 dative)을 구분하기 위해 사용되는 전치사 to이다.

(5) 품사의 전환

대부분의 굴절형이 소실되면서 현대영어에서는 어휘의 품사가 형태보다는 문장 내에서의 문법적인 기능이나 분포에 의하여 결정되게 되었다. 또한 영어에서는 다른 인구어와는 달리 품사의 전환이 매우 쉽게 일어나는데, 셰익스피어는 이러한 특징을 가장 잘 활용한 사람으로서 낱말의 품사전환에서 천재적인 솜씨를 발휘하였다.

(6) 억양의 발달

굴절형을 갖고 있는 언어는 어순이 비교적 자유롭기 때문에 화자가 강조하고 싶은 말을 어순으로 처리한다. 그러나 굴절어미가 소실된 현대영어에서는 어순이 고정되면서 화자가 마음대로 낱말의 위치를 바꿀 수 없게 된다. 그러자 현대영어에서는 억양을 잘 활용하여 표현력의 증대를 가져오게 되었다.

2 어휘의 과감한 수용성

현대영어가 중세영어와 구별되는 두 번째 두드러진 특징은 많은 차용어들이 수입되어 영어의 어휘가 라틴어나 프랑스어의 영향으로 인해 현저하게 로맨스(Romance)어화했다는 점이다.

(1) 프랑스어의 차용

14세기경에 절정에 달했다가 그 이후에 점차 감소하였다. 16~19세기에 차용된 프랑스어 일부를 소개하면 다음과 같다.

> • 16세기(colonel, machine, madame, pioneer, vase)
> • 17세기(republic, option, champagne, quart, routine, deceptive, prestige, monologue, soup, hotel)
> • 18세기(etiquette, police, rouge, salon)
> • 19세기(attache, blouse, cliche, elite, menu, motif)

(2) 로마어(라틴어) 차용

라틴어의 문어체적인 차용어가 15, 16세기 이후 직접 도입됨에 따라 어휘의 동의어에 있어서 영어-프랑스어-라틴어의 3층이 생기게 되었다. 예로 'rise - mount - ascend, ask - question - interrogate, baldness - courage - fortitude, weary - fatigued - exhausted'가 있다.

(3) 이탈리아어 차용

이탈리아는 16세기경의 문예부흥(Renaissance)으로 인해 찬란하게 예술과 문학의 꽃이 피었으며 주로 이 시기에 음악, 건축, 사교, 문학 등의 어휘가 차용되었다. 예로 carnival, gambol, escort, bankrupt, concert, opera, sonnet, stanza, serenade, motto, villa, tempo, studio, influenza 등이 있다. 그러나 이탈리아어는 대부분 프랑스어를 경유해서 들어온 것으로 보고 있다.

(4) 네덜란드어 차용

네덜란드어는 주로 17, 18세기 중에 영어에 영향을 주었다. 당시 네덜란드는 세계적인 해운국으로서 영국과 경쟁 관계에 있었으므로 주로 항해와 관련된 어휘가 영어에 차용되었다. 예로 해양어(cruise, deck, hoist, yacht, freight, dock, buoy, marine, skipper)와 회화어(easel, landscape, etching, sketch, stipple)가 있다.

(5) 그리스어 학술어 차용

이전에 차용되었던 그리스어는 대부분이 종교 용어였고 고대영어 때부터 라틴어를 통해서 많은 어휘가 차입되었는데, 그리스어의 후기 차용어는 대부분이 철학, 과학, 종교 분야의 학술어가 차지하였다. 특히 그리스어는 복합어 구성 능력이 발달해서 여러 학술 용어가 만들어졌고, 그리스어와 외래 요소가 합성되어 많은 혼종어(hybrid)를 생성해 냈다.

3 음과 철자의 괴리

영어는 철자와 실제음 사이에 큰 괴리를 가진 언어로 유명한데 그 이유를 살펴보자. 15세기 말경에 캑스턴(W. Caxton)에 의해 인쇄술이 도입되면서 철자법은 고정되어 간 반면에 발음의 격심한 변화는 철자에 반영되지 못하게 되었다. 소리는 변화가 항상 빠른데 철자법이 보조를 맞추지 못하여 시간이 흐를수록 음과 철자 사이의 간격이 커지게 되었다.

(1) 대모음변이(Great Vowel Shift)

대모음변이란 중세영어의 장모음이 하나씩 고모음 쪽으로 이동하고 새로운 이중모음이 출현하게 되는 음변화를 말하는데, 이 변이는 초서(C. Chaucer) 시대와 셰익스피어 시대 사이에 일어났고, 이로 인해 중세영어와 현대영어의 모음 체계가 대폭 달라지게 되었다.

(2) 존슨의 사전 편찬과 철자법 고정

중세영어의 모음이 이러한 변화를 겪는 와중에 존슨이 1775년 사전다운 사전을 최초로 출간하면서 영어의 철자법은 완전히 고정되었다. 이 사전은 최고의 권위를 인정받으며 철자법의 고정화를 더욱 재촉하였다.

(3) 외래어로 인한 발음 혼용

또한 외래어가 엄청나게 영어에 차용되면서 차입한 나라와 시기가 각자 달라서 같은 철자가 여러 음으로 발음되기도 하였다. 외래 차용어의 경우 어원을 충실히 철자에 반영시키려는 학자들의 규범문법적이고 현학적인 태도로 인해 발음되지도 않는 불필요한 철자를 어휘에 삽입시키는 결과를 낳았다. 고대영어의 철자에도 불필요한 잉여 자음이 삽입되어 발음되다가 이것이 철자로 굳어지기도 하였다. 앞서 설명한 이러한 여러 가지 요인들로 인해서 영어는 철자와 실제음이 매우 다른 경우가 많은 언어로 전락하게 되었다.

제6장 미국영어와 영국영어

영국의 청교도 개척자들이 1620년 미국에 도착했을 때, 그들은 엘리자베스 왕조의 영어를 쓰고 있었다. 그 후 미국영어의 발전은 미국인들만의 고유한 경험에 의존하였다. 문법 규칙은 영어와 유사하지만 미국은 여러 인종이 뒤섞인 나라(melting pot)이니 만큼 여러 인종들의 언어가 미국영어에 반영되었다.

1 프랑스인들의 영향

영어에 보탬이 된 프랑스어는 주로 그들이 탐험했던 땅의 특징에 관한 이름들이다. 예를 들면, prairie(대초원), butte(외딴 산), crevasse(빙하 틈) 등이 전해졌고, 이외에도 chowder(잡탕), bureau(침실용 장롱) 등도 전래되었다.

2 스페인인들의 영향

서부 생활과 관련되는 많은 단어들의 어원이 스페인어인데, 그중 cowboy를 제외하고는 거의 스페인어이다. 예를 들면, chaps(가죽바지), punchos(외투), bronco(야생말), lariat(올가미 밧줄), ranch(농장), coyote(이리), vigilantes(자위대), hoosegow(형무소) 등이 있다.

3 네덜란드인들의 영향

언어 면에서 중요한 영향을 미친 집단은 미국 초기에 뉴욕에 정착한 네덜란드인들이었다. 어휘의 예를 들면, cole slaw(양배추 샐러드), cookie(쿠키), waffle(와플), boss(두목), caboose(승무원 칸), sleigh(썰매), dope(정보), dumb(말 못하는), snoop(기웃거리다), Santa Claus(산타클로스) 등이 있다. 후기에 이주한 다른 여러 나라들로부터도 미국영어는 많은 차용어를 받아들이는데, 언어별로 예를 들어보면 독일어(noodle, delicatessen, pretzel, bum, hamburger), 이탈리아어(spaghetti, pizza, oregano), 유태어(kosher, goy, blintz, shalom), 스칸디나비아어(ski, smorgasbord, sauna, ombudsman), 아프리카어(gumbo, goober, jukebox, jazz, banjo, samba) 등이 있다.

제 1 절 발음의 차이 중요 ★★

미국영어와 영국영어를 듣고 어느 언어인지 금방 알 수 있는 것은 무엇보다도 분절음과 초분절음의 차이에서 비롯된다. 영국영어에서는 철자상으로 모음 뒤의 r이 발음되지 않고, t-음이 모음 사이에 낄 때 영국영어에서는 그대로 발음되나, 미국영어에서는 설탄음화(flapping) 현상이 발생하기도 한다. 또 영국영어에서는 wh와 w의 구별이 없어서 when/wen, where/ware, which/witch, whether/weather에서 첫 발음이 같지만 미국영어에서는 구별하여 발음한다. 영국영어에서는 schedule, vase, raspberry의 발음을 각각 [ʃ], [vɑz], [rɑz-]로 발음하지만 미국영어에서는 [sk-], [veɪs], [ræs-]로 발음한다. 두 언어의 차이는 모음에서 매우 두드러지게 나는데, pass, laugh, plant 등의 모음에서 영국영어는 [ɑ]로 미국영어는 [æ]로 발음한다. 또 nod, rod, cot 등에서 영국영어는 [ɒ]로 미국영어는 [ɑ]로 발음한다. 강세에 있어서 영국영어에서는 다음절 어휘에서 제3강세가 훨씬 덜 쓰여서 음절의 생략이 미국영어에 비해 더 빈번하게 일어난다.

제 2 절 철자의 차이

영국영어보다는 미국영어에서 철자의 간소화 경향이 두드러진다.

영국영어	미국영어	영국영어	미국영어
-x- connexion reflexion	-ct- connection reflection	-c- offence defence	-s- offense defense
-ll-, -gg-, -pp- counsellor waggon worshipper	-l-, -g-, -p- counselor wagon worshiper	-que piquet cheque	(c)k picket check
-our colour harbour humour	-or color harbor humor	-ae-, -oe- encyclopaedia mediaeval amoeba	-e- encyclopedia medieval ameba
-re theatre centre	-er theater center	-au-, -ou- staunch mould	-a-, -o- stanch mold

제 3 절 어휘의 차이

영국영어	미국영어	뜻
depot	station	역
goods train	freight train	화물열차
guard	conductor	차장
luggage	baggage	수하물
engine driver	engineer	기관사
transportation	ticket	차표

제 4 절 문법의 차이

- have 용법 차이 : 영국에서는 'Have you a book?'이라고 하지만 미국에서는 'Do you have a book?'이라고 하고, 부정은 have not(영국)과 don't have(미국)가 된다.
- to 부정사 용법 차이 : 'Please come to join us.'(영국), 'Please come join us.'(미국)에서처럼 to 의 사용 여부에 있어서 차이가 난다.
- help 용법 차이 : 'I helped Mary to find the book.'(영국), 'I helped Mary find the book.'(미국)에서처럼 차이가 난다.
- 집합명사 차이 : 영국영어에서는 'The public are ~'처럼 복수 동사를 선호하는데, 미국영어에서는 'The public is ~'로 쓴다.
- 전치사 용법 차이 : 영국영어(in a street, on behalf of, first holiday for four years), 미국영어 (on a street, in behalf of, his first vacation on four years)로 차이가 난다.

제 1 편 실전예상문제

제 1 장 **언어학(linguistics)과 영어학(English linguistics)**

01 사람이 태어나서 쓰는 모든 언어가 자연 언어이므로 영어도 자연 언어의 하나이다.

01 영어학과 언어학의 관계로 바르지 <u>못한</u> 것은?

① 언어학의 주제는 자연 언어이지만 영어학의 주제는 영어라는 특정 언어이다.
② 언어학과 영어학은 밀접한 관계를 유지한다.
③ 영어라는 특정 언어와는 별도로 자연 언어가 따로 있다.
④ 언어학과 영어학은 전체와 개체의 관계이다.

02 ①은 전통문법의 단점이며, 나머지는 구조문법의 특성이다.

02 다음 중 전통문법의 특성으로 옳은 것은?

① 대부분의 문법 교과서의 주요 내용을 이루지만 품사 분류의 기준에 일관성이 없다.
② 문법학자의 주관성이 가미되기 쉬운 의미 부분이 연구에서 도외시되었다.
③ 문장의 분석을 위하여 직접구성성분의 분석법을 사용하였다.
④ 어휘의 구분을 '분포'라는 개념에 입각하여 여덟 부류로 나누었다.

03 ② 굴절어미가 발달한 언어는 단어에 어미가 들러붙는 경향이 많아서 종합적(synthetic) 언어라고 하고, 굴절어미가 적은 언어는 어미가 들러붙지 않은 단어들이 분리되어 나열된다 하여 분석적(analytic) 언어라고 부른다. '종합적/분석적' 어휘의 뜻은 단순히 들러붙느냐 떨어지느냐를 나타낸 단순한 의미임을 주의해야 한다.
③ 독일어가 비교적 순수하고, 차용을 많이 한 영어는 이질적으로 여러 차용어들이 섞여 있다.
④ 독일어는 굴절어미가 잘 보존된 반면, 영어는 거의 사라졌다.

03 독일어와 영어에 대한 설명으로 옳은 것은?

① Pflanze/plant에 나타난 제2차 자음전환은 두 단어의 음변화를 말해 준다.
② 영어는 종합적인 언어, 독일어는 분석적인 언어이다.
③ 영어는 어휘가 비교적 순수하고 독일어는 이질적이다.
④ 영어나 독일어 모두 굴절어미가 잘 보존되어 있다.

정답 01 ③ 02 ① 03 ①

제 2 장 영어학의 분야

01 가상의 올바른 기준을 정해놓고 이에 맞추어 언어를 사용해야 한다는 문법은?

① 규범문법
② 기술문법
③ 전통문법
④ 구조문법

01 규범문법과 기술문법은 서로 대치되는 개념으로, 가상의 올바른 기준을 정해놓고 이에 맞게 언어를 쓰지 않으면 안 된다고 하는 것이 규범문법이고, 언어를 있는 그대로 객관적으로 바라보는 것이 기술문법이다.

02 영어학의 핵심 연구분야가 <u>아닌</u> 것은?

① Semantics
② Phonotactics
③ Morphology
④ Syntax

02 영어학의 핵심 연구분야는 음운론(Phonology), 형태론(Morphology), 통사론(Syntax), 의미론(Semantics), 화용론(Pragmatics)이 있다. 음소배열론(Phonotactics)은 음운론의 일부 분야이다.

03 영어학 연구 방법 중 공시적(synchronic) 방법의 기술로 올바른 것은?

① 역사적으로 언어의 변천을 관찰하는 방식이다.
② 어느 특정 시기의 언어 현상에 한정시켜 관찰하는 방식이다.
③ 어떤 언어의 방언을 중심으로 관찰하는 방법이다.
④ 어느 특정한 언어에 한정시켜 관찰하는 방법이다.

03 공시적(synchronic) 방법은 어느 한 시점을, 통시적(diachronic) 방법은 시간의 흐름에 따라 역사적으로 관찰하는 방법을 말한다.

정답 01① 02② 03②

안심Touch

checkpoint 해설 & 정답

04 ④는 통시성(diachrony)에 관한 설명이다.

04 다음 중 공시성(synchrony)에 관한 설명이 <u>아닌</u> 것은?

① 어떤 특정 시기의 언어 현상을 연구하는 것이다.
② 공시성은 통시성의 기초가 된다.
③ Saussure가 그 중요성을 주장하여 통시성과 구분하였다.
④ 역사적인 언어의 변천 과정을 연구하는 것이다.

05 음성학은 언어학의 핵심 연구 분야이다.

05 언어학과 관련된 주변 연구 분야가 <u>아닌</u> 것은?

① 심리언어학
② 인류언어학
③ 음성학
④ 사회언어학

06 전통문법학자(규범문법학자)들의 태도를 프롬킨(V. Fromkin)이 단적으로 표현한 말로서 "비교급 구조에서는 than 뒤에 I, he, they가 와야 한다."는 말이다.

06 다음 글은 어떤 문법학자의 주장인가?

> Lowth decided that *I not me, he not him, they not them* should follow *than* in a comparative construction.

① 규범문법
② 기술문법
③ 구조문법
④ 변형문법

정답 04 ④ 05 ③ 06 ①

제3장 문법 연구의 변천

01 규범문법에서 탈피하여 과학적 전통문법을 세운 대표적인 학자는?

① Dionysius Thrax
② Robert Lowth
③ Murray
④ Otto Jespersen

01 영문법 연구는 기원전 4세기경 아리스토텔레스에서 시작하여 20세기 초 예스퍼슨의 과학적 전통문법까지 긴 역사를 지니고 있다.

02 그리스 시대 이후 현재에 이르기까지 널리 사용되는 전통문법의 8품사 용어는 누구로부터 유래하였는가?

① 스락스(Thrax)
② 플라톤(Plato)
③ 아리스토텔레스(Aristotle)
④ 예스퍼슨(Jespersen)

02 스락스는 문법 기술의 단위로 문장과 단어를 주시하였고, 그리스어의 낱말을 8품사로 나누었으며, 특히 명사와 동사의 속성을 논의하였다.

03 문법학자 스락스(D. Thrax)에 관한 설명으로 옳은 것은?

① 말을 구성하는 요소를 주부, 술부, 접속사로 나누었다.
② 문법 기술의 단위로 문장과 단어를 주시하고, 단어를 8품사로 나누었다.
③ 동사, 명사, 접속사, 관사의 4품사를 주장했다.
④ 라틴문법의 창시자이다.

03 ①은 아리스토텔레스에 대한 설명이다.

정답 01④ 02① 03②

04 ④는 구조문법에 관한 설명이다.

04 다음 중 전통문법에 관한 설명으로 틀린 것은?

① 문장의 의미를 근거로 문장을 분석했다.
② 어휘를 8품사로 분류하였다.
③ 문장의 형식을 5형식으로 나누었다.
④ 음운이 1차적 연구대상이었다.

05 ③은 변형생성문법의 주요 특성이다.

05 다음 중 전통문법의 문제점이라 할 수 없는 것은?

① 품사의 분류 기준에 일관성이 없다.
② 라틴어 문법 틀에 영어의 문법 현상을 적용하려 했다.
③ 토박이 화자의 언어능력을 연구대상으로 삼았다.
④ 규범적인 면을 지나치게 중시했다.

06 과학적 전통문법은 규범문법에서 탈피하여 다양하고 많은 예를 과학적으로 분석한다.

06 과학적 전통문법에 대한 설명으로 가장 옳은 것은?

① 옛 전통문법의 규범성을 그대로 답습하였다.
② Robert Lowth가 대표적 학자이다.
③ 문법성을 관찰하는 데 다양하고 많은 예를 다룬다.
④ 문법연구의 관점이 역사적 국면에 있다.

정답   04 ④   05 ③   06 ③

07 구조문법에 대한 설명으로 옳은 것은?

① 화자가 사용하는 문법을 있는 그대로 기술한다.
② 어휘를 분류하는 데 있어서 '의미' 개념에 입각한다.
③ 문장을 분석하는 데 심층구조의 분석을 사용한다.
④ 문법학자가 문법규칙을 미리 규정하는 규범적인 문법이다.

07 ②, ④는 전통문법, ③은 변형생성문법에 대한 설명이다.

08 다음 중 구조문법의 특성이 <u>아닌</u> 것은?

① 문장의 분석은 직접구성성분 분석의 방법을 이용하였다.
② 분포 개념에 입각하여 어휘를 분류하였다.
③ 문법 간의 계층을 엄격히 구분하고, 각 계층의 목록을 모으면 전체 문법이 이루어진다고 보았다.
④ 음운론과 아울러 의미론이 발전하였다.

08 구조문법에서는 사람의 주관성이 개입되기 쉬운 의미 부분은 분석의 객관성이 확보되지 않는다는 이유로 분석 대상에서 제외시키거나 미뤄놓았다. 따라서 의미론의 발전을 기대하기는 어렵다.

09 변형생성문법에 관한 설명으로 바르지 <u>못한</u> 것은?

① 문법 기술에 심층구조 개념이 도입되었다.
② 낱말을 분류할 때 형태와 기능의 두 기준을 사용하였다.
③ 어린아이의 모국어 습득은 선천적인 언어습득장치를 가동시킴으로써 이루어진다.
④ 문법 기술은 언어현상 밑에 내재해 있는 규칙을 기술하는 기술적 타당성의 충족에 있다.

09 ②는 구조문법에 대한 설명이다.
④ 변형생성문법에서 겉으로 보이는 언어수행(언어현상) 내면에 존재하는 언어능력(내재한 규칙)을 규명(기술적 타당성)하는 것이 목표이므로 바른 설명이다.

정답 07 ① 08 ④ 09 ②

안심Touch

10 Trubetzkoy는 음을 물리적 성질로 규명하지 않고 언어음 체계 속에서의 기능을 중시하였다.

10 다음 중 옳지 <u>않은</u> 설명은?

① Prague 학파의 Trubetzkoy는 대립(opposition)에 의한 음소의 개념을 정의했다.

② Trubetzkoy와 Jakobson의 음소 개념은 언어음의 물리적 성질을 중시한 것이다.

③ 음소는 의미의 변별적(distinctive) 기능을 갖는 최소의 소리 단위이다.

④ Jakobson은 2항 대립의 개념을 사용하여 음소를 정의하였다.

11 구조주의 문법의 선구자인 소쉬르의 강의는 제자들에 의해 책으로 출간되었고, 그의 사상으로부터 비로소 언어학이 하나의 과학 체계를 갖추게 되었다.

11 다음 중 구조문법의 선구자는?

① 소쉬르(F. Saussure)

② 사피어(E. Sapir)

③ 스미스(H. Smith)

④ 트래거(G. Trager)

12 '하위의 음운론에서 형태론, 통사론으로 연구를 진행하였다.'라고 해야 맞는 설명이다.

12 다음 중 구조문법의 특징이 <u>아닌</u> 것은?

① 언어연구의 방법은 행동주의 내지 경험주의에 입각하여 과학적이다.

② 분석자의 주관성이 가미되기 쉬운 의미 부분은 연구에서 도외시되었다.

③ 문법의 계층을 엄격히 구분하고 하위의 통사론으로부터 형태론, 음운론의 순서로 연구를 진행하였다.

④ 어휘의 구분을 '분포'라는 개념에 입각하여 엄격하게 구분하였다.

정답 10 ② 11 ① 12 ③

13 변형생성문법의 언어습득이론과 관련한 설명으로 옳은 것은?

① 생득적인 언어습득장치를 사용하여 스스로 규칙을 터득하여 언어를 습득한다.
② 언어습득이 모방, 반복, 연습의 후천적 방법으로 이루어진다.
③ 행동주의 심리학에 근거한다.
④ 언어환경에 놓으면 백지상태로부터 언어를 습득한다.

13 ②, ③, ④는 구조문법에 관한 설명이다.

14 변형생성문법에 관한 설명으로 옳지 <u>않은</u> 것은?

① 정신주의를 철학적 배경으로 삼는다.
② 주요 연구대상은 언어수행이다.
③ 문법 기술에 심층구조를 도입하였다.
④ 연역적인 분석방법을 사용한다.

14 주요 연구대상은 언어수행(linguistic performance)이 아닌 언어능력(linguistic competence)이다.

15 변형생성문법에 관한 설명으로 옳은 것은?

① 창시자는 미국의 블룸필드(Bloomfield)이다.
② 문법의 구성요소를 각 계층의 전체 구조 속에서 이해한다.
③ 화자의 내재적 언어를 연구대상으로 한다.
④ 언어의 보편성보다 개별성을 추구한다.

15 변형생성문법의 연구대상은 언어능력(화자의 내면에 내재된 언어)이다. ①과 ②는 구조문법에 대한 설명이다.

정답 13 ① 14 ② 15 ③

16 ②와 ④는 구조문법에 대한 설명이다.

16 변형생성문법에 관한 다음의 설명 중 옳은 것은?

① 언어연구의 목표는 화자의 머리에 내장된 언어 능력의 규명이다.
② 언어습득이 모방, 반복, 연습의 후천적 방법으로 이루어진다고 본다.
③ 문법 기술의 목표는 관찰적 타당성의 충족에 둔다.
④ 낱말의 분류에 형태와 기능의 엄격한 두 기준을 사용한다.

17 변형생성문법의 두드러진 특징은 문법 기술에 심층구조를 도입했다는 것이다.

17 다음 중 변형생성문법에 관한 설명으로 옳은 것은?

① 화자가 사용하는 언어를 있는 그대로 분석하여 존재하는 사실을 기술한다.
② 소리를 근거로 하여 문장 분석을 하였다.
③ 눈에 보이고 귀에 들리는 구어적인 언어를 연구대상으로 한다.
④ 문법 기술에 심층구조 개념이 도입되었다.

18 ①은 과학적 전통문법, ②는 구조문법에 대한 설명이고, ④에서는 그 연구대상을 반대로 해야 변형생성문법에 대한 맞는 설명이 된다.

18 변형생성문법의 특성으로 옳은 것은?

① 근대영어의 방대한 용례를 모아 이것을 분류하는 것이 문법학자의 주요 일이다.
② 언어습득이론에서 반복, 연습을 통한 후천설을 주장한다.
③ 문법이론에 심층구조의 개념을 도입하여 표층구조와의 관계를 중시한다.
④ 화자의 정신 속에 내재된 언어보다 화자가 실제로 사용하는 언어를 연구대상으로 한다.

정답 16 ① 17 ④ 18 ③

제 **4** 장   영어의 계보

01 다음 중 영어가 속한 Indo-European 어족의 특성이 <u>아닌</u> 것은?

① 다른 어족에 비해 가장 많은 문헌이나 자료가 남아 있다.
② 문법기능을 접사로 나타낸 굴절언어였다.
③ 가족관계나 원시적 생활과 관련된 어휘에 유사성이 많다.
④ 10개 어단은 지리적 분포에 따라 북방 어단과 남방 어단으로
나뉜다.

> **01** 10개 어단이 지리적 분포에 따라 서
> 방/동방 어단으로 나뉜다.

02 〈보기〉와 같은 음변화에 대한 설명으로 맞지 <u>않는</u> 것은?

> **보기**
>
> • bhrater / frater → brother
> • dhughter → daughter
> • ghosti → guest

① Grimm's Law의 예이다.
② 인도-유럽어와 German어의 차이를 나타낸다.
③ 폐쇄음(stops)의 변화를 나타낸다.
④ 제2차 자음전환의 예이다.

> **02** 〈보기〉의 음변화는 제1차 자음전환
> (Grimm's Law)의 예로서, 이는 인
> 도-유럽어와 게르만어의 차이를 폐
> 쇄음의 변화를 통해 보여주고 있다.

03 영어의 역사적 특성에 대한 설명으로 옳은 것은?

① 영어는 동방 쪽의 Satem어에 속한다.
② 인도-유럽어 중에서도 로만스어에 속한다.
③ 영어는 현대 독일어와 함께 모두 Low German에 속한다.
④ Low German에서는 p가 pf/f로 바뀌지 않고 그대로 사용됨
으로써 영어의 hope와 독일어의 hoffen이 구별되었다.

> **03** ① 영어는 서방 쪽의 켄툼어(Centum)
> 어에 속한다.
> ② 영어는 게르만어에 속한다.
> ③ 영어는 Low German에 속하지만,
> 독일어는 High German에 속한다.

> **정답** 01 ④   02 ④   03 ④

안심Touch

04 영어는 게르만어 중에서 서 게르만
어에 속한다.

04 다음 괄호 안에 들어갈 말로 알맞은 것은?

> Indo-European → Germanic → (   ) → Low German
> → English

① East Germanic
② West Germanic
③ North Germanic
④ German

05 ② 게르만어에 속한다.
③ 영어는 저지 독일어, 독일어는 고
지 독일어에 속한다.
④ 서방 쪽의 켄툼어에 속한다.

05 영어의 계보에 대한 설명으로 옳은 것은?

① 인도-유럽어족에 속한다.
② 인도-유럽어 중에서도 로만스어에 속한다.
③ 영어와 독일어는 모두 저지 독일어에 속한다.
④ 영어는 동방 쪽의 사템어에 속한다.

정답 04 ② 05 ①

제 5 장   현대영어(Modern English)의 이해

01 현대영어(Modern English)에 대한 설명으로 옳은 것은?

① 20세기의 영어를 말한다.
② 굴절형이 소실되면서 어순이 자유로워졌다.
③ 굴절형이 소실되면서 서법 조동사의 사용이 활성화되었다.
④ 종합적인 언어가 되었다.

01 ① 20세기 영어는 현재영어(Contemporary or Present Day English)라고 하여 구별하기도 한다.
② 오히려 어순이 고정되었다.
④ 굴절어미가 떨어져나간 단어들이 분리되어 분포하는 분석적인 언어가 되었다.

02 굴절형의 극소화가 현대영어에 미친 영향으로 옳은 것은?

① 어순의 고정화를 가져왔다.
② 어휘가 차입되지 못하고 본래어를 고수했다.
③ 문법적인 성이 더욱 발달하였다.
④ 품사의 전환에 많은 제약을 받았다.

02 굴절어미의 극소화로 인해 어순이 고정화되고, 문법적인 성이 쇠퇴하였으며, 품사 전환이 쉬워졌다.

03 현대영어의 특징으로 옳지 <u>않은</u> 것은?

① 굴절형의 소실로 분석적인 언어가 되었다.
② 외래어를 과감하게 수용하였다.
③ 음과 철자의 괴리가 크다.
④ 서법 조동사의 사용이 위축되었다.

03 굴절형 어미의 소실로 조동사가 서법에 활발하게 사용되었다.

정답 01 ③ 02 ① 03 ④

04 굴절어미의 쇠퇴로 인해 조동사들이 가정법과 같은 서법 표시에 동원된다.

05 당시 학자들이 어원을 충실히 반영시키려고 오히려 발음이 안 되는 불필요한 철자를 차입시켰다.

06 대모음변이는 중세영어와 현대영어를 구분시켜 준다. 셰익스피어는 현대영어에 속하며 20세기 영어는 현재영어이다.

04 다음 중 현대영어의 특징이 <u>아닌</u> 것은?

① 어휘가 라틴어, 프랑스어의 영향으로 Romance어화했다.
② 어순이 'S + V + O'로 고정되었다.
③ 서법(mood)을 굴절형으로 표시한다.
④ 문법적인 성이 거의 소멸되었다.

05 영어는 음과 철자 사이의 괴리가 크다. 그 이유로 적절하지 <u>않은</u> 것은?

① 15세기 말경 인쇄술이 도입되면서 철자법은 고정되고 발음은 그 후 격심한 변화를 겪었다.
② 당시의 학자들이 발음되지 않는 불필요한 철자를 단어에서 대거 제거하였다.
③ 중세영어 말기부터 현대영어의 17세기까지에 걸쳐 일어났던 대모음변이 현상으로 장모음의 발음에 큰 변화가 있었다.
④ 외래어의 엄청난 차입으로 같은 철자가 차입나라와 차입시기에 따라 달리 발음되었다.

06 〈보기〉에 대한 설명으로 바르지 <u>않은</u> 것은?

> 보기
> • del [dɛ:l] → [de:l]
> • mone [mo:n] → [mu:n]
> • hous [hu:s] → [hous]

① 대모음변이 현상을 말한다.
② 셰익스피어와 20세기의 영어 차이이다.
③ 장모음이 한 단계 위의 고모음으로 변하였다.
④ 고모음은 새로운 이중모음으로 변하였다.

07 다음 중 현대영어의 특성으로 옳은 것은?

① 굴절형이 극소화하여 간단하다.

② 어순이 한국어와 같이 비교적 자유롭다.

③ 자연적인 성 대신에 문법적인 성이 발달하였다.

④ 품사의 전환이 자유롭지 못하고 까다롭다.

07 현대영어는 어순이 자유롭지 못하고, 문법적인 성 대신에 자연적인 성이 존재하고, 품사의 전환은 자유롭다.

08 영어음에 대한 설명으로 옳지 <u>않은</u> 것은?

① 동일한 철자가 여러 음으로 발음된다.

② 독일어처럼 철자에 의존하여 발음된다.

③ 철자의 결합이 단일음을 나타내기도 한다.

④ 철자와 음 사이에 큰 괴리가 있다.

08 여러 나라에서 오랜 기간에 걸쳐 외래어를 적극적으로 수용했기 때문에 철자와 다른 음이 매우 많이 존재한다.

정답   07 ①   08 ②

안심Touch

01 ④는 영국영어의 특징이다.

02 ①, ②, ③은 순서가 바뀌면 맞는 답이 된다.

03 ③은 미국영어에 대한 설명이다.

제 **6** 장 **미국영어와 영국영어**

01 영국영어와 미국영어의 차이에 대한 설명으로 옳지 <u>않은</u> 것은?

① 영국영어의 colour, harbour의 철자가 미국영어에서는 color, harbor로 쓰인다.
② 영국영어의 lift, flat가 미국영어에서는 elevator, apartment 이다.
③ 영국영어의 'I helped Mary to find the key.'를 미국영어에서는 'I helped Mary find the key.'로 쓴다.
④ 어말의 -r이 미국영어에서는 발음되지 않는다.

02 다음 중 영국영어와 미국영어의 차이로 옳은 것은?

영국영어	미국영어
① pass[pæs]	pass[pɑ:s]
② elevator	lift
③ movie	cinema
④ schedule[ʃɛʤl]	schedule[skɛʤl]

03 영국영어에 대한 설명으로 옳지 <u>않은</u> 것은?

① when - wen의 발음이 같다.
② water의 -t-가 제대로 발음된다.
③ schedule의 어두음이 [sk-]로 발음된다.
④ theater를 theatre로 쓴다.

04 영국영어와 미국영어의 문법상 차이점으로 옳지 **않은** 것은?

① 영국식의 have not은 미국식으로 don't have가 된다.

② 부정사 to를 영국에서는 꼭 쓰나 미국에서는 그렇지 않다.

③ 집합명사의 경우 미국영어에서는 복수 동사를 선호한다.

④ 미국영어에서는 가상법(가정법)의 일부가 부활된 느낌을 준다.

04 집합명사의 경우 미국영어에서는 단수 동사를 선호한다.

정답 04 ③

여기서 멈출 거예요? 근지가 바로 눈앞에 있어요.
마지막 한 걸음까지 SD에듀가 함께할게요!

제 **2** 편

—

영어음성학

(English Phonetics)

제1장 말소리의 생성
제2장 자음(consonants)
제3장 모음(vowels)
제4장 음성기호(phonetic symbols)
제5장 음률자질(prosodic features)
실전예상문제

단원 개요

제2편에서는 언어를 구성하고 있는 물리적인 말소리를 다양한 측면에서 살펴본다. 말소리가 폐나 구강 내에 있는 공기의 흐름을 어떻게 활용하는지부터 발성기관의 구조 및 기능을 배운다. 생성된 말소리의 특성을 분절음과 초분절음의 개념을 통해 공부하며, 자음과 모음의 특성을 다양한 기준으로 분류하면서 배우게 된다. 또한 말소리를 정확하게 표기하기 위한 음성 기호를 배우고, 초분절음인 음률자질에 속하는 음절 개념, 강세, 억양 등을 배우게 된다.

출제 경향 및 수험 대책

음성학은 물리적인 개념이나 과학적 방법을 상대적으로 많이 사용하여 말소리를 살펴보는 학문이므로 암기할 양이 상대적으로 많긴 하지만, 정확한 개념 확립 없이 무작정 외우는 것은 매우 비효율적이다. 특히 말소리를 다양하게 구분할 때 어떤 기준으로 어떻게 분류하는지 개념을 잘 정립해야만 음성 기호 등을 암기할 때 효과적으로 단시간에 학습할 수 있다.

제 1 장 말소리의 생성

음성학(phonetics)은 인간의 말소리(speech sounds)를 과학적으로 연구하는 언어학의 한 분야이다. 음성학을 연구 분야에 따라 세부적으로 나누면, 사람의 발성 기관이 말소리를 만들어내는 방법을 중심으로 연구하는 **조음음성학**(articulatory phonetics), 만들어진 말소리가 공기 중에서 어떤 음향적 혹은 물리적 성질을 갖고 있는지를 연구하는 **음향음성학**(acoustic phonetics), 그리고 말소리가 청취 기관을 통하여 두뇌로 전달되는 과정에서의 소리 특성을 연구하는 **청각음성학**(혹은 청취음성학, auditory phonetics)으로 나누어 볼 수 있다.

말소리는 주로 폐(lungs)에 존재하는 공기를 활용하여 만들어지게 되는데, 폐 속에 있는 공기를 인체 밖으로 내쉬는 과정에서 여러 발성 기관(articulatory organs)을 교묘하게 움직여서 소리를 만들게 된다. 폐를 떠난 공기는 기관지(bronchus)가 합쳐진 기관(trachea)을 통해 후두(larynx) 속으로 들어오고, 후두 속에서 개폐 운동이 가능한 성대(vocal folds)로 둘러싸인 성문(glottis)을 통과한다. 성대의 작용에 따라 발성(phonation)이 시작되고, 후두를 지나면 인두(pharynx)라는 빈 공간을 만나는데, 여기에서 길이 두 갈래로 갈라져서 위로 가면 비강(nasal cavity)을 통해 콧구멍으로, 아래로 가면 구강(oral cavity)을 통해 입술로 나아가게 된다. 특히 비강 통로에는 개폐가 가능한 연구개(velum)가 존재한다. 구강과 비강을 합쳐 성도(vocal tract)라고 부르며, 구강의 모양이나 비강의 작용에 의해서 각각의 자모음이 만들어지는 조음(articulation)이 완성된다.

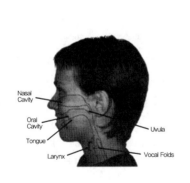
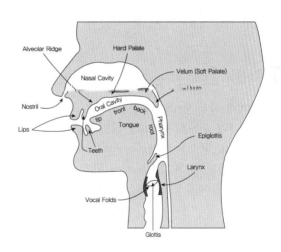

▶ 발성 기관

제 1 절 　기류 기작(airstream mechanism) 중요 ★★★

말소리를 만들어낼 때 발성 기관이 공기를 어떻게 활용하는지를 기류 기작이라고 한다. 이용할 공기가 있는 위치에 따라 폐(pulmonic), 연구개(velaric), 성문(glottalic) 등으로 분류하며, 공기를 밖으로 밀어내면 배출(egressive), 안으로 흡입하면 진입(ingressive)이라고 부른다. 인간의 말소리는 대부분이 폐 배출 기류 기작(pulmonic egressive airstream mechanism)으로 만들어지며, 영어도 마찬가지이다. 혀 차는 소리(clicks)는 연구개 진입(velaric ingressive) 기류 기작으로 만들어진다. 숨을 참듯이 성문을 닫은 다음 성문을 위 혹은 아래로 급격하게 움직여 공기 덩어리를 밀어내면 성문 배출(glottalic egressive) 기류 기작이 되고, 공기 덩어리를 흡입하면 성문 진입(glottalic ingressive) 기류 기작이 된다. 성문 진입 기류 기작으로 만드는 내파음(implosives)은 아프리카, 인도, 파키스탄 등지에서 발견되며, 성문 배출 기류 기작으로 만드는 방출음(ejectives)은 나이지리아 등에서 발견된다.

제 2 절 　유성음과 무성음(voiced and voiceless sounds) 중요 ★★

유성음과 무성음을 구분하는 기준은 성대의 진동(vibration) 유무이다. 진동이라고 표현했지만, 사실은 횡경막과 흉곽 근육들의 작용으로 숨을 내쉴 때, 성문 아래에 존재하는 많은 양의 공기가 탄력성이 있는 성대 사이를 강제적으로 빠른 속도로 통과하면서 일 초에 수백 번씩 성대가 열렸다 닫혔다 하는 개폐 운동을 반복하는 것을 진동이란 용어로 표현한 것이다. 정상적인 경우 대부분의 모음은 성대 진동을 수반하는 유성음으로 볼 수 있다. 하지만 자음의 경우는 명백하게 유성음과 무성음으로 나뉜다.

1 유성음(voiced sounds)

공기가 폐에서 나올 때 성대가 붙어있으면 그 사이, 즉 성문을 강제적으로 뚫고 지나가면서 빠른 속도로 성대가 개폐 운동을 반복하게 되는데, 이때 만들어진 자음을 **유성음**이라 부른다. 영어 단어 bee, day, gate, just, leaf, milk, nose, road, vase, zebra의 첫 소리는 모두 유성음이다. 모음이나 유성음인 자음을 발음할 때 손가락을 목의 튀어나온 부분(Adam's apple)에 대보면 유성음의 진동을 느낄 수 있다. 예를 들어 유성음인 자음 /z-z-z-z/ 소리를 계속해 보면 진동을 느낄 수 있다.

2 무성음(voiceless sounds)

공기가 폐에서 나올 때 성대가 떨어져 있어 성문이 열린 상태라면 공기는 아무 저항 없이 후두에서 인두를 거쳐 구강으로 통과하게 된다. 이러한 소리를 **무성음**이라 한다. 영어 단어 pearl, tea, kit, sea, ship, feel, thick, heal, chair의 첫 소리는 모두 무성음이다. 유성음과는 달리, 무성음인 자음 /s-s-s-s/ 소리를 계속 내어도 손가락으로 목 앞부분에 진동을 느낄 수 없다.

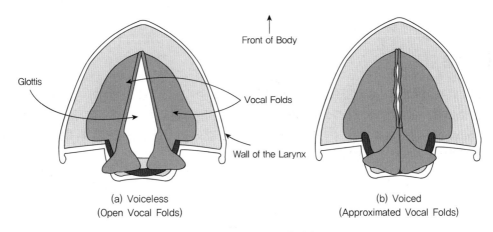

▶ 성대의 모양과 성문의 위치

3 영어 무성음과 유성음의 구별

음운론에서 소리 집단을 구별하는 데 쓰이는 여러 기준을 변별 자질(distinctive features)이라고 부르는데, 영어 무성음과 유성음을 구별하는 데 쓰이는 음성 자질은 [voiced]이며 무성음은 [-voiced]로 유성음은 [+voiced]로 표시한다.

제 3 절 | 비강음과 구강음(nasal and oral sounds)

앞서 발성 기관의 구조에서 살펴보았듯이, 폐에서 나온 공기는 후두와 인두를 거쳐 두 갈래의 길을 선택할 수 있다. 연구개 문이 열려있으면서 구강의 어딘가가 막혀있으면 비강을 통해 코로만 나오게 되고, 연구개 문이 닫혀있으면 구강을 통해서 입으로만 나오게 된다. 공기가 어느 통로를 통해서 나오느냐에 따라 비강음과 구강음이 결정되며, 이 두 집단을 구분하는 데 쓰이는 변별 자질은 [nasal]이다.

1 비강음

연구개가 아래로 쳐지면 비강으로 통하는 공기의 길이 생기게 되는데, 동시에 구강의 특정 부분의 길이 막히게 되면, 공기는 비강을 통해서만 나오게 되고 이때 발생되는 말소리를 **비강음**이라 한다. 한국어와 마찬가지로 영어에도 /m, n, ŋ/의 세 자음이 있고, 나머지 자음은 모두 구강음이며, 비강음에 모음은 없다. 비강음의 변별 자질은 [+nasal]이다.

2 구강음

연구개가 위로 들어올려지면 비강으로 통하는 길은 막히고, 공기는 구강을 통해서만 나오게 되고 이때 생기는 말소리를 **구강음**이라 부른다. 구강음의 변별 자질은 [-nasal]로 나타낸다. 구강음 /p, t, k/와 비강음 /m, n, ŋ/은 순서대로 각각 소리가 만들어지는 곳은 같으나, 공기가 구강으로 터지듯이 나오느냐 아니면 비강으로 부드럽게 나오느냐에 따라 서로 구분된다.

제 4 절 　자음과 모음(consonants and vowels) 중요 ★★★

말소리는 소리를 만드는 공기의 흐름이 방해를 받는지, 아니면 별 저항 없이 원활하게 흐르는지를 기준으로 크게 자음과 모음으로 나눌 수 있다.

1 자음

구강 및 비강으로 이루어진 성도를 통과하는 공기가 장애물에 의해 방해를 받으면서 말소리가 생성될 때 이들은 집합적으로 **자음**이라고 부른다. 공기의 원활한 흐름을 방해하는 역할을 하는 기관은 입술과 치아, 혀, 입천장(palate)이며, 주로 발성 기관의 아래에 있는 아랫입술과 혀가 주도적으로 위로 움직여 공기 흐름을 방해하게 된다. 아랫입술은 윗입술 및 윗치아와 폐쇄하거나 좁거나 다소 넓은 틈을 만들어 방해하며, 혀는 혀끝이나 혀의 앞뒤 몸체가 위로 움직여서 윗치아나 입천장의 맨 앞부터 뒷부분까지 폐쇄하거나 좁은 틈을 만들어 방해한다.

2 모음

후두 속의 성대를 진동시키면서 성문을 통과한 공기가, 비교적 방해를 받지 않고 자유롭게 구강을 통과하면서 만들어지는 말소리를 **모음**이라고 한다. 아래턱의 위치가 변화하면서 아래턱 내부에 있는 혀의 위치가 상대적으로 다양하게 변하기도 하고, 입술의 모양이 때때로 둥글게 모아지기도 하지만, 공기 통로가 자음에 비해 상대적으로 매우 넓어 폐쇄나 좁은 틈이 없고 거의 방해를 받지 않고 자유롭게 빠져나간다.

3 특징

(1) 자음과 모음을 구분하는 변별 자질은 자음의 이름을 활용한 [consonantal]로 정하기 때문에, 자음은 [+consonantal]로 모음은 [-consonantal]로 표시한다. 또한 모음은 음절(syllable)의 중심에 위치하여 음절을 구성하는 필수적인 요소이기 때문에 변별 자질 [syllabic]을 이용하여 [+syllabic]으로, 대부분의 자음은 [-syllabic]으로 표시한다. 하지만 little, water, bottom, button의 둘째 음절에서처럼 철자상으로는 모음이 있는 것 같아도 실제로는 모음이 없고, 각각 자음 /l, ɹ, m, n/이 모음처럼 음절의 핵 위치를 차지하고 있는 경우가 있다. 이들 자음들은 모음처럼 음절을 이룰 수 있다 하여 성절(음절성) 자음(syllabic consonants)이라고 부르기도 한다. 따라서 이들 자음들은 이러한 경우에만 변별 자질로는 [+consonantal] [+syllabic]으로 표시한다. 이들 자음들이 음절의 중심에 있지 않을 때는 물론 [+consonantal] [-syllabic]으로 표시할 수 있다. 두 경우를 모두 합쳐 [+consonantal] [±syllabic]로 표시할 수 있다.

(2) 변별 자질 [consonantal]과 [syllabic]을 이용하여 모든 자음과 모음을 부분집합으로 구분하는데 문제가 되는 자음들이 있다. 예를 들어, 두 단어 why, you의 모음 바로 앞에는 각각 /w, y/가 있다(/y/는 편의상 쓰이는데 정확히는 /j/가 맞다). 이들은 활음(glides)이란 자음으로 불리기도 하지만 또한 반모음(semivowels)으로 불리기도 한다. 하지만 이들은 음절의 핵은 될 수 없다. 이러한 특성을 두 변별 자질을 이용하여 표시하면 [-consonantal] [-syllabic]가 된다.

(3) 화학에서 원자를 이보다 작은 전자나 양성자의 개수로 구분하듯이, 자음과 모음을 이들이 지닌 여러 성질을 그 이름으로 활용한 변별 자질을 이용하여 구분할 수 있다. 이렇게 하면, 자음이면서 때로는 모음의 성질을 지닌 /l, ɹ, m, n/를 모음과 하나의 집단으로 묶어 지칭할 수 있으며, 그 집단의 공통된 특성을 [+syllabic]으로 지정할 수 있을 것이다. 결국 변별 자질들을 활용하면, 자음과 모음이라는 집단에 국한되지 않고, 여러 다른 말소리 집단을 생각할 수 있게 해주며, 이는 나중에 음운 규칙이 적용되는 여러 가지 말소리 집단을 연구하고 정의하는 데 큰 도움을 받을 수 있다.

제 2 장 자음(consonants)

앞서 자음은 공기의 흐름이 성도 내에서 폐쇄되거나 틈 속에서 만들어지는 말소리임을 배웠다. 공기의 흐름이 막히거나 좁아지는 지점이 바로 소리가 만들어지는 위치, 즉 조음점(조음 위치)이 된다. 같은 위치에서도 어느 정도로 통로가 막혔는지 혹은 틈이 생겼는지에 따라 여러 가지 소리가 만들어질 수 있는데, 이러한 정도에 따라 조음방법이 결정된다.

제 1 절 조음점/위치(point/place of articulation) 종요 ★★★

1 양순음(bilabials)

아랫입술이 윗입술로 움직여 만들어지는 소리로 /p, b, m, (w)/가 있다. 두 입술이 구강을 완전히 폐쇄시켰다가 급격하게 터뜨리거나(/p, b/), 구강은 막힌 상태에서 비강으로 공기가 나오거나(/m/), 입술을 둥글게 하여(/w/) 소리를 낸다. 특히 /w/는 동시에 혀의 후방 부위가 연구개 근처로 솟아오르기도 하여 (순)연구개음(labio-velar)으로 불리기도 한다.

2 순치음(labiodentals)

아랫입술의 안쪽 부분이 윗니와 좁은 틈을 만든 상태에서 나는 소리로 /f, v/가 있다.

3 치간음(interdentals)

혀끝이 윗니와 좁은 틈을 만든 상태에서 나는 소리로 /θ, ð/가 있다. 발음 모양에 있어서 혀끝이 윗니와 아랫니 사이에 살짝 나온다 하여 치간음이라 하지만, 실제로는 혀끝과 윗니 사이의 틈에서 만들어지는 소리이므로 설치음(linguo-dentals)이라 부르기도 한다. 또한, 치음(dentals)이라 부르기도 한다.

4 치경음(alveolars)

혀끝(tongue tip)을 입천장의 윗니 바로 뒤 치경돌기(alveolar ridge)에 대거나 접근시켜 만들어지는 소리로 /t, d, n, s, z, l, ɹ/이 있다(/ɹ/은 편의상 /r/로 쓰기도 함). 영어에서 이 조음 위치에서는 조음 방법에 따라 가장 많은 자음들이 발음되는데, 공기 통로가 구강의 치경돌기 부분에서 완전히 폐쇄되었다 터지는 경우 /t, d/, 이 부위에서 구강이 막히고 비강으로만 공기가 나오는 경우 /n/, 좁은 틈이 만들어지는 경우 /s, z/, 혀끝이 치경돌기와 닿지만 혀의 측면으로 공기가 나오는 경우 /l/, 혀끝이 치경돌기와 닿지 않고 위로 말려올라가 근접하는 경우 /ɹ/ 등이 만들어진다.

5 경구개 치경음(palato-alveolars)

치경 경구개음(alveo-palatals)으로 불리기도 하는데, 혀끝보다 살짝 뒷부분인 혓날(설단, tongue blade)을 치경돌기와 경구개(hard palate) 사이 부분에 대거나 접근시켜 만들어지는 소리로 /ʃ, ʒ, ʧ, ʤ/가 있다. 폐쇄 후 좁은 틈으로 터뜨리듯 발음하면 /ʧ, ʤ/가, 좁은 틈으로 소음을 만들어내면 /ʃ, ʒ/가 된다.

6 경구개음(palatals)

혀의 전방(전설, tongue front)이 경구개로 접근한 상태에서 만들어지는 소리로 /j/(혹은 /y/)가 있다.

7 연구개음(velars)

혀의 후방(후설, tongue back)이 연구개를 막아서 나는 소리로 /k, g, ŋ/이 있다. 구강 내 이 위치에서 폐쇄 후 터뜨리면 /k, g/가, 구강은 막히고 비강에서 공기가 나오면 /ŋ/이 만들어진다. 때로는 양순음인 /w/도 후설이 연구개에 근접하기 때문에 연구개음으로 분류하기도 한다. 특히, 독일어의 경우는 이 부위에서 좁은 틈이 만들어져 무성음이면서 마찰음인 /x/가 만들어진다.

8 성문음(glottal)

성대를 구성하는 한쌍의 조직이 열린 상태에서 그 사이 공간인 성문을 통해 공기가 빠르게 빠져나가면서 만들어지는 소리로 /h/가 있다.

제 2 절 　조음 방법(manner of articulation) 중요 ★★★

1 　파열음/폐쇄음(plosives/stops)

구강 내 특정 지점을 완전히 막아 폐쇄시켰다가 갑자기 개방시킴으로써 얻는 소리를 가리키며, 그 폐쇄 지점이 입술인 경우 /p, b/, 치경돌기이면 /t, d/, 연구개이면 /k, g/가 만들어진다. 유무성의 관점에서 보면 무성 파열음은 /p, t, k/가 있고 유성 파열음은 /b, d, g/가 있다. 공기가 구강에서 나오므로 구강 파열음(oral plosives)이라고도 한다. 특히 /t/는 batman, fitness, football 등의 단어에서 밑줄 친 부분의 소리가 때때로 성문을 아주 짧은 순간 완전히 막아버리는 성문 파열음(glottal plosive, [ʔ])으로 발음되기도 한다. 성문이 아예 닫혀 작용을 하지 않으므로 성문 파열음에 대하여는 유성음/무성음 여부를 따지지 않는다.

2 　비음(nasals)

구강 내 특점 지점을 막힌 채로 유지하면서 비강으로만 공기가 나오면서 만들어지는 소리로 /m, n, ŋ/이 있다. 구강이 아닌 비강으로 공기가 나온다는 관점에서 비음을 파열음으로 분류하기도 하여 비강 파열음(nasal plosives)이라고도 부른다.

3 　마찰음(fricatives)

구강 내에서 좁은 틈을 만들고 여기에 공기를 빠른 속도로 통과시켜 얻는 시끄러운 소음 소리로 /f, v, θ, ð, s, z, ʃ, ʒ, h/가 있다. 좁은 틈의 위치가 아랫입술과 윗니 사이이면 /f, v/, 혀끝과 윗니 사이이면 /θ, ð/, 혀끝과 치경돌기 사이이면 /s, z/, 설단과 치경돌기-경구개 사이이면 /ʃ, ʒ/, 성문이면 /h/가 만들어진다. 이들 중 무성 마찰음은 /f, θ, s, ʃ, h/이고, 유성 마찰음은 /v, ð, z, ʒ/이다.

4 　파찰음(affricates)

파열음과 마찰음에서 한 글자씩 따온 이름에서 보듯이 파열음과 마찰음의 성질을 동시에 갖고 있는 소리로 /ʧ, ʤ/가 있다. 시작은 파열음으로 하고 마무리는 마찰음으로 하지만, 두 성질이 융합된 것이지 파열음과 마찰음이 차례로 발음되는 것이 아님에 주의해야 한다.

5 유음(liquids)

유음은 공기가 큰 저항을 받지 않고 물이 흐르듯이 빠져나가듯 발음된다고 하여 붙여진 이름으로 /l, r/이 있다. 특히 /l/은 혀끝은 치경돌기에 밀착하지만, 혀의 양쪽 측면(lateral)으로 공기가 나온다고 하여 설측음(lateral)이라고 따로 분류하여 부르기도 한다. 영어의 /r/은 입천장에 접촉이 없이 혀끝이 후방으로 살짝 휜다고 하여 권설음(retroflex)으로 불리기도 하는 반면, 스페인어의 /r/은 혀끝을 경구개에 대고 진동시켜 여러 번 때리듯이 발음되는데 이를 연탄음(trill)이라고 부른다. 유음과 아래의 활음을 합쳐 접근음(approximants)이라고도 부르는데, 소리를 만들어내는 조음 기관들이 위와 아래에서 서로 가까이 접근한 상태에서 발음되기 때문이다. 설측음의 경우도 혀의 측방과 구강 내 볼(cheeks) 부위가 서로 접근한 것으로 볼 수 있다.

> **더 알아두기**
>
> **스페인어의 연탄음과 영어의 설탄음의 차이**
> 스페인어의 연탄음과 유사하지만, 혀끝을 치경돌기에 한 번만 때리게 되면, 영어의 설탄음(flap)이 된다. 이 소리는 [ɾ](혹은 [D])로 표기하는데, water, ladder 등의 단어에서 영어의 /t, d/가 설탄음으로 바뀌어 발음된다.

6 활음(glides)

조음 위치가 한 곳에 정지되어 있지 않고, 한 자리에서 시작하여 뒤따라 오는 모음의 위치로 미끄러지듯 빠르게 활강한다고 하여 붙여진 이름으로 /y, w/가 있다. 혀의 전방 부위가 경구개와 가까워진 상태에서 조음이 시작되면 /y/, 양 입술이 둥글어지고 혀의 후방 부위가 연구개와 가까워진 상태에서 조음이 시작되면 /w/가 발음된다. 전술했듯이 활음과 위의 유음을 합쳐 접근음이라고도 한다.

제 3 절 조음 위치와 조음 방법을 반영한 변별 자질을 통한 자음 분류 중요 ★★★

앞서 말소리를 자음과 모음 등 큰 부류로 분류하는 것 이외에도 [consonantal], [syllabic]과 같은 변별 자질들을 이용하여 다양하게 세분할 수 있음을 배웠다. 여기에서는 변형생성문법에서 제안한 조음 위치나 방법 혹은 청각적 특성 등과 관련된 추가적인 변별 자질들을 소개한다. 이렇게 분류를 다양하게 세분하는 이유는 말소리가 관여하는 여러 소리 변화 현상을 보다 잘 이해하고 설명하기 위함이다.

1 전방성(anterior)과 설정성(coronal)

중립위(neutral position)는 /e/를 발음할 때 구강 내에서의 혀의 높이와 위치를 말한다. 중립위에서 설단이 치경돌기를 기준으로 전후방 어디에서 소리를 만드느냐를 구분하기 위해 변별 자질 [anterior]을 정의하며, 치경돌기를 포함한 전방 부위에서 만들어지는 /p, b, m/(양순음), /f, v/(순치음), /θ, ð/(치간음), /t, d, n, s, z, l, r/(치경음)을 [+anterior]로 나타내고 전방음(anteriors)으로 부른다. 나머지 /ʃ, ʒ, ʧ, ʤ/(경구개 치경음), /y/(경구개음), /k, g, ŋ/(연구개음), /h/(성문음)는 [-anterior]로 나타낸다. 또한 혀끝이나 설단이 중립위보다 높이 올라가서 말소리를 만드느냐에 따라 변별 자질 [coronal]을 정의하여, /p, b, m/(양순음), /f, v/(순치음), /k, g, ŋ/(연구개음)을 [-coronal]로, /θ, ð/(치간음), /t, d, n, s, z, l, r/(치경음), /ʃ, ʒ, ʧ, ʤ/(경구개 치경음), /y/(경구개음)를 [+coronal]로 나타내고 설정음(coronals)이라 부른다. 이 두 변별 자질은 조음 위치와 관련된 자질로 볼 수 있다.

▶ 두 변별 자질 [anterior], [coronal]로 분류한 영어 자음

[+anterior, +coronal] /t, d, s, z, θ, ð, n, l, r/ 치아음	[-anterior, +coronal] /ʃ, ʒ, ʧ, ʤ, y/ 구개음
[+anterior, -coronal] /p, b, f, v, m/ 순음	[-anterior, -coronal] /k, g, ŋ/ 연구개음

2 지속성(continuant)

구강 내에서 공기의 흐름이 막히지 않고 지속적으로 유지되면서 나는 소리인지를 구별하는 변별 자질로 [continuant]로 표시한다. 파열음, 파찰음, 비음(비강 파열음)은 [-continuant]로, 마찰음, 유음, 활음은 [+continuant]로 나타내고 지속음(continuant)이라 부른다. 특히, 비음의 발음은 비강을 통해 지속적으로 할 수 있지만 공기의 흐름이 구강 내에서는 막혀 있기 때문에 비지속음인 [-continuant]로 분류됨을 주의해야 한다. 이 자질은 구강 내 공기의 흐름을 기준으로 하기 때문이다.

3 공명성(sonorant)

발음할 때 공기가 성도에서 낭랑하게 공명하는지, 아니면 구강 내에서 공기의 흐름이 방해를 받아 귀에 거슬리는 시끄러운 소리가 만들어지는지를 구별하는 변별 자질로 [sonorant]로 표시한다. 구강 파열음과 마찰음 및 파찰음은 [-sonorant]로 표기하며 이들을 집합적으로 장애음 혹은 저지음(obstruents)이라 부르고, 비강 파열음과 활음 및 유음은 [+sonorant]로 표기하며 공명음(sonorants)이라고 부른다. 특히, 비강 파열음은 구강 안에서 공기가 완전히 차단되지만 비강을 통해 공기가 자유롭게 진동하여 낭랑한 소리를 내므로 공명음에 속한다는 사실을 주의해야 한다.

4 치찰음(sibilants)과 소음음(stridents)

파찰음과 마찰음을 다양하게 분류하기 위한 자질들이다. 마찰 소음으로 인해 시끄러운 노이즈가 만들어지느냐를 구분하기 위해 변별 자질 [strident]를 정의하며, 비교적 조용한 /θ, ð, h/를 제외한 모든 마찰음 /f, v, s, z, ʃ, ʒ/와 파찰음 /ʧ, ʤ/은 [+strident]로 표기하고 소음음으로 부르며, 나머지 자음은 모두 [-strident]로 표기한다. 소음음들 중에서 /f, v/를 제외한 /s, z, ʃ, ʒ, ʧ, ʤ/은 모두 치아 근처에서 심한 마찰을 일으켜 비교적 높은 음을 만들어내는데 이들을 특별히 구분하기 위해 변별 자질 [sibilant]를 정의하여 [+sibilant]로 표기하며 이들을 치찰음으로 부른다.

▶ 유무성, 조음 위치, 조음 방법에 따른 영어 자음의 분류표

구분	bilabial	labio-dental	dental	alveolar	palato-alveolar	palatal	velar	glottal
stop/plosive	p, b			t, d			k, g	ʔ
fricative		f, v	θ, ð	s, z	ʃ, ʒ			h
affricate					ʧ, ʤ			
nasal	m			n			ŋ	
liquid				l, r				
glide	(w)					y	w	

제 3 장 모음(vowels)

폐에서 나온 공기가 후두 안에 있는 성대 사이를 통과하면서 일 초에 수백 번씩 빠른 속도로 성대의 개폐운동을 야기시키는 동시에, 구강 내로 나온 공기가 어떠한 방해도 받지 않고 통과할 때 모음이 만들어진다. 턱이 벌어진 정도에 따라 결정되는 혀의 상대적인 위치와 입술의 모양 등이 종합적으로 작용하여 구강의 모양이 형성되는데, 서로 다른 구강의 모양이 어떤 모음이 만들어질지를 결정하게 된다. 모음은 모두 유성음이며, 자음에 비해 단독으로 발음도 가능하고, 음절의 중심부인 핵(syllabic nucleus)을 이룬다. 또한 음률(prosody)이라고 부르는 소리의 높낮이(고저, pitch), 강세(stress), 억양(인토네이션, intonation) 등이 구현될 수 있는 최소 단위로 볼 수 있다.

제 1 절 모음의 분류 중요 ★★★

앞서 자음을 분류할 때에는 조음 위치, 조음 방법, 유무성 여부 등의 기준을 이용했지만, 모음의 경우 조음 방법은 성대 진동(유성음)을 통한 하나의 방법밖에 없다. 조음 위치를 생각해볼 수 있는데, 자음의 경우처럼 구강 내에 막히거나 좁은 틈이 생기는 곳이 없으니 조음 위치를 정하기도 난감하다. 따라서 모음은 주로 혀의 상하좌우 위치와 입술의 둥근 정도 등에 따라 분류하는 것이 일반적이다. 추가적으로 모음이 음절을 형성할 때에 받침(종성)의 유무나 종류에 따라 모음을 구분하기도 한다. 그럼 이러한 모음의 분류 기준들을 상세하게 살펴보자.

1 혀의 높낮이(tongue height)

어떤 모음을 발음할 때 구강 내에서 혀의 최고점을 그 모음의 높낮이라고 정의한다. 가장 높은 곳에서 발음되는 모음은 고모음(high vowels), 중간 높이에서 발음되면 중모음(mid vowels), 가장 낮은 곳에서 발음되면 저모음(low vowels)이라고 부른다. 영어의 고모음은 /i, ɪ, u, ʊ/, 중모음은 /e, ɛ, ə, ʌ, o, ɔ/, 저모음은 /æ, ɑ/가 있다.

2 혀의 전후 위치(tongue advancement)

혀의 최고점의 위치가 앞쪽에 있으면 전설모음(front vowels), 중간쯤에 있으면 중설모음(central vowels), 뒤쪽에 있으면 후설모음(back vowels)이라 부른다. 영어의 전설모음은 /i, ɪ, e, ɛ, æ/, 중설모음은 /ə, ʌ/, 후설모음은 /u, ʊ, o, ɔ, ɑ/가 있다.

3 입술 둥글기(원순성, lip rounding)

혀의 위치와는 별개로 입술이 둥그냐 아니냐에 따라 원순모음(rounded vowels)과 비원순모음(unrounded vowels)으로 나뉜다. 영어의 원순모음은 /u, ʊ, o, ɔ/이고 나머지는 비원순모음이다.

4 긴장도(tenseness)

모음 발음 시 근육이 긴장되느냐 아니냐에 따라 긴장모음(tense vowels)과 이완모음(lax vowels)으로 나누기도 하는데, 이는 명칭에 따른 전통적인 해석일 뿐 정확하고 과학적인 분류 기준은 아니다. 모든 모음 발음 시에 근육이 긴장하지 않으면 발음 자체가 불가능할 것이기 때문이다. 긴장모음이 이완모음에 비해 상대적으로 길이가 길고, 이중모음화(diphthongization)하는 경향이 있기 때문에 생겨난 기준이다. 좀 더 올바른 해석은 모음이 음절을 구성할 때 받침이 반드시 있어야 하느냐 하는 것이다. 영어 sea, bay, too, tow, spa, law에서 볼 수 있듯이, 받침이 없어도 음절을 구성할 수 있는 모음을 긴장모음이라 하며 /i, e, u, o, a, ɔ/가 있고, 받침이 반드시 있어야 하는 모음을 이완모음이라 하며 /ɪ, ɛ, æ, ʊ, ə, ʌ/가 있다.

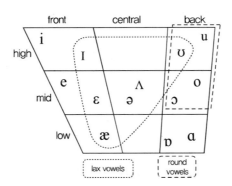

▶ 영어 모음의 분류를 나타내는 모음사각도

제 2 절 모음의 음성자질 중요 ★★★

1 고설성(high)과 저설성(low)

앞서 자음을 변별 자질을 통해 세부적으로 분류하였듯이, 모음도 변별 자질을 이용해 분류할 수 있다. 예를 들어 모음을 높낮이에 따라 고모음, 중모음, 저모음 등 세 집단으로 나누었는데, 모음의 높낮이를 반영하는 변별 자질 [high]와 [low] 두 개만을 이용하여도, 고모음 /i, ɪ, u, ʊ/을 [+high], 저모음 /æ, ɑ/을 [+low], 중모음 /e, ɛ, ə, ʌ, o, ɔ/을 [-high] [-low]로 표시하여 구분할 수 있다. 이러한 자질을 이용하면 고모음을 제외한 나머지 전체인 중모음과 저모음을 합쳐서 [-high]와 같이 간단하게 표현할 수 있다. 마찬가지로 고모음과 중모음을 합친 집단을 [-low]로 표시할 수 있다.

2 후설성(back)과 원순성(round)

마찬가지로 전설모음, 중설모음, 후설모음도 [front], [back] 두 개의 변별 자질로 충분히 묘사가 가능하다. 중설모음 /ə, ʌ/는 소리 변화의 결과로 주로 쓰이므로 굳이 소리 변화의 조건으로 중설모음을 지정하기 위해 두 개의 자질을 쓸 필요가 없다. 그래서 주로 [back] 자질을 이용하여 후설모음 /u, ʊ, o, ɔ, ɑ/을 [+back]으로, 전설모음 /i, ɪ, e, ɛ, æ/은 [-back]으로 표시한다. 특히 후설모음 중 /u, ʊ, o, ɔ/는 원순모음이므로 이들을 [+round] 자질로 표기할 수 있다.

3 긴장성(tense)

긴장모음과 이완모음도 마찬가지로 긴장성을 나타내는 변별 자질 [tense]만을 이용하여 긴장모음 /i, e, u, o, a, ɔ/을 [+tense]로, 이완모음을 [-tense]로 나타낼 수 있다. 지금까지 살펴본 변별 자질들 [high], [low], [back], [round], [tense]를 +/− 기호와 함께 이용하면 영어 모음을 여러 방식으로 효과적으로 분류할 수 있다.

제 4 장 음성기호(phonetic symbols)

대부분의 인간의 문자는 말소리를 모호함이 없이 정확하게 표기할 수 없기 때문에 전 세계의 학자들이 국제음성학회(IPA : International Phonetic Association)에 모여, 발견된 인간의 모든 말소리를 정확하게 표현할 수 있는 로마자를 기반으로 한 기호 체계인 국제음성기호(IPA symbols)를 만들었다. 학자들은 공통적으로 국제음성기호를 이용하지만, 각 나라별로 전자 사전이나 외국어로서의 영어를 교육할 때에는 교재마다 표기가 약간씩 달라서 혼란을 야기하기도 한다. 국제음성기호는 하나의 기호가 단 하나의 말소리를 표현하도록 되어 있고, 반대로 하나의 말소리는 반드시 하나의 기호로 표현되어야 한다. 그래야만 여러 언어의 말소리를 일관된 음가를 가진 체계적인 기호로 표기하여 비교 연구가 가능할 것이다.

▶ 영어 표기를 위한 음성 기호

consonants			vowels	
[p] : pill	[t] : till	[k] : kiss	[i] : beat	[ɪ] : bit
[b] : bill	[d] : deal	[g] : girl	[eɪ] : bait	[ɛ] : bet
[m] : mill	[n] : no	[ŋ] : ring	[u] : boot	[ʊ] : foot
[f] : feel	[s] : seal	[h] : heal	[ou] : boat	[ɔ] : law
[v] : veal	[z] : zeal	[l] : leaf	[æ] : bat	[ɑ] : pot
[θ] : thigh	[ʧ] : chill	[r] : reef	[ʌ] : butt	[ə] : sofa
[ð] : thy	[ʤ] : just	[j] : you	[ɑɪ] : bite	[ɑʊ] : bout
[ʃ] : shy	[ʍ] : which	[w] : witch	[ɔɪ] : boy	
[ʒ] : measure				

제 5 장 음률자질(prosodic features)

말소리는 조각조각 나눌 수 있는 **분절음**(segments)과 여러 조각에 걸쳐 적용되어야 의미를 갖게 되어 나눌 수 없는 것으로 보는 **초분절음**(suprasegments)으로 양분될 수 있다. 분절음은 앞서 배운 자음과 모음을 가리키고, 초분절음은 다른 말로 음률자질이라고 부르는데 여기에는 음의 고저(피치, pitch), 강세(stress), 억양(intonation), 음의 길이(length) 등이 있다. 이들 음률자질은 개별 말소리를 넘어 보통 둘 이상의 음절이 어울려 낱말이나 구와 절을 이루게 되면, 거기에 강세나 억양 등이 적용되어 문법적 혹은 의미적 차이를 만들게 된다.

제 1 절 음절(syllables) 중요 ★★★

음절은 대부분의 경우 모음을 가운데 핵(nucleus) 자리에 놓고 좌우에 자음이 결합하여 만들어진다.

1 공명도(sonority)에 근거한 음절 정의

음절을 정의할 때, 소리가 멀리까지 잘 들리는 정도인 **공명도**를 이용하기도 한다. 공명도의 크기는 '모음 > 자음'이며, 모음 중에서는 입이 많이 벌어지는 저모음일수록 공명도가 커서 '저모음 > 중모음 > 고모음'이 된다. 또 자음 중에서는 '공명음 > 장애음, 유성음 > 무성음, 마찰음 > 파열음'의 관계를 보인다. 즉, 음절의 한 가운데 있는 모음의 공명도가 최고로 높고 좌우에 있는 자음들은 공명도가 점차 감소하는 경향을 보이게 된다. 여러 음절로 이루어진 student(/studənt/) 같은 단어의 경우 공명도 관점에서 음절 정점(syllable peaks)의 개수를 세면 그것이 바로 해당 단어의 음절 개수가 되는 것이다. 앞서 배운 성절 자음들이 모음의 핵 위치에서 음절을 이룰 때에도, little(/lɪtl/), prism(/prizm/)의 예에서 보듯 성절 자음의 위치에서 공명도가 정점을 이루고 바로 앞의 자음은 공명도가 더 낮게 된다. 성절 자음을 표시하려면 보통 기호 밑에 짧은 줄을 긋는다.

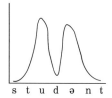 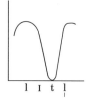 

s t u d ə n t   l ɪ t l   p r i z m

▶ 음절의 구조를 알려주는 공명도 곡선

2 수형도(tree diagram)로 나타낸 음절 구조

음절을 구성하는 모음과 자음을 위치에 따라 보기 좋게 표현하는 방법으로 **수형도**를 이용하기도 한다. 음절의 중심은 핵음(음절핵, nucleus)으로 반드시 존재해야 하는 구성 요소이며 보통 모음이나 성절 자음이 차지한다. 핵음의 앞뒤에는 자음이 없을 수도 있고 언어에 따라 하나 이상이 올 수도 있다. 앞의 음을 초음(초성, onset), 뒤의 음을 말음(종성, coda)이라고 부르며, 영어에서는 초음으로 /ŋ, ʒ/를 제외한 자음이 여러 개 올 수 있고, 말음에는 어느 자음이나 여러 개 올 수 있다. 핵음과 말음을 합쳐 각운(운 또는 라임, rhyme)이라고 부르기도 한다.

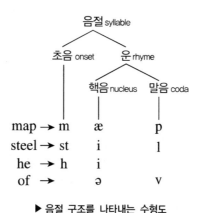

▶ 음절 구조를 나타내는 수형도

제 2 절 강세(stress) 중요 ★★★

강세란 음질에 부여되는 성질로서 단어 안에서 어느 음질이 다른 음질들보다 더 강하고(louder) 너 길게(longer) 발음되는 것을 말한다. 강세는 'subject(명사) - subject(동사)'의 예에서 보듯 같은 철자를 가진 단어 안에서의 강세 위치(앞음절 - 뒷음절)에 따라 품사와 뜻의 변화를 일으킨다.

1 강세의 종류

제1강세(primary stress), 제2강세(secondary stress), 제3강세(tertiary stress), 제4강세(weak stress)가 있으며, 이 중에서 제2강세는 구나 문장에서만 쓰인다는 점에 주의해야 한다. 여러 음절로 이루어진 다음절어(multi-syllabic words)에서 강세가 두 개 있을 때 제일 센 것을 제1강세, 그 다음으로 센 것을 제3강세라고 하며 둘 사이에 존재하는 약한 것들을 제4강세라고 부른다. 예를 들어 3음절로 이루어진 단어 'animate, refugee'에서 세 음절의 강세 크기를 숫자로 표시해 보면 'a-ni-mate(1-4-3)', 're-fu-gee(3-4-1)'과 같이 된다. 4음절 단어 'fundamental'의 경우는 'fun-da-men-tal(3-4-1-4)'와 같이 된다.

2 복합어와 구의 강세

두 단어 이상이 결합하여 복합어를 이룰 경우, 복합어는 이제 하나의 단어가 되는 셈이므로 붙여 쓰건 띄어 쓰건 한 단어 안에서의 강세 패턴이 그대로 적용된다. 따라서 복합어를 이루는 첫 단어가 제1강세를, 두 번째 단어가 제3강세를 받는다. 예를 들어 복합명사인 'tightrope(줄타기용 밧줄), Redcoat(영국 군인), hot dog(핫도그), White House(백악관)'의 경우 두 단어의 강세를 숫자로 표시해 보면, 'tight-rope(1-3), Red-coat(1-3), hot dog(1-3), White House(1-3)'와 같다. 대조적으로, 복합명사가 아니라 'tight rope(팽팽한 밧줄), red coat(붉은 코트), white house(흰 집)'처럼 같은 단어들이 형용사와 명사로 이루어진 구라면, 강세는 형용사가 제2강세, 명사가 제1강세를 받게 되어, 'tight rope(2-1), red coat(2-1), white house(2-1)'가 된다.

3 문장의 강세

문장을 구성하는 모든 단어가 균일한 강세를 받지는 않는데, 의미와 내용을 담고 있는 내용어(content words)는 주강세(main stress)를, 문법적인 기능만을 담당하는 기능어(function words)는 부강세(secondary stress)를 받는다. 내용어에 속하는 품사는 명사, 동사, 형용사, 부사, 지시사, 의문사 등이며, 기능어에 속하는 품사는 관사, 조동사, 전치사, 접속사, 인칭/관계대명사 등이다. 문장의 강세를 계산하는 방법은 우선 모든 내용어에는 주강세로 제1강세를 부여하고 기능어에는 부강세로 제2강세를 부여하고, 다음 단계로 내용어들 중에서 가장 마지막에 있는 것에 제1강세를 부여하고 나머지 단어 전체에 +1만큼씩 강세를 줄이면 된다. 예를 들어 'Give Tom a book to read'라는 명령문에서 우선 내용어와 기능어에 강세를 부여하면 'Give(1) Tom(1) a(2) book(1) to(2) read(1)'가 되고 다음 단계에서 마지막 내용어에만 제1강세를 유지하며 나머지 단어의 강세의 크기를 약하게(+1씩) 하여 'Give(2) Tom(2) a(3) book(2) to(3) read(1)'가 된다.

제 3 절 억양(intonation)

유성음이 만들어질 때 성대의 개폐 속도에 따라 피치가 결정되는데, 이 피치는 문장 속에서 유성음이 있는 부분에서 계속적으로 변하게 된다. 문장 속에서의 이러한 피치의 변화를 억양(인토네이션)이라 하는데, 음성 분석 소프트웨어를 통해서 유성음 각 지점에서 성대의 초당 개폐수(단위는 Hz)를 계산하여 점들을 모으면 무성음 부분에서 약간의 끊김이 있는 억양 곡선이 만들어진다. 이러한 억양 곡선의 형태에 따라 의미의 차이가 전달된다.

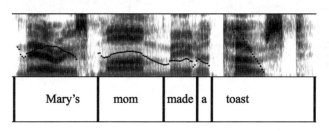

▶ 소프트웨어로 그려본 억양 곡선

억양 곡선을 대략적으로 아주 높임(4단계), 높임(3단계), 예사 높임(2단계), 낮음(1단계)의 4단계로 나누어 볼 수 있는데, 'I need a pen, not a pencil'이라는 문장을 단계별로 개략적으로 표시하면 다음과 같다.

$$\begin{array}{c}\underset{2}{\text{I need a}}\ \overset{4}{\boxed{\text{pen,}}}\ \boxed{\text{not a}}\ \overset{3}{\boxed{\text{pen}}}\ \underset{1}{\boxed{\text{cil}}}\end{array}$$

제 2 편 실전예상문제

제 1 장 말소리의 생성

01 음성학의 세 분야에는 조음음성학, 음향음성학, 청각음성학이 있다.

01 음성학을 연구 분야에 따라 나눌 때 해당하지 <u>않는</u> 것은?

① 조음음성학
② 음향음성학
③ 청각음성학
④ 음률음성학

02 말소리의 공기 중에서의 음향적 혹은 물리적 성질을 연구하는 분야는 음향음성학이다.

02 말소리의 공기 중에서의 물리적 성질이나 특성을 연구하는 음성학의 연구 분야는?

① 조음음성학
② 음향음성학
③ 청각음성학
④ 물리음성학

03 공기는 후두에서 인두를 통해 비강이나 구강으로 이동한다.

03 말소리가 만들어지는 과정에 대한 설명 중 <u>틀린</u> 것은?

① 주로 폐에 있는 공기를 활용하여 소리를 낸다.
② 후두 속의 성대가 만드는 공간을 성문이라고 한다.
③ 비강을 통과한 공기는 인두를 통하여 입 밖으로 나간다.
④ 비강 통로는 연구개의 움직임에 의해 열리거나 닫힌다.

정답 01 ④ 02 ② 03 ③

04 영어의 말소리가 생성되는 기류 기작 방식은?

① 폐 배출
② 폐 진입
③ 성문 배출
④ 연구개 진입

04 영어를 비롯한 대부분의 언어에서 말소리는 폐에서 나온 공기가 입 밖으로 배출되면서 생성된다.

05 공기가 성문을 뚫고 지나가며 빠른 속도로 성대가 개폐 운동을 반복할 때 만들어지는 음은?

① 무성음
② 유성음
③ 성문음
④ 성대음

05 성대의 진동을 수반한 음은 유성음이다.

06 영어의 말소리 집단을 구별하는 변별 자질로 잘못 짝지어진 것은?

① 유성음과 무성음 : [voiced]
② 비강음과 구강음 : [nasal]
③ 자음과 모음 : [vowel]
④ 지속음과 비지속음 : [continuant]

06 자음과 모음을 구분하는 변별 자질은 [consonantal]이다.

정답 04 ① 05 ② 06 ③

07 ① 비음에 대한 설명이다.
② 활음은 음절의 핵을 이루지 못해 [-syllabic] 자질을 갖는다.
③ 설측음은 비음이 아니라 구강음이라서 연구개를 올려 비강 통로를 막고 구강으로 공기가 나와야 한다.

07 영어음에 대한 설명으로 옳은 것은?

① 비강을 통해 공기가 나가며 만들어지는 소리를 모음이라고 한다.
② 접근음인 활음 /w, y/는 음절의 핵을 이루어 [+syllabic] 자질을 갖는다.
③ 설측음은 치경돌기에 혀끝을 붙이고, 연구개를 내려 공기를 비강으로 보낸다.
④ 비강 파열음(비음)과 유음, 활음은 모두 유성음이다.

08 유음과 비음은 자음이므로 [+consonantal]로 표현하며, 핵음이 아니므로 성절(음절성) 자음이 아닌 [-syllabic]으로 표현해야 한다.

08 영어 유음과 비음이 음절의 핵음이 아닐 경우, 변별 자질로 표현하면 무엇인가?

① [+consonantal] [+syllabic]
② [+consonantal] [-syllabic]
③ [-consonantal] [+syllabic]
④ [-consonantal] [-syllabic]

09 비음 혹은 비강 파열음은 조음 방법을 지칭하는 말이다.

09 다음 중 조음점 혹은 조음 위치를 가리키는 말이 아닌 것은?

① 연구개음
② 경구개 치경음
③ 순치음
④ 비음

정답 07 ④ 08 ② 09 ④

10 영어음과 집단의 이름이 올바르게 짝지어진 것은?

① 순치음 - /m, n, ŋ/
② 경구개 치경음 - /ʃ, ʒ, ʧ, ʤ/
③ 마찰음 - /l, r/
④ 유음 - /w, y/

10 ① 순치음 – /f, v/
    ③ 마찰음 – /f, v, θ, ð, s, z, ʃ, ʒ, h/
    ④ 유음 – /l, r/

11 다음 단어를 정상 속도로 발음할 때 성절(음절성) 자음이 존재할 수 <u>없는</u> 것은?

① little
② prism
③ button
④ before

11 before /bɪfɔɹ/에는 /ɔ/ 모음이 강세를 받아 핵음이 되어 /ɹ/가 성절 자음이 될 수 없다.

12 자음 중에서 비음, 활음, 유음의 공통적인 성질은?

① 공기가 자연스럽고 낭랑하게 울리는 공명음이다.
② 음절의 핵음이 될 수 있다.
③ 구강 내에서 공기 흐름이 방해받지 않는다.
④ 공기 흐름이 지속적으로 유지되는 지속음이다.

12 비음, 활음, 유음은 모두 공명음이다.

정답   10 ②   11 ④   12 ①

13 [tense]는 모음을 구분하는 변별 자
질이지 음률 자질은 아니다.

13 변별 자질에 대한 설명으로 틀린 것은?

① [nasal] 자질은 자음을 구분할 때 쓰인다.
② 말소리를 다양하게 구분하여 분류할 때 쓰인다.
③ 말소리가 가진 여러 성질을 기반으로 정의한다.
④ [tense]는 모음이 지닌 음률 자질이다.

정답 13 ④

제 2 장   자음(consonants)

01 /s, z, ʃ, ʒ, ʧ, ʤ/을 한 집단으로 나타낼 때 사용할 수 없는 자질은?

① [+consonantal]

② [+sonorant]

③ [+sibilant]

④ [+strident]

01 모두 자음이고([+consonantal]), 소음음 ([+strident])이며, 치찰음([+sibilant]) 이나 공명음은 아니므로 [-sonorant] 여야 한다.

02 영어 유음과 비음에 대한 자질 표시로 옳은 것은?

① [+consonantal] [-syllabic]

② [-consonantal] [+syllabic]

③ [-consonantal] [-syllabic]

④ [+consonantal] [±syllabic]

02 모든 자음은 [+consonantal] [-syllabic] 이지만, 유음과 비음은 경우에 따라 음절의 핵음일 때 [+consonantal] [+syllabic]이므로, 둘 다 가능한 [+consonantal] [±syllabic]으로 표현해야 한다.

03 다음 중 활음 /y, w/를 올바르게 표시한 자질은?

① [+consonantal] [+syllabic]

② [+consonantal] [-syllabic]

③ [-consonantal] [+syllabic]

④ [-consonantal] [-syllabic]

03 활음은 반모음이라고도 불리며 음절 핵음이 될 수 없으므로 [-consonantal] [-syllabic]으로 표시한다.

정답   01 ②   02 ④   03 ④

04 성문에서 만들어지는 소리가 성문음이므로 조음 위치를 나타내는 용어이다.

04 다음 중 조음 방법을 가리키는 용어가 <u>아닌</u> 것은?

① 성문음
② 비음
③ 마찰음
④ 유음

05 설단이 치경돌기를 기준으로 앞(혹은 뒤)에서 소리를 만들 경우 [anterior], 중립위보다 위(혹은 아래)에서 소리를 만들 경우 [coronal] 자질로 표시한다.

05 중립위를 기준으로 설단이 치경돌기를 포함한 전방 부위에서 생성되는 소리의 자질은?

① [+anterior]
② [-coronal]
③ [-anterior]
④ [+coronal]

06 [+anterior]는 양순음, 순치음, 치간음, 치경음이고, [-anterior]는 경구개 치경음, 경구개음, 연구개음, 성문음이다. 또한 [+coronal]은 치간음, 치경음, 경구개 치경음, 경구개음이며, [-coronal]은 양순음, 순치음, 연구개음, 성문음이다. 따라서 [+anterior] [+coronal]의 교집합은 치간음과 치경음이다.

06 소리 집단 /t, d, n, s, z, l, r, θ, ð/을 변별 자질을 이용하여 표현하면 무엇인가?

① [+anterior] [+coronal]
② [+anterior] [-coronal]
③ [-anterior] [+coronal]
④ [-anterior] [-coronal]

정답 04 ① 05 ① 06 ①

07 소리 집단 /ʃ, ʒ, ʧ, ʤ, y/을 변별 자질을 이용하여 표현하면 무엇인가?

① [+anterior] [-coronal]
② [-anterior] [+coronal]
③ [+anterior] [+coronal]
④ [-anterior] [-coronal]

07 [-anterior]는 경구개 치경음, 경구개음, 연구개음, 성문음이며, [+coronal]은 치간음, 치경음, 경구개 치경음, 경구개음이므로 그 교집합은 경구개 치경음과 경구개음이다.

08 영어 자음과 모음에 대한 설명으로 틀린 것은?

① 자음은 성도를 통과하는 공기를 방해함으로써 만들어진다.
② 모음은 공기가 비강을 통과하여 만들어진다.
③ 자음은 아래 부분에 있는 발성 기관이 위로 움직여 만들어진다.
④ 모음은 혀의 상대적 위치와 입술 모양으로 결정된다.

08 공기가 비강을 통과하여 만들어지는 소리는 자음 중에서 비음이다.

09 다음 중 [+sonorant]의 자질을 갖고 있는 음이 <u>아닌</u> 것은?

① 비음
② 활음
③ 유음
④ 마찰음

09 [+sonorant]는 공명음을 가리키며 비음, 유음, 활음이 여기에 속한다. 구강 파열음과 마찰음, 파찰음은 [-sonorant]이며 장애음 혹은 저지음으로 불린다.

정답 07② 08② 09④

안심Touch

checkpoint　해설 & 정답

10　설측음에 대한 설명이다. 권설음은 입천장에 밀착하지 않으며, 공명음 이나 지속음에 설측음이 포함되기는 하나, 범위가 너무 넓어 정답이 될 수 없다.

10 혀끝이 치경돌기에 밀착하지만, 혀의 양 옆으로 공기가 자유롭게 통과하는 유성음을 무엇이라고 하는가?

① 권설음
② 설측음
③ 공명음
④ 지속음

11　/y/ 혹은 /j/는 유성 경구개 활음이 며 voiced palatal glide이다.

11 자음을 유무성, 조음 위치, 조음 방법에 따라 설명한 것 중에서 틀린 것은?

① /k/ : voiceless velar plosive (무성 연구개 파열음)
② /ʤ/ : voiced palato-alveolar affricate (유성 경구개 치경 파찰음)
③ /ð/ : voiced interdental fricative (유성 치간 마찰음)
④ /y/ : voiced alveolar glide (유성 치경 활음)

정답　10 ②　11 ④

제 **3** 장 모음(vowels)

01 영어 모음에 대한 설명으로 **틀린** 것은?

① 입술 모양에 따라 원순모음과 비원순모음으로 나뉜다.

② 혀의 전후 위치에 따라 전설모음, 중설모음, 후설모음으로 나뉜다.

③ 음절 구성 시 받침 유무 가능성에 따라 긴장모음과 이완모음으로 나뉜다.

④ 혀의 이동 속도에 따라 고모음, 중모음, 저모음으로 나뉜다.

01 혀의 이동 속도가 아니라 높낮이에 따른 분류이다.

02 영어 모음의 전설모음, 중설모음, 후설모음을 나타내는 변별 자질은?

① [high]

② [round]

③ [back]

④ [low]

02 혀의 후방에서 발음되는 모음을 후설모음이라 하며 [+back]으로 나타내고, 나머지 모음을 [-back]으로 표시하여, 혀의 전후 위치에 따른 모음 종류를 구분할 수 있다.

03 변별 자질 [+high] [+back]에 해당하는 영어 모음은?

① /i, ɪ/

② /æ/

③ /u, ʊ/

④ /e, ɛ/

03 ① /i, ɪ/ : [+high] [-back]
② /æ/ : [+low] [-back]
④ /e, ɛ/ : [-high] [-low] [-back]

정답 01 ④ 02 ③ 03 ③

04 고모음 /i, ɪ, u, ʊ/과 긴장모음 /i, e, u, o, a, ɔ/의 교집합은 /i, u/이다.

04 고모음이면서 동시에 긴장모음인 것만을 모아 놓은 것은?

① /i, ʊ/

② /a, æ/

③ /i, u/

④ /ə, ʌ/

05 /u/는 high back rounded vowel (고 후설 원순 모음)이다.

05 모음을 혀의 고저, 전후 위치, 입술의 둥글기 등에 따라 설명한 것 중에서 <u>틀린</u> 것은?

① /u/ : high front rounded vowel (고 전설 원순 모음)

② /æ/ : low front unrounded vowel (저 전설 비원순 모음)

③ /ɛ/ : mid front unrounded vowel (중 전설 비원순 모음)

④ /ə/ : mid central unrounded vowel (중 중설 비원순 모음)

정답 04 ③ 05 ①

제5장 음률자질(prosodic features)

01 초분절음 혹은 음률 자질에 속하는 것이 <u>아닌</u> 것은?

① 억양
② 강세
③ 공명도
④ 음의 길이

02 영어 말소리의 공명도를 큰 것부터 올바르게 배열한 것은?

① 고모음 > 저모음 > 파열음 > 마찰음 > 비음
② 저모음 > 고모음 > 비음 > 마찰음 > 파열음
③ 파열음 > 마찰음 > 비음 > 저모음 > 고모음
④ 비음 > 마찰음 > 파열음 > 고모음 > 저모음

03 강세의 종류 중에서 구나 문장에서만 사용되며 한 단어 내에서는 사용되지 <u>않는</u> 것은?

① 제1강세
② 제2강세
③ 제3강세
④ 제4강세

04 주강세를 받는 내용어에는 명사, 동사, 형용사, 부사, 지시사, 의문사가 있고, 부강세를 받는 기능어에는 관사, 조동사, 전치사, 접속사, 인칭/관계대명사가 있다.

04 다음 중 문장 안에서 주강세를 받는 어휘가 <u>아닌</u> 것은?

① from
② flowers
③ improve
④ pretty

05 내용어에는 명사, 동사, 형용사, 부사, 지시사, 의문사가 있고, 기능어에는 관사, 조동사, 전치사, 접속사, 인칭/관계대명사가 있다.

05 다음 중 내용어에 속하지 <u>않는</u> 것은?

① 명사
② 조동사
③ 부사
④ 지시사

06 문장 내에서의 피치(음의 높낮이) 변화를 억양이라고 하며, 성대 개폐 속도가 증가하면 억양이 높아지고, 속도가 감소하면 낮아진다. 성대의 개폐가 필수 요건이므로 모음이나 유성 자음 구간에서만 볼 수 있다.

06 문장의 억양(인토네이션)에 대한 설명으로 <u>틀린</u> 것은?

① 성대의 개폐 속도가 느리면 억양이 높아진다.
② 성대 개폐 속도에 따라 억양이 변한다.
③ 음의 높낮이를 나타내는 피치 값의 변화를 말한다.
④ 모음과 유성 자음 구간에서만 억양을 볼 수 있다.

정답   04 ①   05 ②   06 ①

07 영어의 음절에 대한 설명 중에서 **틀린** 것은?

① 음절의 중심을 핵음이라고 하며 모음이나 성절 자음이 차지한다.

② 핵음의 앞 자음을 초음, 뒤 자음을 말음이라고 부른다.

③ 초음과 말음은 음절 구성의 필수 요소가 아니다.

④ 말음에는 /ʒ, ŋ/ 자음이 올 수 없다.

08 두 단어 analysis, analytic에서 밑줄 친 둘째 음절 모음의 발음은 각각 /æ/, /ə/이다. 이에 대한 올바른 설명은?

① 두 발음의 변화는 강세와 무관한다.

② 각 단어가 영어에 도입된 시기가 달라서 생긴 변화이다.

③ 모음 /æ/가 비강세 위치에서 /ə/로 약화된 것이다.

④ 두 모음은 어떠한 환경에서도 대립된다.

09 강세를 네 단계로 나누어 제1, 2, 3, 4강세로 표시할 때, 다음의 음절별로 표시된(편의상 숫자만 표시) 3음절어의 발음 표시가 **틀린** 것은?(-은 음절의 경계를 나타냄)

단어	음절	강세
① animate	a-ni-mate	1-3-2
② parachute	pa-ra-chute	1-4-3
③ refugee	re-fu-gee	3-4-1
④ absolute	ab-so-lute	1-4-3

10 white house(흰 집)는 구이므로 제2강세가 쓰여, 2-1이 되어야 한다.

11 단어 them은 인칭대명사로서 기능어이므로 애초에 부강세(2)를 받은 후 최종적으로 +1이 되어 제3강세를 받아야 한다.

---

10 복합어와 구로 주어진 아래 예문에서 강세 표시가 틀린 것은?(제1~4강세를 1~4로 표시하고 강세 사이의 구분은 −로 표시함)

단어	강세
① tight rope(팽팽한 밧줄)	2-1
② tightrope(줄타기용 밧줄)	1-3
③ white house(흰 집)	3-1
④ White House(백악관)	1-3

11 다음 문장 속의 각 단어에 대해 최종적으로 강세를 부여한 것 중 틀린 것을 고르면?(단어별 최종 강세는 괄호 안에 숫자로 표시됨)

The(3) professor(2) gave(2) them(2) an(3) assignment(2) for(3) the(3) weekend(1).

① gave
② them
③ for
④ weekend

제 **3** 편

—

영어음운론

(English Phonology)

제1장   음소(phonemes)와 이음(allophones)
제2장   말소리의 분포 유형
제3장   음운의 연속
제4장   변별적 자질(distinctive features)
제5장   음운의 변동(phonological changes)
제6장   음운 규칙(phonological rules)
제7장   음절구조
실전예상문제

단원 개요

음성학에서 말소리의 물리적인 성질을 집중적으로 살펴봤다면, 음운론에서는 원어민 화자의 머릿속에 들어 있는 언어능력인 추상적 말소리 지식을 어떻게 알아낼 수 있는가를 배우게 된다. 물리적인 소리 이면에 추상적인 소리 개념이 두뇌에 들어 있고, 추상적 소리들이 조직되고 분포하는 양상을 통해 두뇌 속의 지식을 추출하는 법을 배운다. 또한 말소리들의 조직과 분포를 알아내기 위해 다양한 음운 변동 사항과 음운규칙을 공부한다.

출제 경향 및 수험 대책

음성학과 더불어 음운론은 암기의 양이 상대적으로 매우 많은 분야이다. 특히 음성 기호를 통한 다양한 규칙 표기와 분류 작업을 수행하기 때문에 음성학적 지식이 기본적으로 튼튼하게 바탕이 되어야 한다. 화자의 두뇌 속의 언어능력이라는 추상적 지식을 어떻게 물리적 소리들로부터 추출해 낼 수 있는지, 그 방법과 개념을 확실하게 익혀두어야 한다.

제 1 장	음소(phonemes)와 이음(allophones)

음성학은 앞서 배웠듯이 언어에서 사용되는 말소리에 대해 주로 연구하는 반면, 음운론은 언어에 어떠한 말소리가 있으며, 이들이 어떻게 조직되고, 어떠한 역할을 하는지 등 말소리의 시스템과 분포에 대한 연구를 하는 언어학의 한 분야이다. 특히, 겉으로 드러난 말소리를 통해 원어민의 머릿속에 어떠한 추상적 단위의 말소리가 있는지, 이들의 시스템과 패턴, 서로의 관계 및 역할 등 추상적 말소리에 대하여 주로 다룬다. 영어음운론은 영어라는 언어에 대한 음운론을 연구하는 분야이다.

사람이 말소리를 사용하는 이유는 서로 다른 말소리를 이용하여 자신의 생각을 담는 여러 단어를 만들기 위해서이다. 물리적으로 다른 소리도 언어에 따라 원어민들이 같은 소리로 인식하기도 하는데, 예를 들면 영어의 [k, g] 두 소리를 영어 원어민들은 서로 다른 소리라고 여기지만, 키캄바 언어를 쓰는 케냐의 원어민들은 이 둘을 하나의 같은 소리로 인식하기도 한다. 또 영어의 [pʰ, p] 두 소리를 영어 원어민들은 같은 소리로 여기지만, 한국어 원어민들은 /pʰ, p/(ㅍ, ㅂ)의 서로 다른 소리로 듣는다. 한국어 /s, s′/(ㅅ, ㅆ)를 한국어 원어민들은 다른 소리로 인식하지만, 영어를 쓰는 원어민들은 같은 소리로 듣고 구분을 못한다. 이처럼 '다른' 말소리라는 것이 언어에 따라 다르기 때문에 단순하게 섣불리 말소리를 구분할 수 없는 것이다. 그래서 학자들은 언어마다 그 원어민들이 느끼는 '같은' 소리와 '다른' 소리를 알아내는 방법을 고안했는데, 그게 바로 음소와 이음이다.

제 1 절 음소 중요 ★★★

음소란 서로 다른 말소리를 나타내는 가장 작은 단위의 소리인데, 물리적으로 들리는 소리가 아니라, 해당 언어 원어민들의 머릿속에 존재하는 추상적이고 심리적인 말소리이다. 영어 화자들의 입을 통하여 들을 수 있는 물리적인 말소리인 [pʰ, p]는 영어 원어민들에게는 머릿속에 하나의 음소 /p/로 존재하지만, 한국어 원어민들의 머릿속에는 두 개의 서로 완전히 다른 음소 /ㅍ, ㅂ/로 존재한다. 한국 사람들은 '영어 원어민들은 어떻게 이 두 소리가 같다고 느끼지?'라고 의문을 품을 수 있지만, 반대로 영어 원어민들은 한국어 원어민들에게 비슷한 생각을 할 것이다. 이것이 바로 언어의 서로 '다름'이며 음운론에서 관심을 갖고 다루는 분야인 것이다. 키캄바 원어민들에게는 물리적인 두 소리 [k, g]가 하나의 음소 /k/로 머릿속에 들어있지만, 영어 원어민들의 머릿속에는 두 개의 음소 /k, g/로 자리 잡고 있다. 여러 언어를 비교하는 경우가 아닌, 하나의 언어 속에서 음소를 알아내는 방법은 무엇일까? 바로 최소 대립어(혹은 최소 변별쌍, 최소쌍, minimal pairs)를 찾으면 된다.

오직 하나의 물리적 말소리만 다르며, 낱말의 뜻이 다른 한 쌍의 단어를 그 언어에 있어 최소 대립어라고 부른다. 영어 단어 pit와 bit는 철자가 아니라 실제 발음에 있어 제일 앞 소리인 [p]와 [b]의 차이로 인해 서로 다른 뜻의 단어가 된다. 즉, 이 두 소리는 해당 언어에서 새로운 단어를 만드는 데 쓰일 수 있는 서로 다른 소리, 즉 음소라는 말이다. 해당 언어 원어민들에게 음소인 이 두 소리를 빗금 안에 표시하여 /p, b/라고 표시한다. 빗금 기호는 그 안의 기호가 나타내는 소리가 추상적 소리인 음소를 나타낸다는 표시이다. 이에 반해 [ ] 기호 안의 소리는 물리적인 소리를 나타내는 표시이다. 영어 단어 seat[sit], seen[sin]은 두 개의 음소 /t, n/을 발견해 낼 수 있는 영어의 최소 대립어이다. 주의할 것은 불완전한 문자 시스템인 영어의 철자가 아닌 음성기호로 표시한 발음을 기준으로 생각해야 한다는 점이다. 최소 대립어는 반드시 한 쌍일 필요는 없다. 예를 들어 fin, bin, sin, kin, pin, tin, chin, gin 등은 영어에서 자음 음소 /f, b, s, k, p, t, tʃ, dʒ/를 발견하게 해주는 최소 대립어들이다. 또 beat, bit, bat, boot, but, boat 등은 영어의 모음 음소인 /i, ɪ, æ, u, ʌ, oʊ/를 찾게 해주는 최소 대립어들이다. 영어의 예에서 알 수 있듯이, 어떤 언어에는 존재하는 음소가 다른 언어에는 존재하지 않기도 한다. 언어마다 사용하는 음소 모임이 다르기 때문이다.

제 2 절 (변)이음

영어 단어 peace와 speed에서 각각 들을 수 있는 말소리인 [pʰ]와 [p]는 한국인 원어민들이 듣기에 매우 다른 말소리이지만, 영어 원어민은 이 둘을 하나의 음소 /p/로 들으며 두 소리의 차이를 알지 못한다고 했다. 이처럼 원어민의 머릿속에는 하나의 음소로 존재하지만, 실제로 여러 개의 물리적 말소리로 단어 속에서 실현되는 말소리들을 해당 음소에 대한 이음 혹은 변이음이라고 부른다. 하나의 음소가 여러 단어 속에서 주변의 영향을 받아 여러 개의 다른 물리적 말소리로 구현되는 것이다. 영어의 경우 음소 /p/의 이음들은 [pʰ, p]라 표시할 수 있다. 편의상 한국어 글자를 음성기호로 활용한다면, 한국어 /ㅅ/은 영어 원어민들에게 [s, ʃ] 두 개의 물리적 소리로 들리는데, 이 경우 한국어 음소 /ㅅ/의 이음들을 [s, ʃ]라고 표시할 수 있다.

제 2 장 말소리의 분포 유형

한 언어를 구성하는 말소리는 음소라는 지위를 갖기도 하고, 이음의 지위를 갖기도 하는데, 이처럼 말소리는 여러 특성을 갖고 있다. 이들 특성에 따라 말소리의 분포 유형을 살펴보면 다음과 같이 세 가지로 나누어 볼 수 있다.

제 1 절 대조 분포(contrastive distribution) 중요 ★★

한 언어의 말소리를 이루는 음소들의 소리 분포를 **대조 분포**를 이룬다고 한다. 말 그대로 서로 다른 음소들이 대조적으로 쓰여 뜻이 다른 새로운 단어를 만들어 낼 수 있음을 의미한다. 어떤 단어를 이루는 음소들 중에서 하나의 음소를 다른 음소로 바꾸게 되면 그 단어는 뜻이 바뀔 수 있고, 새로운 단어가 될 가능성이 있는 것이다. 영어 pace /peɪs/에서 음소 /p/를 /f/로 바꾸면 뜻이 다른 새로운 단어 face /feɪs/가 된다. 즉, 동일한 단어 환경 /_eɪs/에서 밑줄 친 부분에 어느 음소가 들어가느냐에 따라 새로운 단어가 탄생하게 된다. 다른 음소 /ʧ, l, b/ 등을 사용해 보면 알 수 있다. 따라서 새로운 단어를 만들려면 대조 분포를 이루는 소리인 음소를 이용하여야 하는 것이다. 같은 단어 환경에서 하나의 음소만 바뀌면 뜻의 차이를 유발하는 분포이다.

제 2 절 상보 분포(complementary distribution) 중요 ★★

하나의 음소가 여러 개의 이음들로 구성되어 있을 때, 이음들의 소리 분포를 **상보(적) 분포**를 이루고 있다고 한다. 영어의 음소 /t/는 steel, take, button, water 등 여러 단어 환경에서 각각 [t, tʰ, ʔ, ɾ]와 같은 이음들로 발화될 수 있다. 하나의 음소가 무려 네 개의 이음으로 소리날 수 있다는 말이다. 하지만 네 개의 이음으로 발화되는 단어 환경은 각각 음운 법칙으로 지정할 수 있을 정도로 규칙적이기 때문에, 어떠한 경우에도 두 개의 이음이 같은 단어 환경에 중복되어 나타나지 않는다. 음소 /t/가 take처럼 어두에 올 때는 '트' 하고 급격하게 터져 나오는 공기 덩어리 소리가 나는데 이를 기음 또는 기식음(aspiration)이라고 한다. 하지만 /t/가 steel에서처럼 /s/ 다음에 나오면 기식음이 없는 비기식음 혹은 비대기음(unaspirated)이 되는데, 기호로는 [t] 혹은 [t˭]로 표시하기도 한다. 음소 /t/는 button, water에서처럼 때때로 성문폐쇄음인 [ʔ]나 설탄음 [ɾ](혹은 [D])로 발화되기도 한다. 이처럼 하나의 음소가 여러 개의 이음으로 절대로 중복되지 않는 환경에서 서로 보완하듯이 나타날 때, 이 분포는 상호 보완적인 분포, 즉 상보 분포를 이룬다고 말한다. 모음의 경우에, 영어에서 모음의 앞이나 뒤에 비음이 있는 경우 해당 모음 음소는 비음화된 변이 모음(nasalized vowels)으로 발화된다. 예를 들어 spa, pond의 경우 같은 모음인 음소 /a/가 각각 구강 모음 [a]와 비강 모음 [ã]의 이음으로 구현된다. 같은 단어 환경에서 이음들이 중복되어 나타나지는 않지만, 말실수나 의도적으로 일부러 그렇게 하여도 뜻의 차이를 유발하지는 않는 분포이다.

제 3 절 자유 변이(free variation) 중요 ★★

영어 파열음 음소인 /p/는 gap에서처럼 어말에 올 때, 입술을 떼지 않는 식으로 발음할 수 있는데, 이 경우 기식음이 없이 비개방음(unreleased)으로 발음된다. 비개방음은 기호로 [p̚]와 같이 표시한다. 물론 개방음(released)으로 발음하여 [gæpʰ]와 같이 말할 수도 있다. 이렇게 [pʰ]나 [p̚]가 음소들의 분포처럼 같은 환경 혹은 중복된 환경에 나타나면서도 단어의 뜻 변화를 나타내지 않는 경우, 대조 분포도 아니고 상보 분포도 아닌 것으로 볼 수 있다. 이러한 경우 이들은 **자유 변이**를 보인다고 말한다. 또 economic 단어의 첫 모음은 [i]나 [ɛ]로 뜻의 변화 없이 자유롭게 발음되기도 하는데, 이 경우도 두 모음이 자유 변이를 보인다고 말한다.

제 3 장 음운의 연속

제 1 절 음소배열론(phonotactics) 중요 ★★

하나의 언어 안에서 그 언어를 구성하는 음소들이 음절 등을 이루면서 보이는 배열상의 특징들을 연구하는 음운론의 한 분야이다. 예를 들어 한국어에는 음절 초성으로 /st/ 같은 연속 자음이 올 수 없으나 영어에서는 가능하다. 또 영어에서는 /l, r/ 같은 성절자음이 음절의 핵음으로 쓰일 수 있으나 우리말에서는 불가능하다. 이처럼 주로 음절 내에서 음소(들)의 배열에 제약을 가하는 형태로 나타나기 때문에 음소배열론을 **음소배열제약**(phonotactic constraints)이나 **음절구조제약**(syllable structure constraints)이라고 부르기도 한다. 언어마다 다소 다른 음소배열제약 때문에 차용어나 외래어가 생길 때 원래 언어 음소의 음가가 변하거나 탈락되는 등의 변화를 겪기도 한다.

1 자음군(consonant cluster)의 연속

(1) 영어의 경우 24개의 자음 중에서 /ŋ/와 /ʒ/는 음절의 초성으로 올 수 없으며, 초성에 자음군이 3개까지 올 수 있고, 종성에는 무려 4개까지 올 수 있다. 이러한 영어의 음절구조를 자음(C), 모음(V)으로 표시하여 CCCVCCCC로 표시하기도 한다. 이에 반해 한국어의 음절구조는 CVC이다. 우리말에는 '값'이나 '삶'처럼 겹받침이 존재하지만 이는 표기할 때만 적용되고 실제 발화를 할 때에는 겹받침이 그대로 발화되지 않고 홑받침으로 변화된다. 음절구조는 실제 발화에서 나타나는 구조를 기반으로 하기 때문에 한국어 음절구조는 CVCC가 아니라 CVC가 되는 것이다.

(2) 영어 음절구조에서 어두나 초성에 세 자음이 연속해서 올 때에는 첫째 음은 반드시 /s/여야 하며, 둘째 음은 무성 파열음 /p, t, k/ 중 하나이며, 셋째 음은 접근음(활음과 유음) /l, r, w, y/ 중 한 음이다. 이러한 큰 틀 내에서 세부적으로도 규칙이 존재하는데 다음 그림에서처럼, /sp/ 다음에는 /l, r, y/ 중 하나여야 하고, /st/ 다음에는 /r, y/여야 하며, /sk/ 다음에는 /r, w, y/ 중 하나가 와야 한다.

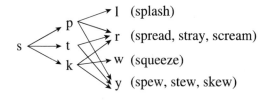

제3장 음운의 연속 81

2 그 밖의 자음군

어두 자음군의 경우 파열음 /p, b, t, d, k, g/와 유음 /l, r/이 결합하는 경우가 있으나, 모든 조합이 가능한 것이 아니라 /pl-, pr-, bl-, br-, tr-, dr-, kl-, kr-, gl-, gr-/은 가능하나, /*tl-, *dl-/은 존재하지 않는다(* 표시는 불가능한 조합이라는 표시). 또한 영어에서는 어두에서 비음과 파열음은 연속적인 자음군으로 존재하지 않는다. 즉, /*mb-, *nd-, *ŋg-/로 시작하는 영어 단어는 없다. 또한 어두에 연속하여 파열음 두 개가 나타나지 않으며, 유음이나 파찰음 /ʧ, ʤ/ 뒤에는 반드시 모음이 온다. 단어 train, dry 등에서 발음상 /ʧ, ʤ/ 뒤에 자음이 온 것처럼 들리지만, 이는 /t, d/가 /r/ 때문에 파찰음처럼 다소 변한 것이지 완전히 파찰음으로 바뀐 것은 아님에 유의해야 한다.

제 2 절 우연한 공백(accidental gaps)

한 언어에서 그 언어 규칙이 허용함에도 불구하고 우연히 나타나지 않는 형태를 **우연한 공백**이라고 부른다. 이는 언어 규칙이 허용하지 않아서 생기는 **체계적 공백**(systematic gaps)과는 다르다. 영어에서 /pfzk/와 같은 음절은 절대 존재할 수 없는데, 이는 모음이나 성절 자음이 없기 때문이다. 이러한 경우는 체계적 공백의 예라고 할 수 있다. 이에 반해 어두 혹은 초성 자음으로 가능한 /spr/와 라임으로 가능한 /ɪk/는 영어에서 모두 허용되지만 우연히도 */sprɪk/라는 단어는 존재하지 않는다. 이러한 경우를 우연한 공백이라고 할 수 있다. 예를 들어, 영어에서 creck, cruke, cruk, crike 등은 음운 배열상 가능한 단어이나 실제로 존재하지 않는 무의미한 단어(nonsense words)이다.

제 4 장 변별적 자질(distinctive features)

어떤 물질을 구성하면서 성질을 지니고 있는 분자를 더 작게 쪼개면, 그 물질의 성질은 지니고 있지 않지만 분자를 구성하는 더 작은 원자들을 찾아낼 수 있듯이, 마찬가지로 음소를 더 작게 쪼개면 소리 낼 수는 없지만 그 음소를 구성하는 더 작고 세밀한 요소 혹은 성질들을 발견할 수 있다. 이들을 괄호 안에 하나씩 넣어서 표시하면 그 음소를 구성하는 **변별 자질**들로 생각해볼 수 있다. 예를 들어, 영어의 음소 /n/을 구성하고 있는 성질을 생각해보면, 자음이면서 유성음이고 성절자음이며, 비음이면서 공명음이고 또 비지속음이다. 이들을 기호로 표시한다면 /n/ = [+consonantal] [+voiced] [+syllabic] [+nasal] [-obstruent] [-continuant]가 된다.

제 1 절 변별적 자질의 개념 중요 ★★★

음소를 구성한다고 볼 수 있는 소리 성질들을 변별 자질이라는 개념을 이용하여, 음소를 구분하고 분류하며 음운 현상에 관여하는 소리 집단을 기술하는 데 쓴다. 예를 들어 /p, b/는 [voiced]라는 자질을 이항대립(binary opposition)시켜 +와 -로 표시하여 /p/는 [-voiced]로, /b/는 [+voiced]로 구분할 수 있고, 같은 자질을 이용하여 파열음 /p, t, k, b, d, g/ 집단을 [-voiced]인 집단 /p, t, k/와 [+voiced]인 집단 /b, d, g/로 나눌 수 있다. 이렇게 자질들을 이용하여 분류하고 구성한 소리 집단은 음운 현상을 기호를 이용하여 기술하는 데 유용하게 쓸 수 있다. 추가적인 예를 들면, 영어 pin과 bin을 구별시켜 주는 것은 무성과 유성의 차이, 즉 [±voiced]이고, be와 me를 구별시켜 주는 것은 구강음과 비음의 차이, 즉 [±nasal]이며, bid와 bad를 구별시켜 주는 것은 고모음과 저모음의 차이, 즉 [±high]이다.

제 2 절 음성자질의 필요성 중요 ★★★

어떤 말소리 혹은 말소리들이 앞이나 뒤의 주변 다른 말소리에 의해 소리의 일부 혹은 전체 성질이 바뀌는 음운현상을 기술할 때, 개별 말소리를 나열하기보다 말소리(들)의 변별 자질을 중심으로 규칙을 기술하게 되면 해당 음운현상을 보다 근본적이고 통찰력 있게 이해할 수 있다. 예를 들어 cap, sat, kit의 모음 음소들은 can, Sam, king의 환경에서 주변 말소리의 영향에 따라 비음화된 이음으로 발화되는데, 사실 이러한 현상은 영어 모음 음소 전체에서 일어나는 일이다. 이 경우 모음 음소들과 비음들을 일일이 모두 나열하여 서술하는 것보다는 변별 자질 [nasal]을 이용하여, 모든 모음(V)이 [+nasal]을 띤 비음 자음(C) 앞에서 [+nasal] 성질을 띤 모음으로 변한다(→)라고 다음과 같이 표시할 수 있겠다.

$$V \quad C \quad \rightarrow \quad V \quad C$$
$$[+nasal] \quad\quad\quad [+nasal] [+nasal]$$

그러나 반복되는 자음을 두 번 표시하지 않으려면, 변화의 조건이 되는 부분을 '/' 기호 우측에 표시하고 변화를 겪는 말소리(여기서는 모음) 위치를 '____'로 표시하면 좋을 것이다. 또한 '/' 기호 좌측에는 변화를 겪는 말소리의 변화 내용만을 표시하면 보기에 좋을 것이다. 따라서 다음과 같이 변별 자질과 '/' 기호 및 '→' 기호를 표시하여 음운변화를 일목요연하게 표시할 수 있다.

$$\quad\quad\quad V \quad\quad\quad\quad\quad\quad C$$
$$V \rightarrow [+nasal] / \underline{\quad\quad} [+nasal]$$

물론, 다음과 같이 관여하는 자모음을 나열하여 표시하는 방법도 있다.

$$\{æ, ɪ\} \rightarrow \{\tilde{æ}, \tilde{ɪ}\} / \underline{\quad\quad} \{m, n, ŋ\}$$

하지만 단순 나열보다 관여하고 있는 자질 위주로 규칙을 표시하면 훨씬 명료하고 이해가 쉽게 된다. 즉, 이 규칙은 모음이 자음의 [nasal]이라는 자질을 닮아가는 것으로 볼 수 있고, 인접한 말소리들이 서로 닮아가는 동화현상(assimilation)의 일종임을 금방 파악할 수 있는 것이다.

또 다른 경우를 생각해 보자. 영어에서 /s, z, t, d/는 /y/ 앞에서 각각 /ʃ, ʒ, ʧ, ʤ/로 변한다. 이를 다음과 같이 단순하게 나열할 수도 있다.

$$\{s, z, t, d\} \rightarrow \{ʃ, ʒ, ʧ, ʤ\} / \underline{\quad\quad} \{y\}$$

하지만 이 규칙은 왜 이러한 현상이 발생하는지에 대한 보다 깊이 있는 설명을 제시하지 못한 채 소리만을 나열하고 있다. 깊이 들여다보면, 변화의 대상인 /s, z, t, d/는 모두 치경음이고, 변화의 결과인 /ʃ, ʒ, ʧ, ʤ/은 경구개 치경음이며, 변화의 원인인 /y/는 경구개음이다. 이렇듯 조음 위치에 있어서의 자질이 핵심적인 역할을 하고 있으며, 이는 다음과 같은 자질을 이용하여 표시하면 매우 명확하다.

$$[+alveolar] \rightarrow [+alveo\text{-}palatal] / \underline{\quad\quad} [+palatal]$$

이렇게 말소리 변화를 표시하면, 말소리의 단순 나열로 표시된 규칙 표현보다는 음성학적이고 음운론적인 동기나 원인을 잘 파악할 수 있고, 자로로 표현되는 소리 집단이 해당 규칙에 있어서 동일한 행동을 보이는 소리 모임임을 알 수 있으며, 영어뿐 아니라 다른 언어에서도 같은 성격을 지닌 규칙을 동일한 방식으로 표현할 수 있어 일반화시키기 좋다.

> **⚠️ 더 알아두기 🔍**
>
> **조음 위치를 나타내는 변별 자질**
> 실제로 조음 위치를 나타내기 위한 자질로 [alveolar], [palatal], [alveo-palatal]은 존재하지 않고,
> 다른 자질들을 이용하지만 자질의 유용성을 강조하기 위해 이들을 이용하였음을 이해하기 바란다.
> 후에 배우겠지만, 조음 위치 자질들에는 [labial], [coronal], [dorsal], [radical], [glottal] 등이 있다.

제 3 절 | 음성 자질의 분류 중요 ★★★

야콥슨(Roman Jakobson)이 1941년 최초로 변별 자질 이론을 제시한 이후, 1968년 촘스키(Noam Chomsky)와 할레(Morris Halle)가 "The Sound Pattern of English"(영어음의 모형)에서 발전시켰다. 야콥슨은 해당 성질이 있고 없음을 +와 − 로 표시한다는 이항대립(binary opposition) 개념을 사용하여 영어의 모음과 자음을 변별 자질들로 분석하여 목록표를 처음으로 만들었다. 변별 자질은 크게 4개의 부분으로 나누어, 주요 집단 자질(major class features), 후두 자질(laryngeal features), 방법 자질(manner features), 위치 자질(place features)이 있다.

1 주요 집단 자질

주요 소리 집단을 나타내는 데 쓰일 수 있는 자질들로 [syllabic], [consonantal], [approximant], [sonorant]의 4가지가 있다. 음절의 핵음이 될 수 있는 모음 전체와 성절 자음을 [+syllabic]으로 나타내며, 활음을 포함한 모든 자음은 [-syllabic]으로 표시한다. 성도에서 공기 흐름이 방해받아 생성되는 대부분의 자음은 [+consonantal]이고, 모든 모음과 활음(/w, y/) 및 후두음(/h/)은 [-consonantal]로 표시한다. 조음 기관이 접근하여 만들어지는 접근음인 활음과 유음 및 모든 모음은 [+approximant]이고, 저지음과 비음은 [-approximant]로 표시한다. 성도에서 낭랑하게 공명하는 소리인 공명음과 모든 모음은 [+sonorant]이고, 그렇지 않은 저지음은 [-sonorant]로 표기한다. 주요 부류로 구분할 때에 모음이나 활음은 [+approximant]이며 [+sonorant]이고, [-consonantal]이며, 활음은 [-syllabic]임을 잘 알아두자.

2 후두 자질

성문의 상태를 나타내는 자질로 3가지가 있다. 성대 진동이 수반되면 [+voiced], 아니면 [-voiced]로 표기한다. 기식음(aspiration)의 유무를 표기하기 위한 자질로 [spread glottis]가 있으며, 성문이 닫힌 채로 발화되는 방출음이나 내파음 및 성문 폐쇄음을 나타내기 위한 [constricted glottis]의 자질이 있다.

안심Touch

3 방법 자질

조음 방법을 나타내는 자질로 [continuant], [nasal], [strident], [lateral], [delayed release]의 5가지가 있다. 파열음, 파찰음, 비강 파열음 같은 비지속음은 [-continuant]로, 마찰음, 유음, 활음 등 지속음은 [+continuant]로 표기한다. 비교적 조용한 /θ, ð, h/를 제외한 모든 마찰음과 파찰음은 마찰로 인해 만들어지는 소음 때문에 [+strident]의 소음음으로 표기하고, 나머지 자음은 [-strident]로 표기한다. 파열음과 파찰음을 구분하기 위하여 [delayed release] 자질을 이용하며 파찰음은 [+delayed release]로 표기한다. 나머지 [nasal]과 [lateral]은 각각 비음과 설측음을 표기하기 위해 사용한다. 특히 [nasal]은 자음에서는 변별적으로 분류하는 기능을 갖고 있지만, 모음에서는 변별적 분류 기능이 없다.

4 위치 자질

조음 위치를 나타내는 자질로 [labial], [coronal], [anterior] 등이 있다. 양순음과 순치음은 [+labial]로, 나머지 자음은 [-labial]로 나타낸다. 양순음부터 치경음까지는 [+anterior]인 전방음으로, 경구개 치경음부터 성문음까지는 [-anterior]로 표기한다. 치간음부터 경구개음까지는 [+coronal]인 설정음으로, 나머지 양순음, 순치음, 연구개음은 [-coronal]로 표기한다. 추가적으로 모음을 구분하기 위한 자질로는 [high], [low], [back], [tense], [round] 등이 있다.

▶ 변별 자질에 의한 영어 말소리 분류

조음방법	파열음						파찰음		마찰음									비음			유음		활음	
자음	p	t	k	b	d	g	ʧ	ʤ	f	θ	s	ʃ	v	ð	z	ʒ	h	m	n	ŋ	l	r	w	y
syllabic	-	-	-	-	-	-	-	-	-	-	-	-	-	-	-	-	-	±	±	±	±	±	-	-
consonantal	+	+	+	+	+	+	+	+	+	+	+	+	+	+	+	+	+	+	+	+	+	+	-	-
voiced	-	-	-	+	+	+	-	+	-	-	-	-	+	+	+	+	-	+	+	+	+	+	+	+
continuant	-	-	-	-	-	-	-	-	+	+	+	+	+	+	+	+	+	-	-	-	+	+	+	+
nasal	-	-	-	-	-	-	-	-	-	-	-	-	-	-	-	-	-	+	+	+	-	-	-	-
lateral	-	-	-	-	-	-	-	-	-	-	-	-	-	-	-	-	-	-	-	-	+	-	-	-
strident	-	-	-	-	-	-	+	+	+	-	+	+	+	-	+	+	-	-	-	-	-	-	-	-
anterior	+	+	-	+	+	-	-	-	+	+	+	-	+	+	+	-	-	+	+	-	+	-	-	-
coronal	-	+	-	-	+	-	+	+	-	+	+	+	-	+	+	+	-	-	+	-	+	+	-	-
high	-	-	+	-	-	+	+	+	-	-	-	+	-	-	-	+	-	-	-	+	-	-	+	+
low	-	-	-	-	-	-	-	-	-	-	-	-	-	-	-	-	+	-	-	-	-	-	-	-
back	-	-	+	-	-	+	-	-	-	-	-	-	-	-	-	-	-	-	-	+	-	-	+	-

혀 전후 위치	전설모음						후설모음					중설모음	
모음	i	ɪ	e	ə	ɛ	æ	u	ʊ	o	ɔ	ɑ	ʌ	ə
혀 높이	고모음		중모음			저모음	고모음		중모음		저모음	중모음	
syllabic	+	+	+	+	+	+	+	+	+	+	+	+	+
consonantal	-	-	-	-	-	-	-	-	-	-	-	-	-
high	+	+	-	-	-	-	+	+	-	-	-	-	-
low	-	-	-	-	-	+	-	-	-	-	+	-	-
back	-	-	-	-	-	-	+	+	+	+	+	+	-
round	-	-	-	-	-	-	+	+	+	+	-	-	-
tense	+	-	+	-	+	-	+	-	+	-	+	+	+

제 4 절 자연집단(natural class) 중요 ★★

하나 이상의 변별 자질을 공유하는 음소 집합을 **자연집단**이라고 부른다. 예를 들어, [+nasal] 자질을 공유하는 자연집단은 /m, n, ŋ/이며, 이 자연집단을 구성하는 각 음소들은 공유하는 자질 말고도 다른 자질들을 갖고 있으므로, 자연집단을 정의하기 위한 자질의 수는 그 집단의 개별 음을 나타내는 데 필요한 자질의 수보다 대부분의 경우 적다. 또 /p, t, k/는 음성학적으로는 영어의 무성 파열음이지만 음운론적으로 자연집단의 관점에서 보면 [+consonantal, -voiced, -continuant]의 세 자질을 공유한 자연집단이고, 한 음을 자질로 표시하려면 세 개보다 더 많은 자질이 필요하다. 어떤 음운 변화를 자질들을 이용하여 표시할 경우, 요구되는 자질의 수가 적으면 그 규칙의 일반성은 증가되고 적용 범위가 확대되지만, 자질의 수가 많아질수록 규칙의 일반성이 감소되어 적용 범위가 좁혀진다고 볼 수 있다. 이는 공유하는 자질의 수가 늘어날수록 자연집단을 구성하는 음의 개수가 줄어들며, 반대로 자질의 수가 줄어들수록 음의 개수가 늘어나는 경향에서 비롯된 것이다. 공유하는 자질이 [+consonantal]뿐일 경우의 자연집단의 음의 개수와 [+consonantal, +continuant]일 때와, [+consonantal, +continuant, +syllabic]일 때를 비교해 보면 자명해진다.

제 5 절 잉여자질(redundant features) 중요 ★★

어떤 변별 자질로 인해 자동적으로 예측될 수 있는 중복된 정보를 나타내는 자질을 **잉여자질**이라고 한다. 예를 들면, 어떤 음이 [+syllabic]이라면 당연히 [+voiced]일 것이므로 [+voiced]는 이 경우 잉여자질로 볼 수 있어 굳이 표시할 필요가 없다. 또 어떤 음이 [-sonorant]이면 당연히 [+consonantal]

일 것이고, [-continuant]이면 반드시 [+consonantal]일 것이다. 잉여자질이 여러 개일 수도 있는데, 어떤 음이 [+nasal]이면 [+consonantal, +voiced, +sonorant, -continuant, -strident, -lateral]일 것이다. 이같이 비음 /n/의 음성자질을 표시해 보면 다음과 같다.

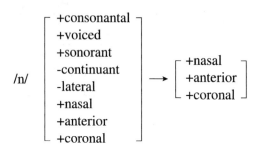

영어에서 어떤 음이 기식음(aspiration)을 지닌 대기음(aspirated sounds)이라면 /p, t, k/를 말하는데, 이를 잉여자질을 제외한 자질들만으로 표시하면 [+consonantal, -continuant, -voiced]가 된다. 영어 모음에 있어서도 잉여자질을 생각할 수 있다. 영어 /i/ 모음처럼 [+high]이면 당연히 [-low]일 것이고, 반대로 [+low]이면 당연히 [-high]일 것이며, [-back]이면 [-round]일 것이다. 또 /u/ 모음처럼 [+round]이면 [+back]이면서 동시에 [-low]일 것이다.

제 5 장 음운의 변동(phonological changes)

음운의 변동이란 언어에서 볼 수 있는 체계적이고 음운론적인 말소리의 변화를 가리키는 말이며, 생성문법에서 원어민이 말을 하거나 들을 때 발생하는 두뇌 속의 음운론적인 작용을 포착하여 표기하는 방법을 말한다. 음성학적 기호나 변별 자질을 활용하여 음운 변동을 표기할 수 있다.

제 1 절 동화작용(assimilation) 중요 ★★★

말소리가 이웃하거나 가까운 거리에 있는 다른 말소리의 영향을 받아 서로 비슷하게 변화하는 현상으로, 변별 자질의 관점에서 보면 어떤 말소리가 주위의 변별 자질을 취하여 비슷하게 변하는 현상으로 볼 수 있다. 동화작용은 영향을 미치는 거리에 따라 두 가지로 나뉘는데, 앞과 뒤 바로 이웃한 소리의 영향을 받는 경우 **국지적 동화**(local assimilation), 모음조화나 자음조화처럼 바로 이웃이 아닌 소리의 영향을 받는 경우 **장거리 동화**(long-distance assimilation)라고 부른다. 동화작용은 한 소리가 다른 소리에 영향을 미치는 방향에 따라 또 세 가지로 나뉘는데, 앞의 소리가 뒤의 소리에 영향을 주면 **순행동화**(progressive assimilation)라고 하고, 뒤의 소리가 앞의 소리에 영향을 주어 변하게 하면 **역행동화**(regressive, anticipatory assimilation)라고 하며, 두 소리가 서로 영향을 미쳐 다른 소리로 변하게 되면 **상호동화**(reciprocal, mutual, coalescent, fusional assimilation)라고 한다. 또 영향을 받은 소리가 영향을 주는 소리의 일부 자질만 취하는 **부분동화**(partial assimilation)와 영향을 주는 소리로 완전히 변하는 **완전동화**(complete, total assimilation)로도 나뉜다.

1 순행동화

앞 소리가 뒤의 소리에 영향을 주어 뒤의 소리가 변화를 겪는 동화를 말한다. 영어에서 무성 자음이 바로 뒤에 오는 비음, 유음, 활음 등의 유성음에 영향을 주어 이들 공명음이 부분적으로 무성음화(즉, [-voiced])된다. 유성음이 무성음화되는 것은 기호 아래에 조그만 동그라미 기호로 표시한다.

$$[pr] \rightarrow [pr̥] \quad \text{"pray"} \quad | \quad [sm] \rightarrow [sm̥] \quad \text{"small"}$$
$$[kl] \rightarrow [kl̥] \quad \text{"clay"} \quad | \quad [fr] \rightarrow [fr̥] \quad \text{"fries"}$$
$$[tw] \rightarrow [tw̥] \quad \text{"twin"} \quad | \quad [θw] \rightarrow [θw̥] \quad \text{"thwart"}$$
$$[ky] \rightarrow [ky̥] \quad \text{"cute"} \quad | \quad [ʃr] \rightarrow [ʃr̥] \quad \text{"shrink"}$$

명사의 복수형이나 소유격을 표시할 때에도 앞 소리의 유무성 여부가 뒤의 소리에 영향을 주게 되는데, 철자로는 's'로 표시하지만 실제 발음형은 직전의 소리가 유성음이냐 무성음이냐에 따라 유무성 여부가 닮도록 [s, z] 둘 중에 하나로 발음하게 된다.

dog's → [... gz]	books → [... ks]
people's → [... lz]	Kate's → [... ts]
cars → [... rz]	cap's → [... ps]
Tom's → [... mz]	safes → [... fs]

2 역행동화

뒤의 소리의 영향을 받아 앞의 소리가 뒤의 소리를 닮는 쪽으로 변하는 동화를 말한다. 영어의 부정 접두어인 'in-'은 뒤에 오는 소리의 조음 위치를 닮는 쪽으로 동화하여 발음이 [im-, in-, iŋ-]과 같이 세 가지로 실현된다. 워낙 규칙적이고 다량으로 발생하므로 역사적으로 철자도 'im-/in-'으로 분화하게 되었다.

'in-' : /im-/ in- + *p*ossible → impossible 양순

'in-' : /in-/ in- + *d*efinite → indefinite 치경

'in-' : /iŋ-/ in- + *c*omplete → incomplete 연구개

인접한 두 소리 사이에서 발생하기도 하고, 다른 음운 변동이 생긴 후에 역행동화가 일어나기도 한다. 또한 단어와 단어 사이의 경계에서 발생하기도 한다. 단어 grandpa에서는 [d]가 탈락한 후 [n]이 양순음 [p]의 영향을 받아 조음위치가 바뀐 [m]으로 변하고, this sheep에서는 [s]가 경구개 치경음 [ʃ]의 영향을 받아 조음위치가 바뀐 [ʃ]로 변하는데 특히 이 경우는 영향을 주는 소리와 동일하게 바뀌었으므로 완전동화라고 볼 수 있다(혹은 원래 두 소리가 무성 마찰음이었으므로 조음 위치만 같아져도 같은 소리로 변할 수 있는 특수한 경우이다).

"pan*c*ake" : [...nk...] → [...ŋk...]

"grand*p*a" : [...ndp...] → [...np...] → [...mp...]

"this s*h*eep" : [...s][ʃ...] → [...ʃ][ʃ...]

3 상호동화

인접한 두 말소리가 서로 영향을 주어 새로운 말소리가 생성되는 경우로, 동화에 참여한 두 소리(A, B)가 하나의 소리(C)로 바뀐다는 점이 순행동화나 역행동화와는 다른 점이다. 이때 생성되는 새로운 말소리는 동화에 참여한 두 말소리의 조음 위치나 조음 방법 등의 속성 일부를 동시에 가진 닮은 소리이다.

> "this young man"   [...s] [y...] → [...ʃ...]
> "is your mother"   [...z] [y...] → [...ʒ...]
> "could you"   [...d] [y...] → [...ʤ...]
> "can't you"   [...t] [y...] → [...ʧ...]

제 2 절 탈락(deletion) 중요 ★★★

말 그대로 어떤 환경에서 한 음소가 없어지는 경우를 말하는데, 자음 혹은 모음이 탈락되는 경우로 나누어 볼 수 있다.

1 모음 탈락

강세를 지닌 음절의 모음이 탈락하는 경우는 없으며, 대부분 강세를 받지 못하거나 약한 음절의 모음이 탈락한다.

políce [pəlis] → [p_lis]	phýsical [fɪzɪkəl] → [fɪzɪk_l]
terrífic [tərɪfɪc] → [t_rɪfɪc]	vócal [voʊkəl] → [voʊk_l]
corréct [kərɛkt] → [k_rɛkt]	cámel [kæməl] → [kæm_l]
diréction [dɪrɛkʃn] → [d_rɛkʃn]	fátalist [feɪtəlɪst] → [feɪt_lɪst]
suppóse [səpoʊz] → [s_poʊz]	báchelor [bæʧələr] → [bæʧ_lər]
fanátic [fənætɪk] → [f_nætɪk]	fámily [fæməli] → [fæm_li]

어두음 탈락(aphesis)은 about > 'bout, because > 'cause와 같은 경우를 말하고, 어중음 탈락(syncope)은 nursery > nurs'ry, chocolate > choc'late, evening > ev'ning 등의 경우를, 어말음 탈락(apocope)은 love, receive의 경우를 말한다. 말의 속도가 빨라지는 경우에 모음 탈락은 축약형(contractions)으로 나타나기도 하는데, he is > he's, she is > she's의 경우가 그것이다. 이러한 모음탈락을 모음충돌 회피현상(vowel clash avoidance)이라고도 한다.

2 자음 탈락

어떤 환경에서 자음 음소가 탈락하는 것을 말하는데, 영국영어에서 father, mother에서 어말 /r/이 탈락하는 것이나, grandfather, landlord에서 /d/가 탈락하는 것, 또 Christmas, mortgage, castle, epistle, often, bustle, mustn't 등의 단어에서 /t/가 탈락하는 것처럼, 조음 위치가 같은 두 개의 음이 연이어 올 때, 공명도가 낮은 /t, d/가 탈락한다. 이러한 현상은 단어와 단어 사이 경계에서도 일어나는데, 조음점이 같은 중복 자음으로 끝난 단어 뒤에 다시 자음으로 시작하는 단어가 오는 경우인 blind man에서는 /d/가 탈락하고 last chance, finished now, sit down 등에서는 /t/가 탈락한다.

제 3 절 이화작용(dissimilation) 중요 ★★★

모음이나 자음 할 것 없이 같거나 비슷한 종류의 말소리가 거리의 정도는 다르지만 서로 인접하였을 경우, 하나를 다르게 바꾸거나 탈락시키는 등 두 소리를 서로 다르게 변화시키는 경우를 가리킨다. 예를 들어, diphthong이란 단어에서 두 개의 마찰음 /f, θ/가 연속으로 나오는데 발음도 힘들고 듣기도 쉽지 않으므로 앞의 마찰음을 파열음 /p/로 바꾸어 발음하기도 하고, government란 단어에서는 연속한 비음 /n, m/ 중 앞의 /n/을 탈락시켜 발음하기도 한다. 또 미국영어 surprise, library, February에서 다소 떨어져서 인접한 연속된 /r, r/ 중에서 앞의 /r/을 탈락시켜 발음하기도 한다.

thermometer [θə_mɑmətər] /r/
particular [pə_tɪkjələr] /r/
fulfill [fu_fɪl] /l/
environment [ɪnvɑɪrə_mənt] /n/

difficult [dɪf_k_lt] /ɪ, ə/
preferable [prɛf_rəbl] /ə/
camera [kæm_rə] /ə/

명사를 형용사로 만드는 접미사인 -al도 어간(stem)에 같은 유음 /l/이 있으면 -ar의 형태로 이화된다.

'-al'	'-ar'
anecdot-al	angul-ar
annu-al	annul-ar
ment-al	column-ar

제 4 절 ⏐ 첨가(addition or insertion) 중요 ★★★

발음하기 어려운 음이 연속하거나, 연속되는 음을 잘 들리게 하기 위하여 자음이나 모음을 삽입하거나 (insertion) 추가하는(addition) 것을 첨가라고 부른다.

1 모음 첨가(epenthesis)

성절 자음 앞에 약모음 /ə/를 삽입하여 비성절 자음처럼 바꾸기도 하고, 연속되는 치찰음을 잘 들리게 하기 위하여 약모음 /ɪ/를 삽입하기도 한다.

	/ə/			/ɪ/
film	[fɪlm̩] → [fɪləm]		buses	[bʌsɪz]
cycle	[saɪkl̩] → [saɪkəl]		bushes	[buʃɪz]
spasm	[spæsm̩] → [spæsəm]		churches	[ʧərʧɪz]

2 자음 첨가(excrescence)

연속되는 모음을 잘 들리게 하기 위하여 /r/을 첨가하거나, 비음 /m, n, ŋ/ 발음 후 무성음 발음을 하려다 타이밍이 안 맞아 연구개가 미리 닫히는 바람에, 비음과 조음 위치가 같은 무성 파열음 /p, t, k/가 의도치 않게 추가되는 등의 경우가 있다.

(1) 삽입 /r/(intrusive-r)

모음이 연이어 있을 때 잘 들리고 발음을 부드럽게 해주기 위하여 그 사이에 /r/이 삽입되는 경우이다. 예를 들어 'idea(/r/) of나 law(/r/) of, America(/r/) and, He saw(/r/) it'이 있다.

(2) 연결 /r/(linking-r)

일부 영어 방언에서 원래 묵음인 /r/이 뒤에 모음으로 시작하는 단어가 올 때 발음되는 경우가 있는데 이 경우를 가리킨다. 예를 들어 'take care(/r/) of, here(/r/) and there, The door(/r/) opened' 등이 있다.

(3) 무성 파열음 삽입(voiceless stop insertion)

무성 파열음 /p, t, k/와 비강 파열음 /m, n, ŋ/은 비강 통로가 열려 있느냐에 따라 구분되는 음들인데, 비음 바로 뒤에 무성음이 올 경우 비강 통로를 제때에 닫고 구강음인 무성음을 발음해야 한다. 그런데 가끔 무성음을 발음하기 전에 미리 비강 통로가 닫혀서 비강 파열음이 무성 파열음으로 발음되어 원래 발음에는 없는 무성 파열음이 삽입되기도 한다. 발음상 파열음만 삽입되기도 하고, 또 철자로도 반영되기도 한다.

something [səmθɪŋ] → [səmpθɪŋ]	assume → assumption
tense [tɛns] → [tɛnts]	redeem → redemption
length [lɛŋθ] → [lɛŋkθ]	consume → consumption
cream cups [krim kʌps] → [krimp kʌps]	중세영어 emty → empty

제 5 절 　음위전환(metathesis) 중요 ★★★

말 그대로 음의 위치가 바뀌는 것으로 주로 말실수에 의해 발생한다. 인접한 음 사이에 발생하기도 하며, 단어 경계를 넘어 좀 떨어진 음 사이에 발생하는 경우는 특별히 **두음전환**(spoonerism)이라고 부른다.

<spoonerism>

ask [æks]	bad salad → sad ballad
tragedy [trædədʒɪ]	hope in your soul → soap in your hole
relevant [rɛvələnt]	keen as mustard → mean as custard
animal [æmɪnəl]	master plan → plaster man
spaghetti [pəsgɛtɪ]	do the chores → chew the doors

이러한 음위전환은 같은 시대에 발생하기도 하고, 또 다음의 예시처럼 여러 시대를 거쳐서 역사적으로 (통시적으로, diachronically) 고대영어(Old English), 중세영어(Middle English), 현대영어(Modern English)에 걸쳐 발생하기도 한다.

Old English	Middle English	Modern English
brid	bird	bird
hros	hors	horse
pridda	pirde	third

제 6 절   중화(neutralization)

평상시에는 대립되던 음소들이 특정한 음운 환경에서 하나의 같은 음으로 변하는 것을 가리킨다. 대표적인 예가 /t, d/의 경우인데, 평소에는 대립되던 두 음소가 앞 모음이 강세를 갖는 모음으로 둘러싸인 환경에서 모두 이음인 설탄음([ɾ])으로 발음된다. 따라서 writer, rider에서 /t, d/ 음소의 대립은 중화된다고 말한다. 또한 대부분의 영어 모음들은 강세 음절 위치에서는 모음 /ə/와 대립되지만, 비강세 음절 위치에서 [ə]로 약화된다. 따라서 영어 모음들의 대립은 비강세 위치에서 /ə/와 중화된다고 한다.

compéte [...i...] → competítion [...ə...]

médicine [...ɛ...] → medícinal [...ə...]

párent [...æ...] → paréntal [...ə...]

sólid [...ɑ...] → solídity [...ə...]

제 6 장 음운 규칙(phonological rules)

모국어 화자들의 머릿속에 들어 있는 음운지식으로서, 추상적 음소가 실제 단어 환경에서 어떤 이음으로 발화되는지를 규칙의 형태로 관련시켜주는 것을 말한다. 화자들이 말소리를 내거나 들을 때 두뇌에서 일어나는 음운론적 작용을 생성음운론에서는 주로 기호를 통하여 표시한다.

제 1 절 음운 규칙의 형식화 중요 ★★★

음의 변화에는 주로 소리 '환경'이라 불리는 직전, 직후의 음이 영향을 미치므로, ABC가 ADC로 바뀔 때 어떤 음(B)이 어떤 환경(A와 C 사이)에서 어떤 소리(D)로 바뀌는지를 표시한다. 이를 B → D / A _____ C로 표시할 경우, 음의 변화는 화살표 기호(→)로, 변화를 일으키는 환경의 표시는 빗금(/)의 우측에, 실제 환경은 변하는 소리를 빈칸의 밑줄(_____)로 표시하고 그 좌우에 환경을 나타내는 글자 기호로 표시한다. 음의 환경은 상황에 따라 좌측(A _____) 혹은 우측(_____ C) 하나만 쓸 수도 있다. 음운 규칙을 기호로 표현할 때 필요한 경우 단어, 음절, 형태소 경계는 각각 #, $, + 기호로 표시하고, 음소는 // 안에, 이음은 [ ] 안에 표시한다. 또 대괄호 [ ]의 경우는 변별 자질을 표시하고, 중괄호 { }는 여러 가지를 묶어서 하나의 집합으로 나타낼 때 사용하며, 소괄호 ( )는 있어도 되고 없어도 되는 선택 사항을 나타낸다. 자질의 부호를 구체적으로 쓰지 않고 이들을 나타내는 변수로 쓰고 싶을 경우 α, β, γ 등으로 알파표기(alpha notation)를 할 수 있다. 이렇게 하면 다음처럼 두 개의 규칙을 하나로 표시할 수 있어 편리하다.

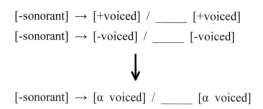

$$[\text{-sonorant}] \rightarrow [\text{+voiced}] / \underline{\quad\quad} [\text{+voiced}]$$
$$[\text{-sonorant}] \rightarrow [\text{-voiced}] / \underline{\quad\quad} [\text{-voiced}]$$

↓

$$[\text{-sonorant}] \rightarrow [\alpha \text{ voiced}] / \underline{\quad\quad} [\alpha \text{ voiced}]$$

제 2 절   영어의 음운 규칙

영어 원어민의 머릿속에 음소로 내재화된 **기저형**(underlying representation) 음운 지식이 여러 가지 형태의 규칙을 통해서 이음 형태의 **표면형**(surface representation)으로 나타나게 되는데, 변별 자질과 기호로 표시된 **음운 규칙**을 다음에서 종류별로 나누어 설명한다.

1 자질 변화 규칙(feature changing rules) 중요 ★★★

머릿속에서 기저형으로 표시된 변별 자질이 표면형에서 변화하는 것을 말한다. 영어 모음의 비음화 현상의 예를 들면, 영어 모음은 기저형인 음소 수준에서는 [-nasal]의 변별 자질 값을 갖고 있지만, 주변에 비음이 있을 경우 표면형인 음성 표시 혹은 이음 표시에서는 [+nasal]로 그 값이 변화한다. 또, /n/이 /p/ 앞에서 /p/와 조음점이 같은 [m]으로 바뀐 조음점 동화작용을 기저형 음소와 표면형 이음으로 표시하면 /n/ → [m] / _____ /p/와 같이 된다. 이를 자질을 이용하여 표현하면 다음과 같다.

$$
\begin{bmatrix} +\text{nasal} \\ +\text{anterior} \\ +\text{coronal} \end{bmatrix} \longrightarrow \begin{bmatrix} +\text{nasal} \\ +\text{anterior} \\ -\text{coronal} \end{bmatrix} / \underline{\qquad} \begin{bmatrix} +\text{anterior} \\ -\text{coronal} \end{bmatrix}
$$

비음 /n/의 자질 [+anterior, +coronal] 중에서 [+coronal]이 [-coronal]로 변화되었기 때문에, 이 음운 현상은 자질 변화 규칙이 된다. 부정 접두사의 음소 기저형이 /in-, im, iŋ/ 중에 어떤 비음이든, 바로 뒤에 오는 파열음의 조음 위치와 같은 비음으로 바뀌게 된다. 이같이 여러 가지 경우의 음운 현상을 간략하고 일관된 규칙으로 표시하려면 다음과 같이 α, β와 같은 변수 표기를 이용하여 변화와 관련된 최소의 자질들만을 이용하여 표기하면 된다.

$$
[+\text{nasal}] \longrightarrow \begin{bmatrix} \alpha\,\text{anterior} \\ \beta\,\text{coronal} \end{bmatrix} / \underline{\qquad} \begin{bmatrix} \alpha\,\text{anterior} \\ \beta\,\text{coronal} \end{bmatrix}
$$

2 자질 첨가 규칙(feature addition rules) 중요 ★★★

음성 환경(즉, 주변의 음들)으로부터 예측 가능한 (비)변별 자질이 첨가되는 규칙으로서, 예를 들어 peace, talk, keep([pʰis, tʰɔk, kʰip])에서와 같이 영어의 대기음화(기식음화, aspiration)는 강세 음절의 초음으로 무성 파열음이 올 때 발생하는 규칙이다. 첨가되는 자질은 비변별적 자질인 [aspirated] ([ʰ]) 인데 자질 첨가 규칙으로 표시하면 다음과 같다. 무성 파열음인 [+consonantal, -continuant, -voiced]에 자질 [+aspirated]가 첨가되는 것을 보여주고 있으며, 규칙이 적용되는 음성 환경으로 음절 경계인 $ 기호 바로 다음이 목표음(target sound) 자리인 초음이고 핵음에는 [+stressed]로 강세가 있어야 한다.

$$\begin{bmatrix} \text{+consonantal} \\ \text{-continuant} \\ \text{-voiced} \end{bmatrix} \longrightarrow [\text{+aspirated}] \; / \; \$ \underline{\quad\quad} \begin{bmatrix} \text{-consonantal} \\ \text{+syllabic} \\ \text{+stressed} \end{bmatrix}$$

영어 모음의 비음화 규칙도, 음성 환경에서 예측 가능한 [+nasal]이 추가적으로 원래의 음에 첨가된 것으로 다음과 같이 표시할 수 있다.

$$\begin{bmatrix} \text{+syllabic} \\ \text{-consonantal} \end{bmatrix} \longrightarrow \overset{V}{[\text{+nasal}]} \; / \; \underline{\quad\quad} \overset{C}{[\text{+nasal}]}$$

3 분절음 첨가 규칙(segment addition rules) 중요 ★★★

음운 변화 중에 없었던 분절음이 첨가되는 규칙으로, 자음이 첨가되는 경우와 모음이 첨가되는 경우로 나눌 수 있다. 음이 없는 것은 화살표의 왼쪽에 기호 ø로 표시하고, 삽입되는 분절음(의 자질)은 화살표의 오른쪽에 표시한다. 영어 buses, churches처럼 치찰음으로 끝나는 명사의 복수형을 만들 때 삽입되는 모음 [ə]은 다음과 같이 규칙으로 표시할 수 있다.

$$\text{ø} \longrightarrow \text{ə} \; / \; [\text{+sibilant}] \underline{\quad\quad} [\text{+sibilant}]$$

영어 something[...mpə...], dance[...nts], strength[...ŋkθ]에서처럼 비음과 무성 자음 사이에서 비음의 조음점과 같은 무성 파열음이 삽입되는 '무성 파열음 삽입' 규칙은 다음과 같이 표시된다. 첨가되는 음은 직전 비음과 같은 조음점 자질([PLACE])을 갖고 있는 무성 파열음([-nasal, -continuant])이다.

$$\text{ø} \longrightarrow \begin{bmatrix} \text{-continuant} \\ \text{-nasal} \\ \alpha\text{PLACE} \end{bmatrix} \; / \; \begin{bmatrix} \text{+nasal} \\ \alpha\text{PLACE} \end{bmatrix} \underline{\quad\quad} \begin{bmatrix} \text{+continuant} \\ \text{-sonorant} \end{bmatrix}$$

4 분절음 탈락 규칙(segment deletion rules) 중요 ★★★

어떤 음성 환경에서 음소적 분절음이 없어지는 규칙으로, sign, paradigm에서처럼 비음 앞에서 유성 연구개 파열음 /g/ ([-anterior, -coronal, +voiced])가 탈락하거나, 강세를 받지 못한 모음(V, [-stressed])의 어말음 탈락(혹은 어말음 소실, apocope)을 예로 들 수 있다. 이를 음운 규칙으로 표시하면 다음과 같다.

$$\begin{bmatrix} \text{-anterior} \\ \text{-coronal} \\ \text{+voiced} \end{bmatrix} \longrightarrow \emptyset \ / \ \underline{\qquad} \ [\text{+nasal}]$$

$$\begin{matrix} \text{V} \\ [\text{-stressed}] \end{matrix} \longrightarrow \emptyset \ / \ \underline{\qquad} \ \#$$

5 재배열 규칙(reordering rules)

규칙에 관여하는 분절음에 숫자를 붙여 표시하는 방법으로, 분절음의 위치 변화를 나타내는 재배열 규칙을 다음과 같이 표기하기도 한다.

$$\begin{matrix} \text{V C C V} & \longrightarrow & 1\ 3\ 2\ 4 \\ 1\ 2\ 3\ 4 \end{matrix}$$

이러한 방식은 구개음화와 같이 둘 이상의 분절음이 하나의 분절음으로 변하는 융합(coalescence) 현상을 표기하거나, 음위전환을 기술하는 데 좋다.

제 3 절 음운 규칙의 순서 중요 ★★

어떤 어휘의 기저형 음소 발음이 표면형 음성 발음으로 변화될 때에, 둘 이상의 음운 규칙이 적용되는 경우가 있다. 이때 어떤 규칙을 먼저 적용하느냐에 따라 표면형의 차이가 나기도 한다. 예를 들어, writer와 rider를 발음할 때 적용되는 규칙은 두 가지로 볼 수 있는데, 하나는 모음 뒤에 유성음이 오면 무성음일 때보다 모음의 길이가 길어진다는 장모음화 규칙이고, 다른 하나는 강세 있는 모음과 강세 없는 모음 사이에서 치경 파열음 /t, d/가 설탄음 [ɾ 혹은 D]로 바뀌는 설탄음화 규칙이다.

	"writer" /raɪtər/	"rider" /raɪdər/		"writer" /raɪtər/	"rider" /raɪdər/
1. 장모음화	[raɪtər]	[raɪːdər]	2. 설탄음화	[ráɪɾər]	[ráɪɾər]
2. 설탄음화	[ráɪtər]	[ráɪːɾər]	1. 장모음화	—	—
	[ráɪɾər]	[ráɪːɾər]		[ráɪɾər]	[ráɪɾər]

두 가지 경우에서 볼 수 있듯이, 우측의 경우처럼 순서가 바뀌어 장모음화가 적용되지 않으면 두 단어의 발음은 차이가 없이 같아지게 되고, 좌측처럼 두 규칙이 모두 적용되면 두 단어 사이에 발음의 차이가 생기게 된다.

여러 규칙이 순서에 따라 적용되는 예는 접미사 -ion의 결합에서도 찾아볼 수 있는데, 우선 /ɪən/의 비강세 모음 /ɪ/는 다음과 같이 자음 뒤에서 구개음 /y/(혹은 /j/)로 바뀐다.

$$
\begin{array}{lll}
\text{rebel} \rightarrow \text{rebellion} & /\text{rɪbél} + \text{ɪən}/ \rightarrow [\text{rɪbélyən}] \\
\text{domain} \rightarrow \text{dominion} & /\text{dəmín} + \text{ɪən}/ \rightarrow [\text{dəmínyən}]
\end{array}
$$

그런데 다음과 같이 어간이 치경 마찰음 /s, z/로 끝나는 어휘와 이 접미사가 결합하는 경우, 바뀐 구개음 /y/의 조음점 영향에 의해 역행동화인 구개음화 규칙이 추가적으로 발생하여 치경 마찰음이 경구개 치경음인 /ʃ, ʒ/로 바뀌게 된다. 즉, 두 소리 /s + y/(혹은 /z + y/)가 융합 작용에 의해 하나의 소리 /ʃ/(혹은 /ʒ/)로 변한다.

$$
\begin{array}{ll}
\text{confess} \rightarrow \text{confession} & \text{confuse} \rightarrow \text{confusion} \\
/\text{kənfés} + \text{ɪən}/ \rightarrow [\text{kənfés} + \text{yən}] & /\text{kənfyúz} + \text{ɪən}/ \rightarrow [\text{kənfyúz} + \text{yən}] \\
/\text{kənfés} + \text{yən}/ \rightarrow [\text{kənféʃən}] & /\text{kənfyúz} + \text{yən}/ \rightarrow [\text{kənfyúʒən}]
\end{array}
$$

만일, 어간이 파열음 /t, d/로 끝나는 경우에는 제일 먼저 마찰음화 규칙에 의해 /s, z/로 바뀌고, 두 번째로 모음 /ɪ/가 구개음 /y/로 바뀐 다음, 마지막으로 융합 작용인 구개음화에 의해 /ʃ, ʒ/로 바뀌게 된다. 규칙을 순서대로 적용하면 다음과 같다.

$$
\begin{array}{ll}
\text{donate} \rightarrow \text{donation} & \text{evade} \rightarrow \text{evasion} \\
/\text{doʊnéɪt} + \text{ɪən}/ & /\text{ɪvéɪd} + \text{ɪən}/ \\
[\text{doʊnéɪs} + \text{ɪən}] & [\text{ɪvéɪz} + \text{ɪən}] \\
[\text{doʊnéɪs} + \text{yən}] & [\text{ɪvéɪz} + \text{yən}] \\
[\text{doʊnéɪʃən}] & [\text{ɪvéɪʒən}]
\end{array}
$$

제 7 장 음절구조

제 1 절 음절구조(syllable structure)

생성음운론에서 음절구조를 체계적으로 제시한 것은 칸(D. Kahn, 1976)이다. 주변의 음들보다 공명도 (sonority)가 제일 높은 음이 음절 절정(syllable peaks)을 이룬다고 부르는데, 한 단어 안에서는 절정 의 높이는 다르더라도 하나 이상의 음절 절정이 있을 수 있다. 높이는 다르더라도 공명도의 절정을 이 루는 부분을 하나의 음절(syllable)을 이룬다고 본다. 예를 들어, father라는 단어는 공명도 절정이 높 이는 다르지만 fa와 ther의 두 군데에 있으므로 두 개의 음절로 이루어져 있다고 할 수 있다.

제 2 절 음절구조의 수형도(tree diagram) 중요 ★★★

그림에서 보듯이, 음절은 공명도 절정을 이루는 **핵음**과 그 앞의 **초음** 및 뒤의 **말음**으로 구성되어 있 다. 특히, 핵음과 말음은 합쳐서 운을 이룬다. 영어에서 핵음은 모음이나 음절성 자음(혹은 성절 자음) 으로 구성되며, 초음은 /ŋ, ʒ/를 제외한 자음으로, 말음은 모든 자음으로 구성될 수 있다. 또한 초음과 말음은 없어도 되는 수의적 혹은 임의적 존재이지만, 핵음은 반드시 있어야 하는 필수적 요소이다. 영 어에서 초음은 자음군(consonant cluster)이 0~3개까지 가능하며, 말음은 0~4개까지 가능하다.

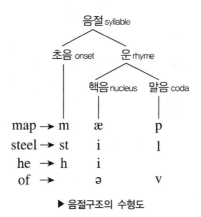

▶ 음절구조의 수형도

제 3 절 칸의 음절구조 형성 규칙 중요 ★★

칸은 자모음들이 모여 실제로 음절을 형성할 경우, 음들이 초음, 핵음, 말음의 어디에 어떤 방식으로 속하게 되는지를 수형도와 음들을 연결하는 방식으로 제시하였다. 칸의 음절구조 이론 중에서 '보편적으로 가능한 음절구조(universally possible syllable structure, 일명 칸의 일반 규약)'에 따르면 [+syllabic] 자질을 지닌 음은 정확히 한 개의 음절과 연결되어야 하고, [-syllabic] 자질을 지닌 음은 최소 한 개의 음절과 연결되어야 하며, 연결선(association lines)들은 서로 교차되면, 즉 가로지르면 안 된다. 앞에서 예로 든 단어 father를 연결선을 이용하여 음절구조를 나타내면 다음과 같다.

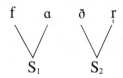

칸은 음절구조를 확정하기 위한 나름의 음절구조 할당 규칙(syllable-structure assignment rules)도 제시했는데, 두 가지로 나누어져 있다. 여기에서 중요한 것은 말음보다 초음의 연결이 우선한다는 것이다. 규칙들을 적용한 actress, construct 단어의 예를 다음에 제시하였다.

> I. [+syllabic] 자질을 지닌 음은 하나의 음절과 연결한다.
> IIa. [-syllabic] 음들을 초음이 허용하는 한도 내에서 최대한 음절과 연결한다.
> IIb. [-syllabic] 음들을 말음이 허용하는 한도 내에서 최대한 음절과 연결한다.

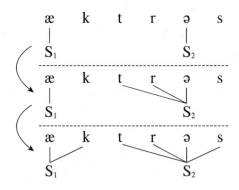

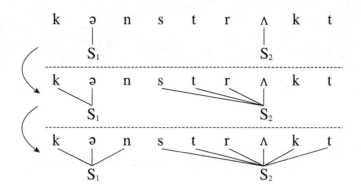

칸의 양음절성 규칙(ambisyllabic rule)

이 규칙은 어떤 비음절성([-syllabic]) 분절음이 강세 음절과 비강세 음절 사이에 존재할 때, 그 분절음이 비록 이미 뒤의 음절에 연결되어 있더라도, 그 분절음을 앞 음절의 말음으로 연결시키라는 규칙이다. 다음에서 S₁과 C1을 연결시키는 것이고(점선 부분), 이때 C1을 **양음절성** 음이라고 부른다.

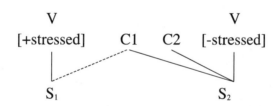

전술한 칸의 음절구조 할당 규칙이 '느리고 또박또박한' 말투를 설명하는 규칙이라면 양음절성 규칙은 '빠르고 정상속도의' 말투를 포착하기 위하여 제시하였다. 단어 Haskins, April에서의 음절구조를 표현하면 다음과 같다.

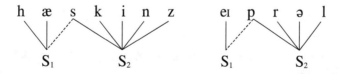

실전예상문제

제 **1** 장 음소(phonemes)와 이음(allophones)

01 음소는 원어민 화자의 두뇌에 내재되어 있는 심리적이고 추상적인 소리이며, 다른 음소로 바꾸면 뜻의 차이를 유발하는 소리이다. 이에 반해, (변)이음 혹은 음성은 발성기관을 통해 실제 발음되는 물리적이고 실제적인 소리이며, 주변 음성 환경의 일정한 규칙에 따라 발음된다.

01 음소에 대한 설명으로 올바른 것은?

① 원어민 머릿속에 내재되어 있는 심리적 소리 단위이다.
② 다른 음소로 바꾸어도 뜻의 차이가 없는 소리이다.
③ 주변 음성 환경에 좌우되는 소리이다.
④ 발성기관을 통해 발음되는 실제 물리적 소리이다.

02 최소 대립어는 낱말의 뜻이 다르면서, 오직 하나의 이음만 다른 경우를 말한다. 철자가 아니라 발음을 기준으로 하며, parse-paris는 둘 이상의 소리가 다르다.

02 다음 중 최소쌍(최소 대립어)이 <u>아닌</u> 것은?

① sink-zink
② parse-paris
③ chunk-junk
④ cheek-cheap

정답 01 ① 02 ②

03 영어 음소에 대한 설명으로 옳은 것은?

① bead와 bean은 최소 대립어로 한 쌍의 자음 음소를 발견할 수 있다.

② bead와 bean의 모음은 구강 모음과 비강 모음으로 서로 다른 음소이다.

③ writer와 rider는 음의 개수가 달라 최소 대립어로 볼 수 없다.

④ cap의 말음은 개방음과 비개방음으로 발음될 수 있어 서로 다른 음소이다.

03 한 언어에서 다른 음과 대조를 이루어 뜻의 차이를 유발하는 최소의 추상적 음성 단위를 음소라고 하며, 최소 대립어를 통해서 발견할 수 있다. 한 음소가 특정 환경(들)에서 정해진 규칙에 따라 발음될 때 이들을 (변)이음들이라 하며, 이음들은 때로 자유 변이 상태에 놓이기도 한다.

04 영어음에 대한 설명으로 옳지 <u>않은</u> 것은?

① teen과 dean 혹은 peer와 fear는 초음만 제외하면 음가가 같다.

② /t/와 /d/, 또 /p/와 /f/는 변별적으로 쓰이는 음이다.

③ /k/와 같이 세 개의 변이음 [k^h , $k^=$, $k^\neg$]으로 발음되기도 한다.

④ [k^h]는 /s/음 다음에서, [$k^=$]는 어두나 강세 모음 앞에서, [$k^\neg$]는 어말에서 나타난다.

04 어두의 대기음(기식음)은 [k^h]로, /s/ 다음의 비대기음은 [$k^=$] 혹은 [k]로, 어말의 비개방음은 [$k^\neg$]로 표시한다.

정답   03 ①   04 ④

제 2 장   말소리의 분포 유형

01 음소는 심리적이고 추상적인 소리이며, 이음은 물리적이고 실제적인 소리이다.

01 음소와 이음에 대한 설명으로 옳지 않은 것은?

① 음소와 이음 모두 심리적 단위의 소리이다.
② 음소는 뜻의 차이를 유발하지만, 이음은 유발하지 않는다.
③ 음소는 대조적 분포, 이음은 상보적 분포를 이룬다.
④ 이음은 자유변이를 이룰 수 있다.

02 대조 분포는 음소들의 분포 방식으로 같은 환경에 나타나며 단어 뜻의 차이를 유발하지만, 상보 분포는 한 음소의 이음들의 분포 방식으로, 규칙으로 정할 수 있는 일정하고 중복되지 않는 환경에서 발생한다.

02 어떤 음소의 다른 음들이 나타나는 환경이 서로 중복되지 않고 일정한 환경에서 발생하는 경우, 이러한 음들의 분포는 무엇인가?

① 대조 분포
② 상보 분포
③ 자유 변이
④ 우연한 공백

03 상보 분포를 이루는 한 음소의 이음들이 때때로 같은 음성 환경에서 중복되어 나타나면서도 뜻의 차이가 유발되지 않을 때 이들은 자유 변이의 상태에 있다고 한다.

03 (변)이음들은 고정된 위치에 나타나지만 때로는 몇몇 이음들이 같은 음성 환경에서 중복되어 나타나면서도 뜻의 차이는 발생되지 않는데, 이러한 현상은 무엇인가?

① 대조 분포
② 상보 분포
③ 자유 변이
④ 우연한 공백

정답 01 ① 02 ② 03 ③

제3장 음운의 연속

01 영어의 음운 연속 혹은 음소배열제약에 대한 설명으로 **잘못된** 것은?

① 음절 초음으로 최대 3개, 말음으로 최대 4개까지 올 수 있다.

② /ŋ/과 /ʒ/은 초성으로 올 수 없다.

③ 어두 자음군 중, 첫 음이 /s/이면 둘째는 /l, r/ 중 하나여야 한다.

④ 어두에 자음군이 3개 올 때, 첫 음은 반드시 /s/이다.

02 영어 음운 배열의 법칙으로 옳은 것은?

① 음절 초음에 3개의 자음군이 올 때, 첫소리는 유음이다.

② 영어에는 /stl-/로 시작되는 어휘가 있다.

③ 음절 말음으로 최대 4개까지의 자음이 겹칠 수 있다.

④ 영어에는 /mb-/로 시작되는 어휘가 있다.

03 영어에서 creck, cruke, crike와 같은 단어들이 갖고 있는 공통점은?

① 최소 대립어

② 자유 변이

③ 변이음

④ 우연한 공백

---

01 어두 자음군에서 첫 음이 /s/이면, 그 다음은 /p, t, k/ 중에 하나가 와야 하고, 그 다음은 /l, r, w, y/ 중 하나여야 한다.

02 어두에 3개의 자음군이 올 때, 큰 틀에서 첫 음은 /s/가, 둘째 음은 무성 파열음 /p, t, k/가, 셋째 음은 접근음인 유음과 활음 /l, r, w, y/가 와야 한다. 세부적으로 /sp-/일 때는 그 다음에 /l, r, y/가 오고, /st-/일 때는 /r, y/가 오며, /sk-/일 때는 /r, w, y/ 중 하나가 와야 한다. 또한 영어에서 비음+파열음 형태의 자음군은 불가능하므로 */mb-/, */nd-/, */ŋg-/로 시작하는 단어는 없다.

03 영어에서 음운 배열상 가능한 단어이지만 실제로 존재하지 않는 무의미한 단어들인 '우연한 공백'에 해당한다.

정답 01 ③ 02 ③ 03 ④

제 **4** 장 **변별적 자질(distinctive features)**

01 음을 구성한다고 볼 수 있는 다양한 소리 성질들을 변별 자질로 설정하여, 이항대립 방식을 이용하여 음소를 구분하거나 음운 현상을 기술하는 데 유용하게 사용할 수 있다. 단어의 의미 차이가 생기게 하는 것은 음소와 관련 있다.

02 [±mid]는 [±high]와 [±low]를 사용하여 나타낼 수 있으므로, 별도의 변별 자질로 사용되지 않는다. peal과 pool의 [i, u] 모음을 구분해 주는 자질은 [±back]을 이용한다.

03 변별적 자질이란 음소들을 구분시켜 주므로, 영어 자음의 변별 자질은 [voiced]가 된다.

01 변별적 자질에 대한 설명으로 <u>잘못된</u> 것은?

① 음의 다양한 성질을 나타내는 개념이다.
② 자질이 달라지면 단어의 의미 차이가 생긴다.
③ 음소를 구분하고, 음운 현상을 기술하는 데 유용하다.
④ 이항대립을 이용하여 기술한다.

02 변별 자질에 대한 설명으로 <u>잘못된</u> 것은?

① pin과 bin을 구별시켜 주는 자질은 [±voiced]이다.
② peal과 pool을 구별시켜 주는 자질은 [±mid]이다.
③ be와 me를 구별시켜 주는 자질은 [±nasal]이다.
④ bid와 bad를 구별시켜 주는 자질은 [±high]이다.

03 영어 자음에서 변별적 자질에 해당되는 것은?

① [aspirated]
② [round]
③ [voiced]
④ [high]

정답 01 ② 02 ② 03 ③

04 변별적 자질에 대한 설명으로 옳은 것은?

① 자질은 구조주의 음운론에서 생겨났다.

② 자질 [tense]는 영어 자음에 대해서만 변별적이다.

③ 자질 [nasal]은 영어 자음에 대해서만 변별적이다.

④ 이음과 이음을 구분시켜 준다.

04 변별 자질은 음소와 음소를 다양하게 무리 지을 수 있는 기능을 지니고 있다. [nasal] 자질은 자음에서는 비음과 구강음을 구분시켜 주는 음소적인 변별 기능을 지니고 있으나, 모음에 대해서는 구강 모음과 비강 모음의 변이음적 차이만 나타내준다. 또한 [tense]는 영어 모음에 대해서 변별 기능을 지니고 있다.

05 다음의 음운 규칙이 의미하는 것이 <u>아닌</u> 것은?

$$V \rightarrow [\text{+nasal}] \ / \ \underline{\qquad} \ [\text{+nasal}]$$

(위에 V 표시)

① 모음이 비자음 앞에서 비음화되는 현상을 말한다.

② sang의 모음이 [æ]로 발음되는 현상을 설명한다.

③ 음들이 서로 닮아가는 동화작용이란 것을 알 수 있다.

④ 모음이 서로 충돌하는 것을 회피하는 현상을 설명한다.

05 이 규칙은 모음이 비자음(즉, 비음) 앞에서 비모음(즉, 비강 모음)이 된다는 것을 나타내며, [nasal] 자질을 닮아가는 동화작용을 나타낸다.

06 다음 규칙을 설명한 것으로 <u>틀린</u> 것은?

$$[\text{+alveolar}] \rightarrow [\text{+alveo-palatal}] \ / \ \underline{\qquad} \ [\text{+palatal}]$$

① 변화되는 음은 /t, d, s, z/이다.

② 변화를 일으키는 환경음은 /y/이다.

③ 변화된 음은 /ʧ,ʤ, ʃ, ʒ/이다.

④ 이화작용을 설명하는 규칙이다.

06 이 규칙은 치경 파열음과 치경 마찰음이 구개음인 /y/ 앞에서 경구개 치경음으로 변하는 현상을 나타낸 것이다. 또한 조음점인 구개음 성질을 닮아가는 동화작용을 나타내는 것이지, 서로 달라지는 이화작용을 설명한 것은 아니다.

정답 04 ③ 05 ④ 06 ④

안심Touch

07 변별 자질은 크게 네 가지 종류로 나뉘어 주요 집단 자질(major class features), 후두 자질(laryngeal features), 방법 자질(manner features), 위치 자질(place features)이 있다.

07 변별 자질을 크게 네 가지로 나눌 때, 이들에 속하지 <u>않는</u> 것은?

① 주요 집단 자질(major class features)

② 위상 자질(phase features)

③ 방법 자질(manner features)

④ 후두 자질(laryngeal features)

08 주요 집단 자질에는 [syllabic, consonantal, approximant, sonorant]의 네 개가 있다.

08 영어음의 주요 집단 자질(major class features)이 <u>아닌</u> 것은?

① [syllabic]

② [consonantal]

③ [sonorant]

④ [continuant]

09 후두 자질에는 [voiced, spread glottis, constricted glottis]의 세 가지가 있다.

09 영어음의 후두 자질(laryngeal features)에 속하지 <u>않는</u> 것은?

① [strident]

② [voiced]

③ [spread glottis]

④ [constricted glottis]

정답 07② 08④ 09①

10 영어음의 조음 방법 자질(manner features)에 속하지 <u>않는</u> 것은?

① [continuant]

② [coronal]

③ [strident]

④ [delayed release]

10 방법 자질에는 [continuant, nasal, strident, lateral, delayed release]의 다섯 가지가 있다.

11 영어음의 조음 위치 자질(place features)에 속하지 <u>않는</u> 것은?

① [labial]

② [anterior]

③ [lateral]

④ [coronal]

11 위치 자질에는 자음에 해당하는 [labial, anterior, coronal], 모음에 해당하는 [high, low, back, tense, round] 등이 있다.

12 모음의 분류를 위하여 필요한 자질이 <u>아닌</u> 것은?

① [strident]

② [high]

③ [back]

④ [tense]

12 모음 분류를 위해서는 [high, low, back, tense, round]가 필요하다.

정답 10 ② 11 ③ 12 ①

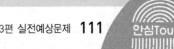

13 전설 모음인 /i, ɪ, e, ɛ, æ/는 [-back] 자질을 공통적으로 지니고 있다.

13 영어음 /i, e, æ/의 공통 자질은?

① [-back]

② [+back]

③ [+high]

④ [-high]

14 하나 이상의 음성적 특성 혹은 변별적 자질을 공유하는 음들의 집단을 자연집단이라고 부른다.

14 하나 이상의 음성적 속성을 공유하는 분절음들의 무리를 나타내는 말은 무엇인가?

① 우연한 공백

② 자유변이

③ 자연집단

④ 잉여자질

15 무성 파열음인 /p, t, k/는 [+consonantal, -voiced, -continuant]의 공통 자질을 지닌 자연집단으로 볼 수 있다.

15 다음 중 영어음 /p, t, k/의 공통적인 특징은 무엇인가?

① 잉여자질

② 자연집단

③ 이항대립

④ 최소 대립어

정답 13 ① 14 ③ 15 ②

16 /p, t, k/만을 한 집단으로 나타내는 변별 자질은?

① [-voiced]

② [+nasal]

③ [-coronal]

④ [+anterior]

16 무성 파열음인 /p, t, k/는 [+conso-nantal, -voiced, -continuant]의 공통 자질을 지녔다.

17 /b, d, g/만을 한 무리로 나타낼 수 있는 자질은?

① [+voiced, -coronal]

② [+voiced, +nasal]

③ [+voiced, -nasal]

④ [+anterior, -nasal]

17 /b, d, g/는 모두 [+voiced, -nasal]로 표시되는 자연집단이다.

18 영어음 중에서 [+consonantal, -voiced, -continuant]의 자질을 공유하는 집단은?

① /p, t, k/

② /m, n, ŋ/

③ /l, r, w, y/

④ /k, g, ŋ/

18 무성 파열음인 /p, t, k/는 [+conso-nantal, -voiced, -continuant]의 공통 자질을 지닌 자연집단으로 볼 수 있다.

정답 16 ① 17 ③ 18 ①

안심Touch

checkpoint 해설 & 정답

19 제시된 잉여자질 규칙에 의하면 어떤 자음이 대기음(기식음)이면, 당연히 [+consonantal, -continuant, -voiced]의 자질을 갖고 있는 음이며, 이들은 /p, t, k/이다.

20 주어진 잉여자질 규칙은 어떤 음이 대기음이라면 당연히 [+consonantal, -continuant, -voiced]의 /p, t, k/ 집단임을 나타낸다.

21 어떤 변별 자질로 인해 자동적으로 예측될 수 있는 중복되고 불필요한 정보를 나타내는 자질을 잉여자질이라고 한다.

19 다음의 잉여자질 규칙이 나타내는 것은?

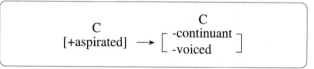

① 어떤 자음이 비개방음(즉, 불파음)이면 /m, n, ŋ/이다.
② 어떤 자음이 비개방음(즉, 불파음)이면 /p, t, k/이다.
③ 어떤 자음이 대기음(즉, 기식음)이면 /m, n, ŋ/이다.
④ 어떤 자음이 대기음(즉, 기식음)이면 /p, t, k/이다.

20 다음의 규칙이 의미하는 것은?

$$C_{[+aspirated]} \rightarrow C\begin{bmatrix} -continuant \\ -voiced \end{bmatrix}$$

① 자음이 무성음화가 되면 그것은 대기음이다.
② 어떤 음이 대기음이라면 /p, t, k/이다.
③ 어떤 음이 파열음이라면 당연히 무성 자음이다.
④ 대기음 앞의 모음은 비모음이다.

21 어떤 음성 자질이 암시적으로 예측하는 정보 자질, 즉 자동적으로 예측될 수 있는 중복되고 불필요한 정보는 무엇인가?

① 상보적 분포
② 자연집단
③ 잉여자질
④ 자유 변이

정답 19④ 20② 21③

22 영어의 잉여자질 관계를 나타낸 것으로 올바른 것은?

① [-back] → [-round]

② [+consonantal] → [+aspirated]

③ [+syllabic] → [+nasal]

④ [+high] → [+tense]

23 영어음 /u, ʊ, o, ɔ/의 공통 자질은 무엇인가?

① [+tense]

② [+strident]

③ [+round]

④ [-high]

24 다음 설명 중 옳지 <u>않은</u> 것은?

① 어두에서 대기음화하는 소리는 /b, d, g/의 파열음이다.

② wirter와 rider에서 어중의 t, d는 설탄음 [D]로 중화된다.

③ tip/dip을 구별시켜 주는 음성자질은 [±voiced]이다.

④ /m, n, ŋ/은 비음으로서 자연집단을 이룬다.

checkpoint 해설 & 정답

01 치경음(alveolar) 네 개의 음이 경구개음(palatal)인 /y/ 앞에서 경구개치경음(alveo-palatal) 네 개로 각각 변화하고 있다.

01 다음과 같은 음운변화를 바르게 규칙화한 것은?

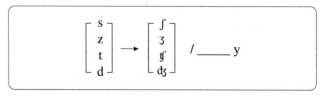

① [+plosive] → [+fricative] / _____ [+fricative]

② [+alveolar] → [+alveo-palatal] / _____ [+palatal]

③ [+anterior] → [+coronal] / _____ [+coronal]

④ [+coronal] → [-anterior] / _____ [+anterior]

02 ② 앞소리의 무성성이 뒷소리에 영향을 미치므로 순행동화이다.
①, ③은 뒷소리의 영향으로 앞소리의 조음점이 바뀌므로 역행동화이고, ④는 뒷소리인 무성음의 무성성이 앞소리에 영향을 미치므로 역행동화이다.

02 순행동화 작용의 예는?

① this shield에서 this의 /s/ 음이 [ʃ]로 발음된다.

② small의 /m/ 음이 무성의 [m̥]으로 발음된다.

③ pancake에서 /n/ 음이 [ŋ]로 발음된다.

④ have to에서 /v/ 음이 무성의 [f]로 발음된다.

03 ③ 뒷소리의 조음점이 앞소리에 영향을 주는 역행동화를 나타낸다.
①, ②는 비강세 모음이 탈락하거나, 조음 위치가 같은 두 개의 음 중 어말 자음이 탈락하는 탈락 현상을 말하고, ④는 앞소리의 유성성이 뒷소리에 영향을 주는 순행동화를 말한다.

03 역행동화 작용에 해당하는 것은?

① camel에서 비강세음절의 [ə]가 탈락되어 [kæml]로 발음된다.

② last chance에서 last의 어말음 [t]가 탈락된다.

③ pancake에서 [-nk-]가 [-ŋk-]로 발음된다.

④ pens에서 복수형 어미 -s가 [z]로 발음된다.

정답 01 ② 02 ② 03 ③

04 다음 중 상호동화 작용에 해당하는 예는?

① would you에서 밑줄 친 'd + y'가 [ǰ](즉 [ʤ])로 발음된다.

② 'up and at them'에서 'and'의 축약음 [n]이 [m]으로 변한다.

③ proper의 부정접두어로 [im-]이 붙는다.

④ cups의 복수형 어미가 [-s]로 발음된다.

05 다음 중 이화작용의 예는?

① sense [sɛns → sɛnts]

② diphthong [difθəŋ → dipθəŋ]

③ ask [æsk → æks]

④ writer [raɪtər → raɪDər]

06 다음 중 이화작용에 해당하는 것은?

① angular에서 어간에 /l/ 음이 있으므로 형용사 어미가 -al 대신에 -ar이 되었다.

② ask를 [æks]로 발음한다.

③ 현대영어 bird가 고대영어에서는 brid이었다.

④ chócolate에서 강세 음절 다음의 음절이 탈락된다.

07 자음첨가 중 특히 무성 파열음 삽입의 예로서, 비음(비강 파열음) 발음 후 무성 마찰음을 발음하려고 하는 찰나, 비음 발음이 안 끝난 상태에서 비강 통로가 예상보다 일찍 닫혀서 비강 파열음과 동일한 조음점에서 구강 파열음이 생겨 삽입되는 현상이다.

07 영어 단어 something, sense, strength에서 일어나는 음운 변동은?

① 동화작용(assimilation)
② 자음첨가(excrescence)
③ 어중음소실(syncope)
④ 축약(contraction)

08 제시된 영어 단어는 자음첨가 중 특히 무성 파열음 삽입의 예이다. 비음(비강 파열음) 발음 후 무성 마찰음을 발음하려고 하는 찰나, 비음 발음이 안 끝난 상태에서 비강 통로가 예상보다 일찍 닫혀서 비강 파열음과 동일한 조음점에서 구강 파열음이 생겨 삽입된다.

08 영어 단어 something [səm_əɪŋ], cream cups [krim_kəps]의 빈칸에 순간적으로 자음이 삽입된다면 그 음과 이유를 바르게 고른 것은?

① /p/와 /m/의 조음점이 같으므로 [p]가 삽입된다.
② /p/와 /m/의 조음 방법이 같으므로 [p]가 삽입된다.
③ /b/와 /m/의 조음점이 같으므로 [b]가 삽입된다.
④ /b/와 /m/의 조음 방법이 같으므로 [b]가 삽입된다.

09 무성 파열음 삽입 현상은 역사적으로 발생하기도 하는데 ②의 예는 중세 영어에서 현대 영어로 오면서 생긴 경우이다.
①, ④는 음위전환의 예이며, ③은 비강세 모음의 발음이 [ə]로 약화되면서 중화되는 경우이다.

09 다음 중 앞의 비음과 동기관음인 파열음이 삽입되어 철자로 굳어진 예는 무엇인가?

① Chomsky and Halle → Homsky and Challe
② emty → empty
③ compete → competition
④ brid → bird

정답 07② 08① 09②

10 다음의 어형 변화가 시사하는 바로 옳은 것은?

> • assume → assumption
> • redeem → redemption

① 앞의 비음과 동기관음인 파열음이 삽입되어 철자로 굳어졌다.
② 어중의 모음이 소실되어 철자로 굳어졌다.
③ 비슷한 두 음이 한 낱말에 올 때 하나를 탈락시킨다.
④ 후속하는 음의 조음점과 같이 동화되었다.

10 자음첨가 중 특히 무성 파열음 삽입의 경우, 자음첨가가 철자로 굳어져서 단어에 반영된 경우도 있다. 첨가되는 자음은 앞 비음과 조음점이 같은 무성 파열음이 삽입된다.

11 다음의 음변화 현상을 잘못 설명한 것은?

> compéte   competítion
> [i]   [ə]

① 모음 /i/가 비강세 위치에서 /ə/와 대립되지 않는다.
② 이것은 비강세 위치에서의 모음의 중화현상이다.
③ 이것은 /i/와 /ə/의 음위전환 현상이다.
④ 이것은 비강세 위치에서의 모음의 약화현상이다.

11 영어의 강세 모음은 제 음가대로 발음되지만, 비강세 위치에서는 모두 애매모음 /ə/로 약화된다. 그래서 영어 모음은 비강세 위치에서 /ə/와 대립되지 않는다.

정답 10 ① 11 ③

안심Touch

제6장 음운 규칙(phonological rules)

01 이와 같은 현상을 어말음소실(apocope)이라 부른다.

01 영어의 밑줄 친 love, rose, receive와 같이 강세 없는 어말의 음이 탈락되는 현상을 무엇이라 하는가?

① metathesis
② syncope
③ apocope
④ aphesis

02 음운 규칙의 표시에 쓰이는 기호 중 #는 낱말 경계, +는 형태소 경계, $는 음절 경계, { }는 하나를 반드시 선택, ( )는 이 부분이 수의적 선택임을 나타낸다.

02 음운 규칙의 기호 설명이 올바른 것은?

① #는 음절 경계(syllable boundary)이다.
② $는 형태소 경계(morpheme boundary)이다.
③ +는 낱말 경계(word boundary)이다.
④ ( )는 수의적(optional) 선택을 뜻한다.

03 무성 파열음 /p, t, k/가 대기음화된다는 규칙인데, 단어 경계(#)의 바로 뒤, 즉 단어의 첫소리인 어두에서 대기음화된다는 규칙을 표현한 것이다.

03 다음 규칙이 시사하는 바로 옳은 것은?

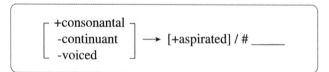

$$\begin{bmatrix} +consonantal \\ -continuant \\ -voiced \end{bmatrix} \longrightarrow [+aspirated] / \# \_\_\_\_$$

① top의 t가 [tʰ]로 발음된다.
② stop의 t가 [t⁼]로 발음된다.
③ cut의 t가 [t˺]로 발음된다.
④ attend의 t가 [tʰ]로 발음된다.

정답 01③ 02④ 03①

04 다음 굴절접사의 발음을 나타내는 음운규칙은?

> **보기**
>
> • cups, cubs
> • backed, bagged

① [-sonorant] → [α voiced] / [α voiced] _____
② [-sonorant] → [α nasal] / [α nasal] _____
③ [-sonorant] → [α anterior] / [α anterior] _____
④ [-sonorant] → [α coronal] / [α coronal] _____

04 α, β, γ는 변수로 쓰이는 기호로서 자질의 적용 여부를 +나 − 로 여러 번 표시하지 않고, 기호가 같은지 틀린지만을 표시하게 해준다. 그래서 두 개로 표시될 규칙을 하나로 표시할 수 있게 해준다. 〈보기〉의 굴절접사는 복수형 어미 -s나 동사 과거형 어미 -ed인데, 이들의 기저형 발음이 직전 음의 유무성 성질을 닮아간다는 규칙을 변수 표기를 이용해 한 번에 표시한 것이다. 이 현상은 구강 파열음, 마찰음, 파찰음에 공통적으로 발생하기 때문에 규칙의 적용 대상이 [-sonorant]로 표기되었다.

05 다음 규칙이 적용된 단어로 옳은 것은?

$$[+nasal] \rightarrow \begin{bmatrix} -anterior \\ -coronal \end{bmatrix} / \underline{\hphantom{aa}} \begin{bmatrix} -anterior \\ -coronal \end{bmatrix}$$

① imbalance
② incoherent
③ indecisive
④ ignoble

05 자질 변화 규칙으로 부정접두사 in-의 기저형 발음을 무슨 비음으로 잡든 그것은 바로 뒤따르는 파열음의 조음점과 같은 비음으로 바뀐다. 특히, 문제에서 [-anterior, -coronal]은 연구개 조음점을 가리키므로 incoherent, ingrown과 같은 경우에 해당된다.

06 다음의 음운규칙이 나타내는 예는?

$$\begin{matrix} V \\ [-stressed] \end{matrix} \rightarrow \emptyset / \underline{\hphantom{aaaa}} \#$$

① love
② amid → mid
③ phóne → phonétic
④ vigorous [vígərəs] → [vígrəs]

06 비강세 모음이 단어 경계(#) 바로 이전, 즉 어말에 있을 때 사라지는(ø) 경우를 표시한 것이므로 love 단어의 끝 모음이 생략되는 경우가 이에 해당된다.

정답 04 ① 05 ② 06 ①

07 자질 [-anterior, -coronal]은 연구개음을 나타내며 [+voiced]는 유성음을 나타내므로 [g] 음을 나타낸다. [+nasal], 즉 비음 앞에서 사라지는(∅) 현상을 나타냈으므로, sign, phlegm, paradigm의 예가 이에 해당된다.

07 다음의 음운규칙이 적용되는 예는?

$$
\begin{bmatrix} \text{-anterior} \\ \text{-coronal} \\ \text{+voiced} \end{bmatrix} \rightarrow \emptyset \ / \ \underline{\quad\quad} \ [\text{+nasal}]
$$

① mystery, general, memory

② bomb, iamb, crumb

③ sign, phlegm, paradigm

④ impossible, intolerable, incoherent

08 파열음이 마찰음으로 변한 다음 융합에 의해 구개음화가 되었다.

08 다음의 음변화 현상에서 (가)와 (나)에 적용된 규칙명으로 옳은 것은?

president [t] → (가) → presidency [s] → (나) → presidential [ʃ]

① (가) 마찰음화, (나) 구개음화

② (가) 구개음화, (나) 장음화

③ (가) 설탄음화, (나) 마찰음화

④ (가) 장음화, (나) 설탄음화

정답 07 ③ 08 ①

제7장   음절구조

01 음절구조의 특징으로 옳은 것은?

① 핵음, 초음, 말음으로 구성된다.
② 말음은 음절에서 공명도 정점을 이루는 소리이다.
③ 핵음은 /ŋ/과 /ʒ/를 제외한 음이다.
④ 초음은 핵음 다음에 위치하며 모든 자음이 대상이다.

01 음절은 순서대로 초음, 핵음, 말음으로 구성되며, 핵음은 음절의 정점을 이루는 소리로 모음이나 성절 자음으로 구성되며, 초음은 영어에서 /ʒ, ŋ/를 제외한 자음으로 구성되고, 말음은 모든 자음이 대상이다. 핵음은 필수 요소이며, 초음(최대 3개까지)과 말음(최대 4개까지)은 선택 사항이다.

02 칸(D. Kahn)에 의한 음절구조의 규칙이 <u>아닌</u> 것은?

① [+syllabic] 분절음을 하나의 음절과 연결시킨다.
② 초음이 허용할 수 있는 한 비음절성 분절음을 음절과 연결시킨다.
③ 음절과 분절음을 결부시키는 선은 교차된다.
④ 말음이 허용할 수 있는 한 비음절성 분절음을 음절과 연결시킨다.

02 음절과 분절음을 결부시키는 연결선(association lines)은 교차되면 안 된다.

03 음절구조를 나타낸 다음의 단계에서 S₂에 연결되는 초음은 무엇인가?

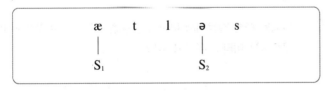

① t   ② l
③ tl   ④ s

>>>🔍

[atlas의 음절구조]

03 [문제 하단의 그림 참고]

정답   01 ①   02 ③   03 ②

04 [문제 하단의 그림 참고]

04 **Kahn**의 음절구조 규칙을 이용하여 **conscribe**의 구조를 나타낼 때 **n**은 어느 음절, 어떤 음으로 연결되는가?

① S_1과 S_2의 두 음절에 모두 연결된다.
② 어느 음절에도 연결되지 않는다.
③ S_2의 초음으로 연결된다.
④ S_1의 말음으로 연결된다.

»»○

[conscribe의 음절구조]

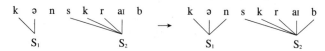

05 빠른 발음에서 양음절성 규칙이 정의된다.

05 다음은 빠른 발음에서 나타나는 음절구조이다. 이것을 Kahn은 무슨 규칙이라고 부르고 있나?

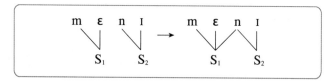

① 부강세 규칙
② 주강세 규칙
③ 묵음의 규칙
④ 양음절성 규칙

정답 04 ④   05 ④

제 **4** 편

—

영어형태론

(English Morphology)

제1장 형태소(morphemes)
제2장 파생접사에 의한 어형성(derivational morphology)
제3장 기타 방법에 의한 어형성
제4장 단어의 구조
제5장 이형태(allomorphs)
실전예상문제

단원 개요

말소리들이 모여서 어휘를 형성하는 단계에서 어떠한 일이 벌어지는지 공부하게 된다. 단어가 무엇으로 구성되어 있는지, 단어의 내부 구조는 어떻게 살펴볼 수 있는지, 단어가 어떻게 새로 만들어지는지, 또 단어가 만들어지는 다양한 방법들은 무엇이 있는지 여러 학자들의 분석 이론과 함께 공부하게 된다. 또한 음운론에서처럼 형태론에서도 화자의 머릿속에 들어 있는 추상적인 개념의 단어가 어떻게 구체적으로 실현되는지도 배운다.

출제 경향 및 수험 대책

형태론에서는 주로 어휘를 구성하고 있는 형태소라는 개념과 이들의 분류, 또 어휘 내부의 구조가 이러한 형태소들로 어떻게 구성되어 있는지를 잘 이해해야 한다. 단어들이 만들어지는 다양한 어형성 방법도 배우게 되는데, 음운론보다는 상대적으로 암기의 양이 적고 이해의 난도가 낮다고 볼 수 있으나 그렇다고 해서 맘을 쉽게 놓아서는 안 되고, 반드시 개념과 실제 사례에 대한 이해를 바탕으로 공부해야 한다.

제 1 장 형태소(morphemes)

형태론은 단어의 어형 변화를 다루는 문법의 한 분야이며, 어형론 혹은 어휘론으로도 불린다. 형태론은 형태소를 분석하고 그 형태소들 간의 상관관계를 규명하는 데 초점을 맞추고 있다. '형태'를 의미하는 그리스어 'morphe'에서 유래한 형태론은 단어의 내부 구조와 단어 형성 규칙 등에 대하여 연구한다.

뜻과 의미를 지닌 최소 단위는 단어(혹은 낱말)가 아니다. 어떤 낱말은 자신보다 더 작은 의미를 지닌 단위로 구성되어 있기도 하다. 예를 들어 gentleman이란 단어는 gentle과 man이라는 더 작은 단어들로 구성되어 있고, unhappy라는 단어는 un-과 happy로 구성되어 있음을 알 수 있다. 이처럼 더 이상 쪼갤 수 없으면서 뜻을 지니고 있는 최소의 의미 단위(the minimal units of meaning)를 형태소라고 부른다. 특히, 접두사나 접미사도 나름의 의미를 지니고 있다고 여겨 형태소로 본다는 점을 기억하자.

형태소의 개수에 따라 단어를 분류해 보면 다음과 같다.

형태소 1개짜리 단어	boy, desire, mandate, river, drug
형태소 2개짜리 단어	boy+ish, desire+able
형태소 3개짜리 단어	boy+ish+ness, un+desire+able
형태소 4개짜리 단어	gentle+man+ly+ness, un+desire+able+ity
형태소 4개 이상 단어	un+gentle+man+ly+ness, anti-dis+establish+air+an+ism

의미를 갖는 접두사나 접미사를 지닌 단어의 예를 살펴보자.

- un- : undesirable, unlikely, uninspired, unhappy, undeveloped, unsophisticated
- tele- : telephone, telescope, television, telepathy, telecommute
- -ology : phonology, morphology, biology, zoology, sociology

제 1 절 자립형태소(free morphemes)와 의존형태소(bound morphemes)

형태소는 띄어쓰기를 통해 홀로 스스로 쓰일 수 있는지 없는지에 따라서 자립형태소와 의존형태소로 나뉜다. 영어의 cat, dog, love, go처럼 홀로 자립적으로 의미를 전달하며 존재하는 형태소를 자립형태소라고 한다. undesirability의 경우 desire는 별도의 단어로도 쓰일 수 있는 자립형태소로서 전체 단어의 어근(root)이 되며 나머지 un-, -able, -ity는 홀로 쓰일 수 없이 항상 다른 것에 붙어서 쓰이는 의존형태소가 된다. 접사(접두사와 접미사를 합쳐 부르는 말)는 이름에서도 알 수 있듯이 다른 것에 붙어서 쓰이므로 의존형태소이다.

자립형태소는 자체로 실질적 의미를 지닌 내용어와 문법적 의미 혹은 기능을 지닌 기능어로 구분될 수도 있는데, 내용어에는 명사·동사·형용사·부사가 해당되고, 기능어에는 관사·전치사·접속사·관계사·한정사가 해당된다. 자립형태소와 달리 의존형태소는 띄어쓰기의 단위로서 독립적으로 존재할 수 없고, 다른 자립형태소에 붙어서 의존해야만 존재할 수 있는 형태소이다.

> **! 더 알아두기 Q**
>
> **어근(root), 어간(stem)의 차이점**
>
> 형태론에서 접사가 붙어서 파생어가 형성되는 경우에 쓰이는 용어인데, 단어나 형태소를 나무에 비유하여 더 이상 쪼갤 수 없는 뿌리에 해당하는 성질을 지닌 것은 어근이라 부르고, 줄기와 같이 나무 전체에 반복되어 나타나는 성질을 지닌 것을 어간이라 한다. 예를 들어 undesirability가 형성되는 과정을 보면, 맨 처음 desire는 더 이상 나눌 수 없는 형태소로서 어근이라고 부른다. 이 어근에 접미사 -able이 붙게 되는데, 이렇게 접사가 붙게 되는 경우 붙는 대상을 크기에 상관없이 어간이라 부른다. 따라서 어근이자 어간인 desire에 접사 -able이 붙어서 desirable이 생성된다. 여기에 접두사 un-이 붙게 되는 경우, 붙는 대상인 desirable은 어간(더 이상 어근은 아님)이 되며, 새로운 단어 undesirable이 생성된다. 여기에 다시 접미사 -ity가 붙는 경우, undesirable은 어간이 되며 어간에 접미사가 붙어서 최종적으로 undesirability가 생성된다. 간단히 말하면 무엇이든 접사가 붙을 예정이면 붙는 대상을 어간(더 이상 쪼갤 수 없으면 어근)이라 부른다. 어간은 때때로 어기(기체, base)로 불리기도 한다. 어근은 파생 과정에서 맨 처음 한 번만 이름 붙일 수 있다.

제 2 절 유일형태소(unique morphemes)와 라틴어계 어간(Latin stems)

자립형태소는 berry(딸기류)처럼 홀로 독립하여 쓰일 수도 있고, 또 다른 자립형태소인 straw, black, goose 등과 결합하여 strawberry, blackberry, gooseberry와 같이 자유롭게 복합어(compound words)를 이루기도 한다. 하지만 cran-, huckle-, boysen-과 같은 형태소는 홀로 독립하여 쓰이지는 못한다는 점에서 의존형태소로 볼 수 있으나, cranberry, huckleberry, boysenberry처럼 붙어서 쓰이는 사례가 자립형태소 berry 단 하나라는 점에서 특이하다. 추가적인 예로 -ert, -ane, -ept, -kempt, -gruntled, ump-, aff-가 있는데, 이들도 inert, inane, unkempt, disgruntled, umpteen, affable의 각각 하나의 사례에서만 쓰이는 형태소이다. 이렇듯 의존형태소이지만 의존하여 쓰이는 사례가 단 하나뿐인 경우를 별도로 유일형태소라고 부른다.

라틴어계 어간 중의 하나인 -mit 형태소의 경우 의존형태소인 접두사 re-, per-, trans- 등이 붙어야만 remit, permit, transmit 등의 단어가 된다는 점에서 의존형태소로 볼 수 있으나, 사례가 여러 개 존재한다는 점이 유일형태소와 다르다. 따라서 이들 -mit, -ceive, -fer, -duce 등의 의존형태소를 별도로 라틴어계 어간이라고 부른다. 라틴어계 어간을 접두사와 함께 추가로 나타내면 다음과 같다. 빈칸은 우연한 공백으로 볼 수 있다.

접두사＼어간	-mit	-fer	-sume	-ceive	-duce	-pel
re-	remit	refer	resume	receive	reduce	repel
con-	commit	confer	consume	conceive	conduce	compel
in-	-	infer	-	-	induce	impel
de-	demit	defer	-	deceive	deduce	-
per-	permit	-	-	perceive	-	-
trans-	transmit	transfer	-	-	transduce	-

제 3 절 파생형태소(derivational morphemes)와 굴절형태소(inflectional morphemes) 중요 ★★★

의존형태소 중에서 유일형태소나 라틴어계 어간을 제외하고, 주로 접사(접두사, 접미사)의 형태를 가진 형태소들이 있다. 이들은 새로운 단어를 만들어내는(즉, 파생시키는) 능력 유무에 따라서 파생형태소와 굴절형태소로 나뉜다. 접사의 지위를 강조할 때에는 파생접사(derivational affixes)나 굴절접사(inflectional affixes)라고 부르기도 한다. 예를 들어 영어의 -ness는 의존형태소로 형용사인 happy에 붙어서 happiness라는 품사가 다른 새로운 단어를 파생시킨다. 따라서 -ness를 파생형태소 혹은 파생접사(파생접미사)라고 할 수 있다. 반면에 -(e)s, -ing 등은 동사 play에 붙어서 plays, playing의 형태로 동사가 주어진 문장 속에서 올바른 문법적 형태로 활용되도록 바꿔주는 기능을 수행하므로, 새로운 단어를 파생시켰다(derive)기보다 올바른 문법 형태로 활용시켰다(inflect)고 보는 것이 더 적절하다. 따라서 이들 -(e)s, -ing을 굴절형태소 혹은 굴절접사(굴절접미사)라고 한다.

영어 단어가 문장 속에서 올바른 문법적 형태로 활용될 수 있도록 해주는 굴절접사는 다음과 같다. 특히 영어에서는 굴절접두사는 없고 굴절접미사만 존재한다.

-(e)s	plural(복수형)	She ate the cookies.
-'s	possessive(소유격)	Mary's hair is short.
-er	comparative(비교급)	Tom is taller than Jane.
-est	superlative(최상급)	Tom is the tallest boy in his class.
-(e)s	3인칭 단수 현재	She walks to school.
-ed	past tense(과거 시제)	She walked to school.
-en	past participle(과거 분사)	He has eaten the apples.
-ing	progressive(현재 분사)	She is walking to school.

파생접사와 굴절접사의 차이를 요약하면 다음과 같다.

- 파생접사는 품사의 변화를 초래하기도 하고 의미의 변화를 초래하기도 하지만, 굴절접사는 그렇지 않다.
- 파생접사는 하나의 어근을 중심으로 순차적으로 여러 개가 첨가될 수 있지만, 굴절접사는 하나만 추가된다.
- 어형성이 될 때, 파생접사 첨가가 모두 마무리된 후에 마지막으로 굴절접사가 추가된다. 반대로 굴절접사 첨가 후에 파생접사가 첨가되는 경우는 없다.
- 굴절접사는 주어진 품사의 모든 어간에 첨가될 수 있는 데 반하여, 파생접사는 결합이 임의적이다.
- 굴절접사는 파생접사와는 달리 분포상태에 규칙성을 보인다.

굴절접사와 파생접사의 차이를 표로 요약하면 다음과 같다.

굴절접사	파생접사
문법적 기능	어휘적 기능
품사 변화 없음	품사 변화 있음
의미 변화는 거의 없음	의미 변화 있음
문법 규칙에 의해 필요	문법 규칙과는 무관
한 단어 내에서 파생접사 다음(끝)에 옴	한 단어 내에서 굴절접사 앞에 옴
생산적(많은 단어에 적용 가능)	대부분 비생산적, 일부만 생산적

제 4 절 　형태소의 종류 중요 ★★★

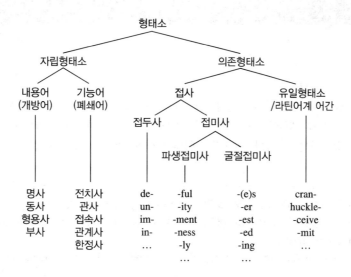

내용어는 사회의 발전이나 필요에 따라 새로운 단어들이 쉽게 생겨나기 때문에 개방어라고 하고, 기능 어들은 좀처럼 새로운 단어들이 생겨나지 않기 때문에 폐쇄어라고도 부른다.

제 2 장 파생접사에 의한 어형성 (derivational morphology)

파생접사는 다른 형태소와 결합하여 어형성, 즉 새로운 단어를 만들 수 있다. 여기서는 파생접사를 통해 **어형성**이 되는 방법에 대하여 배운다. 단어는 단어를 구성하는 형태소의 개수나 종류에 따라 단일어, 혼합어, 복합어로 나눌 수 있다. 파생접사에 의한 어형성은 이 중에 대부분 혼합어에 해당한다고 볼 수 있다.

- 단일어(simple words) : 하나의 형태소로만 이루어진 단어 예 boy, girl, desire
- 혼합어(complex words) : 둘 이상의 형태소로 이루어지며, 그중 최소 하나는 의존형태소인 단어
  예 girls, happiness, receive
- 복합어(compound words) : 둘 이상의 자립형태소로 이루어진 단어 예 girlfriend, lifeguard

제 1 절 어형성의 규칙(rules of word formation) 중요 ★★

어떤 단어 X의 품사를 동사(Verb)라고 가정하면 기호로는 [v X]로 표현한다. 다음 단계로 이 단어에 접미사 -ize를 붙여 파생시킨다면 기호로는 [v X]-ize로 표현한다. 마지막으로 이렇게 파생된 단어의 품사가 명사(Noun)라고 하면 기호로는 [N [v X]-ize]로 표현한다. 이렇게 표현하면 구체적인 단어 철자를 명시하지 않고도 접사가 어떤 품사의 단어와 결합하여 어떤 품사의 단어로 파생되는지 쉽게 알 수 있다. 추가적인 예를 살펴보면 다음과 같다.

[Adj X] → [v [Adj X]-en]	loosen, quicken, shorten, redden, ripen
[Adj X] → [Adv [Adj X]-ly]	certainly, surely, quietly, really, truly, calmly
[N X] → [v [N X]-ize]	organize, winterize, weatherize
[Adj Xal] → [v [Adj Xal]-ize]	nationalize, realize, moralize
[v X] → [Adj [v X]-able]	blamable, passable, acceptable, breakable
[v X] → [N [v X]-al]	recital, appraisal, approval, arrival, refusal, trial, proposal, denial
[Adj X] → [N [Adj X]-ity]	serenity, felicity, obesity, sanity, divinity, vivacity, obscenity, curiosity
[N X] → [Adj [N X]-ful]	healthful, lawful, powerful, beautiful, handful, sinful, careful, pitiful
[v X] → [N [v X]-ation]	neutralization, centralization, evocation, formation, determination, explanation

1 파생접사에 의한 어형성

(1) 대부분 품사의 전환을 가져온다.

① **명사 → 명사**(nouns to nouns)

예 friend+ship, human+ity, king+dom, vicar+age

② **명사 → 동사**(nouns to verbs)

예 moral+ize, vaccine+ate, brand+ish, beauty+fy

③ **명사 → 형용사**(nouns to adjectives)

예 boy+ish, virtue+ous, Elizabeth+an, picture+esque, affection+ate, health+ful, alcohol+ic, father+ly, friend+ly

④ **명사 → 부사**(nouns to adverbs)

예 student+wise, north+ward(s)

⑤ **동사 → 명사**(verbs to nouns)

예 acquit+al, clear+ance, accuse+ation, confer+ence, sing+er, conform+ist, predict+ion, free+dom

⑥ **동사 → 형용사**(verbs to adjectives)

예 read+able, force+ible

⑦ **형용사 → 명사**(adjectives to nouns)

예 happy+ness, sane+ity, specific+ity, feudal+ism, free+dom

⑧ **형용사 → 동사**(adjectives to verbs)

예 national+ize, black+en, simple+ify, loose+en, soft+en

특히, -en 접미사가 첨가되는 경우는 loosen, quicken, redden, roughen, shorten, ripen처럼 [공명음+저지음]으로 끝나는 형용사들이다. 하지만 *thinnen, *slowen, *greenen, *lazen, *fullen에서처럼 공명음+공명음으로 끝나는 형용사에는 -en 접미사가 첨가될 수 없다. 그러나 어간에 저지음 2개가 연이어 올 경우 뒷 저지음이 탈락하여 [공명음+저지음]을 만든 후 접미사가 첨가된다. 예를 들어 hasten, soften, moisten, fasten의 경우 접미사 바로 앞의 [t]가 묵음이다.

⑨ **형용사 → 부사** (adjectives to adverbs)

예 exact+ly, easy+like

보통 형용사에 접미사 -ly가 첨가되어 부사가 되는 경우가 많지만, hard, fast, well, early, late처럼 형용사형이 그대로 부사가 되기도 한다.

(2) 품사의 전환 없이 반대 의미를 가져오는 경우도 있다.

형용사에 un-(아님, 부정) 접두사가 첨가되면, unhappy, unafraid, unfit, unsmooth처럼 품사 변화 없이 뜻이 반대가 되는 새로운 단어가 생성된다. 또한 어근이 동사인 형용사에도 첨가되어 uneatable처럼 부정의 뜻을 지닌 형용사를 생성한다. 접두사 un-, in-은 서로 다른 특성이 있는데, in-은 후속 음이 파열음일 때 /n/의 조음점이 역행동화되어 [m, ŋ]으로 바뀌면서 철자도 변하지만, un-의 경우에는 발음은 바뀌지만 철자는 변하지 않는다.

inedible	indecent	impatient	imbalance	immoral
uneatable	undue	unpalatable	unbalanced	unmoral
		(*umpalatable)	(*umbalanced)	

2 무접파생(zero derivation)에 의한 어형성

접사 없이 강세나 유무성 차이 등 발음만으로 품사가 바뀌는 produce, mouth, use, report의 경우를 무접파생 또는 영변화 파생이라고 한다. 명사에서 동사로의 무접파생은 water(물 주다), fish(고기 잡다) 등이 있고, 형용사에서 동사로의 무접파생은 free(풀어주다), clean(청소하다)이 있고, 동사에서 명사로의 무접파생은 permit(면허증), import(수입)가 있으며, 형용사에서 명사로의 무접파생은 (the) rich(부자), (the) old(노인) 등이 있다.

제 2 절 접두사(prefixes)와 접미사(suffixes) 중요 ★★★

1 접두사

(1) 고유 접두사

- a- : on, to, in의 의미 예 abed, ablaze, ashore, asleep
- be- : ~하게 하다 예 becalm, belittle, becloud
- by- : ~곁에 예 bypath, bystander, by-incident
- for- : 부정, 나쁜 결과 표시 예 forbid, forget, forlorn
- fore- : 앞의 예 forecast, foresee, forearm
- mis- : 틀린 예 mistaken, misjudge, misuse
- out- : 밖 예 outlook, outbreak, outburst, outspoken, outstanding, outlive
- over- : 초과, 과도 예 overeat, overflow, overpay
- un- : 부정 예 unkind, unwise, unforgettable
- under- : 밑에, 불충분한 예 underclothes, undercurrent, underestimate

(2) 그리스어계 접두사

- mono- : 하나 예 monotonous, monologue, monopolize
- pan- : 범, 전체 예 pantheism, Pan-American, panacea
- poly- : 많은 예 polysyllable, polytheism, polygene
- syn- : 함께 예 synthesis, synonym, symphony
- tele- : 면, 원거리 예 telephone, telescope, television

(3) 라틴어/프랑스어계 접두사

- co- : 공동, 상호 예 cooperate, coexistence, coworker
- extra- : 외부, 넘어선 예 extraordinary
- inter- : ~ 사이 예 international, interrupt, interpersonal
- post- : 다음의, 후의 예 postwar, postpone
- pre- : 이전의, 앞의 예 precaution, prepare
- re- : 다시, 새로 예 resume, return, recover

2 명사형 접미사

(1) 사람을 나타내는 접미사(고유 접미사)

-er, -ar, -or

(2) 축소사(diminutive)를 만드는 접미사(라틴/불어계 접미사)

-ette(cigarette, kitchenette, statuette), -let(booklet, leaflet, bracelet)

(3) 추상명사, 집합명사를 나타내는 접미사(고유 접미사)

-dom, -hood, -ness, -ship, -th

3 형용사형 접미사(고유 접미사)

-ed(~를 가진), -en(~로 만들어진), -ful(~로 충만한), -ish(~ 기미가 있는), -ly(~다운), -less(~가 아닌), -y(~가 많은), -some(~ 경향의), -ward(~ 경향의, ~로 향한), -th(~ 번째의), -fold(~ 배)

4 동사형 접미사

-en(~하게 하다), -ate, -fy, -ize

5 부사형 접미사

-ly, -wards(~을 향해서), -wise, -ways(~ 방법으로)

6 파생/굴절 접미사

-er(~ 사람, 더 ~한), -ing(~ 것, ~ 중인, ~한)

제 3 절 접사의 결합 순서 중요 ★★★

시겔(M. Siegel)은 여러 접사가 결합되어 생성되는 단어에 있어서, 접사들이 무질서하게 붙는 것이 아니라 순서에 따라 단계를 거쳐 붙는다고 가정을 하고, 접사들을 특성에 따라 1군 접사와 2군 접사로 나누었다. 시겔은 접사 결합의 순서에 있어서 1군 접사(class I affixes)가 2군 접사(class II affixes)보다 먼저 결합한다는 접사 배열 가설(Affix Ordering Generalization)을 주장하였다. 1, 2군 접사들이 모두 첨가될 경우 1군 접사가 첨가된 단어는 옳은 형태를 이루고, 이 순서가 바뀌면 틀린 형태를 이루게 된다.

1군 접사(형태소 경계로 표시됨)	in-, de-, con-, auto-, -ic, -en, -ate, -ous, -ian, -ion, -ory, -ity, -ive, -ize, -th, -able, -y(N), -al(Adj), ...
2군 접사(단어 경계로 표시됨)	un-, ex-, pre-, anti-, extra-, bi-, mono-, pro-, electro-, -less, -ness, -ful, -er, -ism, -ist, -able, -ly, -ish, -hood, -al(N), -y(Adj), ...

예를 들어 'He is disencouraging her.'이라는 문장에서 ~ing는 굴절접사이므로 모든 파생접사가 첨가되고 난 후에 마지막으로 추가되어야 한다.

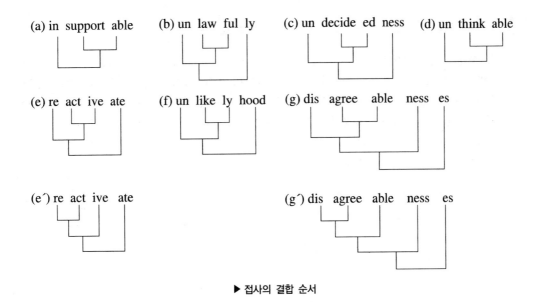

▶ 접사의 결합 순서

제 4 절   규칙의 생산성(productivity)

1 활성접사(active/living affixes)

접사들 중에서 -ness, -ful, -able, -ly 등은 오늘날에도 활발하게 사용되어 새로운 어휘들이 자유롭게 기존의 어휘에 추가되는 등 매우 생산적으로(productive) 쓰이고 있다. 활성접사들은 비활성접사들에 비해서 매우 생산적이지만, 활성접사들 내부에서 보면 상대적인 면도 있다. 예를 들어, 굴절접미사들은 모두 생산적이지만 복수형 -(e)s나 과거형 -ed가 음절수의 제한을 받는 비교급 -er보다는 더 생산적이다.

2 비활성접사(inactive/dead affixes)

예전에는 -hood, -dom 같은 접사들이 사용되었으나, 현대 영어에서는 새로운 파생어를 생산하는 데 별로 쓸모가 없어진 접사들을 비활성접사라고 부른다. 이 밖에도 -ter(laughter), -th(health, length), for-(forbid, forgive) 등이 있다. 점차적으로 비활성접사로 되어 가고 있는 접사로 -some(troublesome, lonesome)도 있다.

3 명사화 접미사 −ness, −ity가 생산성 차이를 보이는 경우

음운론적 효과 때문인 것으로 보이는데, 예를 들어 glorious, gloriousness와 curious, curiosity를 보면, 후자의 경우는 강세 위치의 이동까지도 요구하고 있어 화자들에게 추가적인 부담을 주는 것으로 볼 수 있다. 이러한 음운론적 부담 때문에 -ness 접미사가 현대 영어에서 보다 더 생산적인 어휘 형성력을 발휘하고 있다. 또, -ness는 형용사에 그대로 추가되지만, -ity는 형용사 끝 부분 철자가 변형되기도 하는 등 발음에 부담을 주는 것으로 볼 수도 있다.

제 3 장 기타 방법에 의한 어형성

여기서는 앞서 배운, 단일어와 혼합어 이외에 단어를 형성하는 어형성 방법을 배운다.

제 1 절 복합어(compounds) 중요 ★★

1 정의

둘 이상의 자립형태소가 결합하여 만든 새로운 단어를 말하며, 참여하는 형태소의 품사는 명사, 동사, 형용사, 부사, 전치사이고 만들어진 복합어의 품사는 대부분 명사, 형용사이다.

2 복합어의 품사별 구성 요소

(1) 명사 + 명사 → 명사

예 landlord, bathroom, girlfriend, lighthouse, mailman, paper clip, looking-glass, fighter-bomber

(2) 명사 + 형용사 → 형용사

예 headstrong, lifelong, skin-deep, watertight, color-blind, romance-grey, snowwhite

(3) 동사 + 명사 → 명사

예 cutthroat, pickpocket, pastime, pinchpenny, hitman, scarecrow, playboy, turncoat, daredevil

(4) 동사 + 전치사 → 명사

예 breakdown, drawback, stand-by

(5) 형용사 + 명사 → 명사

예 nobleman, shorthand, blackboard, highbrow, highchair, blackberry, greenhouse

(6) 형용사 + 형용사 → 형용사

> 예 lightbrown, evergreen, lukewarm, red-hot, icy-cold, worldly-wise

(7) 전치사 + 명사 → 명사

> 예 by-product, afternoon, afterword, overtime, upland, downpour

(8) 전치사 + 동사 → 명사

> 예 income, overflow, overspill, uplift, outlook, offspring, offset

(9) 전치사 + 형용사 → 형용사

> 예 ingrown, above-mentioned, overripe

3 윌리엄즈(E. Williams)의 우측핵 규칙

복합어의 품사를 정할 때, 맨 오른쪽 구성 요소의 품사를 핵으로 결정하는 현상을 말한다.

4 복합어의 심층 구조

(1) 주어 + 동사

> 예 earthquake, sunrise, sunset

(2) 동사 + 목적어 / 목적어 + 동사

> 예 breakfast, pickpocket, killjoy, scarehead, password, cutwater / sun-worship, heart-breaking, painstaking, freedom-loving, time-consuming

(3) 명사 + 전치사구

> 예 treetop(= top of the tree), Sunday(= day of the Sun)

(4) 현재분사 + 명사

> 예 jumping bean(= bean that jumps), falling star(= star that falls), magnifying glass(= glass that magnifies)

(5) 동사 + 부사(어)

예 swimming pool(= X swims in the pool), daydreaming(= X dreams during the day), hard-working(= X works hard)

(6) 동사가 생략된 복합어

예 girl-friend[= the friend (is) a girl], doorknob[= the door (has) a knob], ashtray[= the tray (is) for ash]

5 복합어 분리 불가능

복합어는 하나의 융합된 단어이기 때문에 그 구성 요소 사이에 다른 요소를 끼워 넣을 수 없다. 그렇게 되면 융합이 깨지게 되어 다른 문장 구조를 지닌 다른 의미가 된다.

예 She has a sweetheart(= 애인). vs She has a sweet, kind heart(= 상냥하고 친절한 마음씨).

예 I like sweet potatoes(= 고구마). vs I like sweet, fresh potatoes(= 달고 신선한 감자).

6 복합어의 강세

복합어는 한 단어로 취급하여 제1, 3강세의 강세형을 갖는 데 비하여, 그렇지 않은 경우는 구로 취급하여 제1, 2강세의 강세형을 갖는다.

(1) 복합명사(제1강세 + 제3강세)

예 hotrod, darkroom, briefcase, shortstop

(2) 형용사 + 명사(제2강세 + 제1강세)

예 hot rod, dark room, brief case, short stop

제 2 절 혼성어(blends) 중요 ★★

두 개의 어휘 A, B가 있을 때 각각의 일부 혹은 전체를 가져와 합쳐서 만든 단어를 혼성어라고 한다. 즉 [A의 일부 + B의 일부], [A의 일부 + B의 전체], [A의 전체 + B의 일부]의 구조를 갖고 있다. 경쾌하고 익살스러운 분위기를 나타내기 위해 문학작가에 의해 애용되거나 만들어지기도 하였고, 영어 속어에서 주로 사용되는 경향이 있다. 예는 다음과 같다.

- smog(= smoke + fog)
- Amerindian(= American + Indian)
- cranapple(= cranberry + apple)
- Eurasia(= Europe + Asia)
- slide(= slip + glide)
- positron(= positive + electron)
- transistor(= transfer + resister)
- motel(=motorist + hotel)
- urinalysis(= urine + analysis)
- broasted(= broiled + roasted)
- slanguage(= slang + language)
- brunch(= breakfast + lunch)
- escalator(= escalade + elevator)

제 3 절 역성어(back-formation) 중요 ★★

원래부터 단일 형태소(예 editor)로 이루어진 단어인데 이를 혼합어나 복합어로 오해하여, 화자가 스스로 [자유형태소 + 접미사]로 심층 분석(edit + -or)을 행하여, 착각한 접미사(-or)를 탈락시킴으로써 우연히 새롭게 만들어진 단어(edit)를 말한다. 추가적인 예는 다음과 같다.

- sailor → sail
- butcher → butch
- cobbler → cobble
- beggar → beg
- burglar → burgle
- house keeper → house keep

역성어는 어형변화계열(paradigm)에 빈칸이 있을 때 이를 메우려는 심리적 경향에서 생기게 된다. 예를 들어 [동사 + -er/-or = ~하는 사람]의 패러다임이 알려져 있다면, editor라는 단어는 우연히 동사 원형이 존재하지 않는 단어이지만, 이를 접하는 순간 기존의 패러다임에 적용되어 있다고 판단하여 동사 원형 빈칸을 메우려는 심리가 작동한 것으로 볼 수 있다.

제 4 절 ┃ 두문자어(acronyms) 중요 ★★

영어 표현을 구성하는 단어들의 첫 글자만을 따서 합쳐놓은 단어를 말하는데, 읽을 때는 철자 그대로 나열하듯 읽으면 되는데 때때로 음절 형성이 되면 일반 단어처럼 발음하기도 한다. 음절 발음으로 편하게 읽기 위해 때에 따라서 한 글자나 두 글자를 섞어서 취하기도 한다. 예는 다음과 같다.

- ROK(= Republic of Korea)
- UNESCO(= United Nations Educational, Scientific and Cultural Organization)
- WASP(= White Anglo-Saxon Protestant)
- OPEC(= Organization of Petroleum Exporting Countries)
- UNICEF(= United Nations International Children's Emergency Fund)
- COVID(= COrona VIrus Disease)

제 5 절 ┃ 약어(abbreviations) 중요 ★★

비교적 긴 단어의 경우 그 일부만으로 그 단어를 표현하기도 하는데, 이렇게 만들어진 단어를 약어라고 한다. 일부를 잘라냈다는 의미로 클리핑(clipping)이라고도 부른다. 예는 다음과 같다.

앞부분 일부	exam(= examination), dorm(= dormitory), telly(= television), prof(= professor), bike(= bicycle), pub(= public house), lab(= laboratory), cab(= cabriolet), photo(= photograph), ad(= advertise), math(= mathematics), gas(= gasoline), gym(= gymnasium), ID(= identification)
뒷부분 일부	bus(= omnibus), phone(= telephone), van(= caravan), States(= United States), plane(= airplane)
중간 일부	flu(= influenza), fridge(= refrigerator)

제 6 절 　전환(conversion) 중요 ★★

단어의 형태인 철자는 변하지 않고, 발음이나 강세만을 변화시켜 새로운 품사를 지닌 단어로 만드는 방식을 말한다. 발음이 전혀 변하지 않는 경우도 있다.

- 명사 → 동사
  예 He <u>parked</u> our car(주차하다). / He <u>watered</u> the flowers(물 주다).
- 명사 → 형용사
  예 <u>stone</u> chair(돌로 만든)
- 동사 → 명사
  예 It's a <u>good buy</u>(싸게 산 물건)
- 형용사 → 명사
  예 chemical(화합물), daily(일간지), comic(희극배우)
- 형용사 → 동사
  예 He <u>blacked</u> his face with soot(검게 하다).

제 7 절 　명칭에서 따온 단어(words from names) 중요 ★★

상품명, 사람이름, 지역명칭에서 따온 단어를 말한다. 상품명이 보통 명사로 바뀐 예로는 Kodak, nylon, Orlon, Dacron, Xerox, Kleenex, Vaseline, Frigidaire이 있으며, 사람이름에서 온 명사로는 sandwich, 소설 속의 이름에서 온 명사로는 robot, 서커스단의 코끼리 이름에서 온 단어로는 Jumbo 가 있다.

제 4 장 단어의 구조

제 1 절 애로노프(M. Aronoff) 이론 중요 ★★

단어의 내부 구조를 수형도(tree diagram)와 괄호묶기(bracketing)를 사용하여 표현하였다.

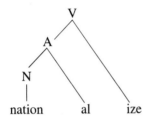

$$[V [A [N nation]al]ize]$$

제 2 절 셀커크(E. Selkirk)의 X′-형태론(X-bar morphology) 이론 중요 ★★

단어의 내부 구조가 통사적 구조와 동일한 규칙 체계에 의해서 생성된다는 이론으로, 통사론의 X′-이론(X-bar 이론)을 단어 내부 구조에까지 확대시켜 X′-형태론을 주장했다. 이 체계에서 단어는 영(zero)단계의 범주인 N(명사), V(동사), A(형용사), Adv(부사)와 같은 X로 표시된다. 예를 들어, 단어 prediction의 단어 내부 구조를 X′ 계층으로 나타내면 다음과 같다. 접사는 X^{af}로 표시한다.

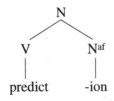

제 3 절　윌리엄즈(E. Williams)의 우측핵 규칙(right-hand head rule)

1 복합어의 경우

대부분의 복합어 범주는 오른쪽에 있는 구성 형태소에 의해 결정되는데 이것을 우측핵 규칙이라고 한다. 예를 들어, school teacher의 경우 오른쪽 형태소가 N이므로 이 복합어의 범주는 명사이며, nationwide의 경우는 오른쪽 형태소가 A이므로 이 복합어는 형용사이고, underfeed는 오른쪽 형태소가 V이므로 이 복합어는 동사가 된다. 즉, 우측 형태소의 범주가 전체 복합어의 범주를 결정한다. 추가적인 예는 다음과 같다.

- school teacher [N [N school] [N teacher]]
- nationwide [A [N nation] [A wide]]
- high school [N [A high] [N school]]
- icy cold [A [A icy] [A cold]]
- overdose [N [P over] [N dose]]
- overripe [A [P over] [A ripe]]
- rattle snake [N [V rattle] [N snake]]
- underfeed [V [P under] [V feed]]

2 셀커크와 리버(R. Lieber)의 자질삼투(feature percolation) 이론

파생어의 경우, 동사 uglify, nationalize, rewrite의 구조에서 보듯이, 우측 구성 요소의 범주가 위로 삼투되어 전체 단어의 범주를 결정하는데, 이를 자질삼투라고 부른다.

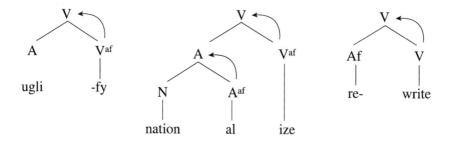

하지만 반드시 우측 범주가 자질삼투되는 것은 아니다. 접사의 종류에 따라 다른데, 동사 enslave의 경우 좌측 접두사의 범주가 삼투되어 단어의 범주를 결정한다.

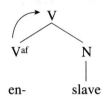

제 5 장 이형태(allomorphs) 중요★★

음소가 경우에 따라 여러 개의 이음들로 발음되듯이, 의미를 지닌 최소 단위인 형태소도 경우에 따라 여러 개의 음성 형태를 가질 수 있는데, 이들을 그 형태소의 이형태들이라고 부른다. 음소의 이음들이 상보적 분포를 이루듯이, 이형태들도 상보적이며 배타적인 분포를 이루고 있어서 규칙에 의해 각 이형태들의 출현 환경을 기술할 수 있다.

예를 들어, 명사의 복수형을 나타내는 -(e)s나 동사의 과거형을 나타내는 -(e)d는 비록 하나의 음으로 실현되지만 문법적 뜻(여기서는 기능)을 지닌 형태소라고 볼 수 있다. 그런데 이들은 이들이 연결되는 단어의 마지막 음의 성질에 따라 음운규칙으로 기술할 수 있을 정도로 몇 가지의 음성 형태, 즉 이형태로 발음된다.

> • 명사의 복수형 형태소 -(e)s
>   – 명사의 끝소리가 유성음으로 끝날 때 [-z] : dogs, pods, bags
>   – 명사의 끝소리가 무성음으로 끝날 때 [-s] : books, cats, cups
>   – 명사의 끝소리가 치찰음으로 끝날 때 [-ɪz] : buses, bushes, churches
> • 동사의 과거형 형태소 -(e)d
>   – 동사의 끝소리가 유성음으로 끝날 때 [-d] : loved, hugged, grabbed
>   – 동사의 끝소리가 무성음으로 끝날 때 [-t] : kissed, baked, reaped
>   – 동사의 끝소리가 치경 파열음으로 끝날 때 [-ɪd] : wanted, nodded, stated

이렇듯이 복수형 규칙과 과거형 규칙은 접미사인 형태소 바로 직전의 음에 따라서 이형태가 결정되었다. 이러한 이형태들을 음운적 조건(phonological conditioning)에 의한 이형태들이라 부른다.

하지만 this/these, that/those, ox/oxen, sheep/sheep, man/men, child/children처럼 불규칙적인 명사 복수형도 많다. 또 어간의 자음 발음이 변화하는 house/houses, wife/wives, path/paths와 같은 경우도 있다. 이처럼 불규칙한 경우까지 포함한다면 명사 복수형의 이형태는 [-s, -z, -ɪz, ø, -ən, -rən, ...]처럼 여러 가지가 된다. 어간의 자음 발음이 변하는 경우 구조문법에서는 그 형태소를 보통 { } 안에 대문자로 쓰고 다음과 같이 이형태를 음소 기호로 표시한다.

> • {hauS} = /haus/, /hauz/
> • {waiF} = /waif/, /waiv/
> • {pæθ} = /pæθ/, /pæð/

제 4 편 실전예상문제

제 1 장 형태소(morphemes)

01 단어 undesirability의 형태소의 개수는?

① 3개
② 4개
③ 5개
④ 6개

02 형태소를 정의한 것으로 옳은 것은?

① 단어를 구성하고 있는 음소들의 단위를 말한다.
② 더 이상 쪼갤 수 없는 최소의 의미 단위를 말한다.
③ 말소리를 분석할 때 더 이상 쪼갤 수 없는 최소의 소리 단위이다.
④ 언어음을 기술하는 단위를 말한다.

03 다음 설명 중 옳지 <u>않은</u> 것은?

① undesirability는 4개의 형태소로 구성되었다.
② river는 1개의 형태소로 이루어진 단어이다.
③ gentleman은 2개의 형태소로 이루어졌다.
④ mandate는 2개의 형태소로 이루어졌다.

01 un+desire+able+ity 4개의 형태소로 구성된다.

02 형태소란 더 이상 나눌 수 없는 최소의 의미 단위를 말한다.

03 mandate는 마치 man과 date로 구성된 것처럼 보이지만, 단어 의미와 형태소와는 아무런 관계가 없고, 하나의 형태소로 이루어진 단어이다.

정답 01② 02② 03④

04 ① kempt는 접사 un-이 붙는 어근
이며 자립형태소인 형용사 단어
이다.
② love는 자립형태소인 명사 단어
이다.
③ mandate는 단일 형태소로 이루
어진 단일어이며 명사 혹은 동사
인 단어이다.

05 un+desire+able+ity+s

06 ② 어간은 book이다.
③ load는 명사인 내용어이다.
④ 유일형태소인 cran-이 붙는 cran
berry는 파생어라고 볼 수 없어
berry는 단일 형태소이다.

04 다음 중 형태소와 관련하여 옳은 설명은?

① unkempt의 -kempt는 접사이다.
② loves의 love는 유일형태소이다
③ mandate는 복합어이다.
④ desirability는 3개의 형태소로 구성되어 있다.

05 단어 undesirabilities를 구성하는 형태소의 수는?

① 4개
② 5개
③ 6개
④ 7개

06 다음 설명 중 옳은 것은?

① undesirability에서 un-, -able, -ity는 접사(affix)이다.
② books에서 -s는 어간(stem)이다.
③ download에서 -load는 기능어(function word)이다.
④ cranberry에서 -berry는 어기(base)이다.

정답 04④ 05② 06①

07 형태소에 관한 설명으로 옳은 것은?

① gentlemanliness는 5개의 형태소로 구성되어 있다.

② undesirable에서 desire는 유일의존성 기체이다.

③ undesirable은 undesire에 접사 -able이 첨가된 것이다.

④ undesirable에서 desirable은 어기이다.

07 ① gentle+man+ly+ness 4개의 형태소로 되어 있다.
② desire는 기체(base)는 맞지만 유일의존성은 아니다.
③ 접사 -able은 어간 desire에 먼저 결합된 후, un- 접사와 결합한다. 단어 undesire는 존재하지 않으므로 존재하는 단어 desirable을 먼저 만든 다음, un- 접사에 결합해야 한다.

08 다음 중 자립형태소와 자립형태소의 결합으로 구성된 어휘는?

① gooseberry

② picturesque

③ conference

④ boyish

08 ②는 picture+esque, ③은 confer+ence, ④는 boy+ish로 모두 '자립형태소+의존형태소(접미사)'로 이루어져 있다.

09 다음 중 밑줄 친 부분이 유일형태소인 것은?

① cranberry

② per<u>mit</u>

③ happ<u>iness</u>

④ sing<u>er</u>

09 ②는 라틴어계 어간, ③은 생산적인 명사화 접미사, ④는 자립형태소이다.

정답 07④ 08① 09①

10 ③ 동사를 명사로 바꾼 파생접사이다.
①·② 굴절접사의 기능이다.
④ 품사 변화는 없지만 의미의 변화로 새 단어가 파생되는 경우이다. 따라서 –ship도 파생접사이다.

10 파생접사와 관련된 다음 설명 중 옳은 것은?

① 어간에 첨가되어 문법적 기능을 한다.

② 모든 접사가 다 첨가된 이후에 마지막으로 첨가된다.

③ fail에 첨가되는 명사형 접사 -ure는 파생접사이다.

④ friend에 첨가되는 명사형 접사 -ship은 파생접사가 아니다.

제 **2** 장 | **파생접사에 의한 어형성**(derivational morphology)

※ 다음의 형태 규칙에 해당하는 어휘로 옳은 것을 고르시오. (01~02)

01

$$[_{Adj} \text{ X}] \rightarrow [_V [_{Adj} \text{ X}]\text{-en}]$$

① blacken, roughen
② enrich, ensure
③ eaten, forgiven
④ enact, encourage

01 형용사 X에 접미사 -en을 붙이면 동사가 생성된다는 규칙이다. ①은 형용사 black, rough에서 파생된 동사이므로 정답이다. 추가적인 예로 loosen, quicken, redden, moisten 등이 있다. ③은 좌측에 해당하는 단어가 동사 eat, forgive이므로 틀리다.

02

$$[_V \text{ X}] \rightarrow [_N [_V \text{ X}]\text{-al}]$$

① central
② mental
③ moral
④ recital

02 동사 recite에 접미사 -al이 첨가되어 명사가 된다.

03 다음의 어휘 규칙과 <u>무관한</u> 단어는?

$$[_{Adj} \text{ X}] \rightarrow [_{Adv} [_{Adj} \text{ X}]\text{-ly}]$$

① really
② certainly
③ friendly
④ calmly

03 형용사 X에 접미사 -ly가 추가되어 부사를 이루는 경우이다. real, certain, calm 모두 형용사이나, friend는 명사이다.

정답 01 ① 02 ④ 03 ③

04 주어진 단어들은 형용사에 접미사 −en이 첨가되어 동사를 이루는 경우이고, 단음절인 어간의 끝 /t/음은 모두 탈락되는데, 그 이유는 어간 끝에 연이어 오는 두 개의 저지음 중 뒤의 저지음을 탈락시켜 [공명음 + 저지음]의 환경을 만들기 위함이다.

04 주어진 단어에 대한 설명으로 옳은 것은?

> hasten, soften, moisten, fasten

① 형용사에 -en이 첨가되어 형용사를 이룬다.
② 어간의 끝 /t/음이 모두 발음된다.
③ 어간이 다음절을 이룬다.
④ 어간이 [공명음 + 저지음]의 환경을 이루도록 한다.

05 형용사형이 그대로 부사가 되는 경우이다.

05 다음 어휘들의 공통점은?

> hard, fast, well, early, late

① 이들 어휘에 -ly가 첨가되어 부사가 된다.
② 형용사가 그대로 부사를 이룬다.
③ 이들 어휘에 -able이 첨가되어 형용사가 된다.
④ 이들 어휘에 -ful이 첨가되어 형용사가 된다.

※ 주어진 예를 나타낸 형태 규칙으로 옳은 것을 고르시오. (06~07)

06 -al로 끝나는 형용사 X에 -ize 접미사를 붙이면 동사로 변한다.

06

> nationalize, moralize

① $[_N \ X] \rightarrow [_V \ [_V \ X]\text{-ize}]$
② $[_N \ X] \rightarrow [_V \ [_N \ X]\text{-alize}]$
③ $[_{Adj} \ Xal] \rightarrow [_V \ [_{Adj} \ Xal]\text{-ize}]$
④ $[_{Adj} \ Xal] \rightarrow [_N \ [_{Adj} \ Xal]\text{-ize}]$

정답 04 ④ 05 ② 06 ③

07

recital, trial, denial, arrival, proposal

① [ᵥ X] → [ɴ [ᵥ X]-al]
② [ᵥ X] → [Adj [ᵥ X]-al]
③ [ɴ X] → [ɴ [ɴ X]-al]
④ [ᵥ X] → [Adj [ᵥ X]-ial]

07 동사에 접미사 -al을 붙이면 명사가 되는 단어들이다.

08 단어의 구조 분석이 옳은 것은?

① (im (prison ment))
② ((dis (en courage)) ing)
③ (((un like) ly) hood)
④ ((dis agree) (able ness))

08 파생접사의 첨가 순서는 어디까지나 중간 단계에서 만들어지는 단어의 의미 보존에 두어야 한다. disencouraging은 en+courage가 먼저 합쳐지고, 여기에 dis-가 합쳐지고, 그 다음에 -ing가 합쳐진 것이다.

09 접사 첨가 순서가 바른 것은?

① en large ment   ② un like ly hood

③ in support able   ④ un law ful ly

09 ②, ③, ④의 정답은 다음과 같다. [문제 아래의 그림 참조]

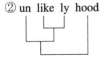

② un like ly hood   ③ in support able   ④ un law ful ly

정답 07① 08② 09①

10 [아래 그림 참조]

10 다음 중 단어의 형태소 분석이 옳은 것은?

① ((un (decide ed)) ness)
② (un ((decide ed) ness))
③ (((un decide) ed) ness)
④ ((un (decide) (ed ness))

11 올바른 분석은 다음과 같다.
[문제 하단의 그림 참조]

11 다음 중 단어의 형태소 분석이 옳은 것은?

① (en (large ment))
② (gentle (man ly))
③ ((im prison) ment)
④ ((un law) ful)

① en large ment   ② gentle man ly

③ im prison ment   ④ un law ful

12 비활성접사는 현대 영어에서 새로운 파생어를 만드는 데 별로 쓸모가 없어진 접사들을 가리킨다.

12 다음 밑줄 친 접사의 공통점으로 옳은 것은?

> forgive, health, laughter, troublesome, manhood, freedom

① 활성접사
② 비활성접사
③ 굴절접사
④ 자유형태소

정답 10 ① 11 ③ 12 ②

13 다음 중 밑줄 친 부분이 모두 활성접사인 것은?

① free<u>dom</u>, laugh<u>ter</u>

② calm<u>ly</u>, blam<u>able</u>

③ heal<u>th</u>, sereni<u>ty</u>

④ <u>for</u>give, divi<u>sion</u>

13 활성접사를 제외한 비활성접사에는 for-, -th, -ter, -some, -hood, -dom 등이 있다.

14 다음 중 성질이 <u>다른</u> 것은?

① unloosen

② unhappy

③ untread

④ undo

14 접두사 un-은 형용사나 동사를 취하여 반대의 의미를 지닌 형용사나 동사를 생성한다. ②는 형용사 happy를 취하여 반의어 unhappy를 만든 경우이고, 나머지는 동사를 취해 반의어 동사를 생성한 경우이다.

15 다음 중 무접파생 또는 영변화하는 단어가 <u>아닌</u> 것은?

① accept

② produce

③ report

④ use

15 ②와 ③은 강세 위치 변화로 품사가 바뀌고, ④는 어간 끝 음의 유무성 여부가 품사를 바꾸게 한다.

정답   13 ②   14 ②   15 ①

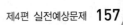

제 **3** 장 **기타 방법에 의한 어형성**

01 ③은 명사+동사(주어+동사)의 구조이지만, 나머지는 동사+명사 구조가 새로운 명사를 형성하는 경우이다.

01 다음 중 복합어의 심층구조가 <u>다른</u> 하나는?

① pickpocket

② password

③ earthquake

④ scarehead

02 ①은 두문자어, ②와 ③은 혼성어이다.

02 다음 중 복합어는 무엇인가?

① OPEC

② motel

③ Eurasia

④ downpour

03 ③은 명사+형용사이고, 나머지는 동사+명사이다.

03 다음 중 심층구조가 <u>다른</u> 단어는?

① scarecrow

② pastime

③ lifelong

④ hitman

정답 01 ③ 02 ④ 03 ③

04 다음 중 복합어의 예가 <u>다른</u> 하나는?

① by-product
② overripe
③ overtime
④ afterword

05 다음 중 복합어의 심층구조에 대한 설명으로 옳은 것은?

① sun-worship은 주어+동사이다.
② earthquake은 목적어+동사이다.
③ breakfast는 동사+목적어이다.
④ freedom-loving은 목적어+보어이다.

06 복합어의 심층구조가 <u>다른</u> 하나는?

① jumping bean
② falling star
③ swimming pool
④ sewing machine

checkpoint 해설 & 정답

07 두문자어(Acronyms)는 첫 글자만을 따서 만든 어휘이다.

07 다음과 같이 초두문자를 따서 만든 어휘를 무엇이라 하는가?

> NATO : North Atlantic Treaty Organization

① Blends
② Acronyms
③ Abbreviations
④ Clipping

08 목적어+동사의 구조이다.
②와 ④는 동사+목적어, ③은 주어+동사의 구조이다.

08 다음 복합어와 심층구조가 같은 단어는?

> painstaking, time-consuming

① sun-worship
② breakfast
③ earthquake
④ pickpocket

09 클리핑(clipping)이라고 부르기도 한다.

09 다음 중 화살표 오른쪽의 단어들을 무엇이라고 하는가?

> examination → exam
> dormitory → dorm
> bicycle → bike

① 역성어
② 혼성어
③ 두문자어
④ 약어

정답 07 ② 08 ① 09 ④

제 **4** 장   단어의 구조

01 다음은 Selkirk의 단어 구조를 나타낸 것이다. 괄호 (a), (b) 속에
들어갈 적절한 표시는?

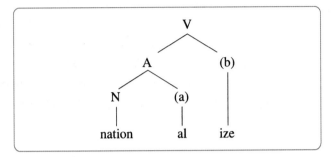

① (a) A^{af}, (b) V^{af}
② (a) V^{af}, (b) A^{af}
③ (a) A, (b) V
④ (a) V, (b) A

02 Williams의 우측핵 규칙을 상기하며 다음에 주어진 복합어의
품사를 고르면?

$$[\; [over]_P \; [dose]_N \;]$$

① P
② N
③ A
④ B

01 접사 -al은 형용사화 접사이므로 A^{af}
로 표시하며, N인 nation과 결합하
여 A 범주 어휘가 된다. 접사 -ize는
동사화 접사이므로 V^{af}로 표시하고,
A 범주 어휘인 national과 결합하여
V 범주 어휘인 nationalize로 완성
된다.

02 우측 구성 요소의 품사가 명사이므로
완성된 단어는 명사 복합어가 된다.

정답 01 ①   02 ②

안심Touch

제 5 장 이형태(allomorphs)

01 명사의 복수형 규칙과 동사의 과거형 규칙은 접미사 앞의 음의 음운론적 성질(유무성 여부나 치찰음 여부)에 따라서 뒤에 오는 이형태가 달라진다. 이러한 경우를 음운적 조건에 좌우되는 이형태라고 부른다.

01 명사의 복수형 어미의 발음과 관련하여 옳은 설명은?

> cabs[-z], caps[-s], buses[-ɪz]

① 형태적 조건(morphological conditioning)에 의한 이형태이다.
② 구조적 조건(structural conditioning)에 의한 이형태이다.
③ 음운적 조건(phonological conditioning)에 의한 이형태이다.
④ 음향적 조건(acoustic conditioning)에 의한 이형태이다.

02 어간의 자음 발음이 변하는 복수형인 house – houses의 경우, 그 형태소와 이형태들을 각각 {hauS} = /haus/, /hauz/로 나타낸다.

02 구조문법에서 house – houses의 관계를 나타낸 것으로 옳지 **않은** 것은?

① 형태소를 {hauS}로 표시한다.
② 이형태 중의 하나는 /haus/이다.
③ 이형태 중의 다른 하나는 /hauz/이다.
④ 이형태 중의 또 다른 하나는 /hauzəz/이다.

03 형태소와 이형태들을 각각 {hauS} = /haus/, /hauz/로 나타내는 ① house – houses가 답이다.

03 다음 형태 표시에 상응하는 어휘는?

> { __ S} = / __s /, / __z /

① house - houses
② horse - horses
③ wife - wives
④ book - books

정답 01 ③ 02 ④ 03 ①

04 구조문법에서 wife − wives의 관계를 형태소와 이형태로 바르게 나타낸 것은?

① [-voiced] → [+voiced]

② {waiF} = [waif], [waiv]

③ /waiF/ = {waif}, {waiv}

④ {waiF} = /waif/, /waiv/

04 어간의 자음 발음이 변하는 복수형인 house − houses의 경우를 예로 들면, 그 형태소와 이형태들을 각각 {hauS} = /haus/, /hauz/로 나타내므로, 같은 형식인 ④가 정답이 된다.

여기서 멈출 거예요? 끝이 바로 눈앞에 있어요.
마지막 한 걸음까지 SD에듀가 함께할게요!

제 **5** 편

영어통사론

(English Syntax)

www.sdedu.co.kr

제1장 문장의 구조 의존성(structural dependency)
제2장 문장의 구조
제3장 문장의 변형
제4장 문장의 생성
제5장 변형규칙(transformational rules)
실전예상문제

단원 개요

영어통사론에서는 단어들이 아무렇게나 모여서 이루어지는 것이 문장이 아니라 그 속에는 매우 정교한 약속으로 이루어진 구조적 법칙이 존재함을 배우게 된다. 문장의 구조를 파악하기 위해서 필요한 구조적 단위의 개념을 파악하고 단어보다 크고 문장보다 작은 다양한 크기의 구성성분들이 어떠한 다양한 규칙에 따라 문장을 이루어 사람의 생각을 담는지 공부한다.

출제 경향 및 수험 대책

일직선으로 구성된 문장으로부터 화자의 머릿속에 존재하는 2차원 이상의 생각을 문장 구조를 통해 알아내는 것이 통사론의 핵심이다. 문장 구조가 만들어지게 되는 기본 단위와 이들 단위들이 다양한 크기의 구조를 이루는 구구조 규칙들, 또 규칙들이 여러 종류의 문장에서 어떻게 작용하고 있는지를 수형도를 통해 제대로 이해하는 것이 필요하다. 단순히 규칙을 암기해서는 문제를 풀기가 쉽지 않을 수 있으므로 반드시 수형도가 필요한 부분에서는 눈으로 확실하게 이해해야 한다.

제 1 장 문장의 구조 의존성 (structural dependency)

> 통사론이란 언어의 문장 패턴을 연구하는 언어학의 한 분야로, 단어들이 구나 절 혹은 문장을 이루기 위하여 짜맞춰지는 방식, 즉 구나 절 및 문장의 구조를 연구한다. 영어통사론에서 주로 다루는 내용은 영어의 어순, 단어들의 결합 방식 혹은 배열에 따른 의미의 차이, 단어들의 문법적인 관계, 문장이 준수해야 할 제약, 문장의 계층적 구조 등이다.

문장 단위로 사람의 생각을 전달하려면 단어를 무작위로 배열하는 것이 아니라 일정한 규칙에 따라 배열해야 할 것이다. 규칙에 따른 배열을 **어순**(word order)이라고 하는데, 1차원적인 단어의 배열은 때때로 생각을 완벽하게 반영하지 못하여 모호한 구조를 만들게 되어 **중의성**(ambiguity)의 문제가 생겨나게 된다. 하지만 대체로 단어들은 문법 규칙에 따라 배열되어 구조를 형성하게 되며, 이에 따라 문장은 구조에 의존하게 된다.

제 1 절 어순

올바른 영어 문장을 만들기 위해서는 단어를 무작위로 배열하지 않고 일정한 규칙에 따른 결합 방식에 맞춰 배열해야 한다. 영어 원어민 화자가 지니고 있는 이러한 문법 지식을 **어순**이라고 하는데, 이러한 지식에 대한 간접적인 증거는 원어민이 문법적으로 올바른 영어 문장과 올바르지 못한 문장을 구별할 줄 알고, 이전에 들어본 적이 없는 문장을 만들고 또 듣고 이해할 수 있다는 것이다. 어순에 대한 지식을 구체적으로 볼 수 있는 다음의 예문들을 살펴보자. 통사론에서 문장 앞의 기호 * 표시는 문법적으로 옳지 못한 **비문**(ungrammatical sentence)을 나타낸다.

(a) *Horse the bit dog the.
(b) The horse bit the dog.
(c) The dog bit the horse.

문장 (a)를 보면 문장의 어순이 비문 여부를 결정할 수 있다는 것을 알 수 있고, 올바른 문장인 (b)와 (c)를 보면 어순이 바뀌면 문장의 의미도 바뀐다는 것을 알 수 있다. 특히, 우리말처럼 문장 성분의 격을 나타내는 조사가 없는 영어 같은 언어에서는 주어와 목적어는 어순에 의해서 결정된다.

제 **2** 절 중의성

다음의 문장들을 살펴보면 뭔가 모호한 점을 발견할 수 있다.

> (a) old men and women
> (b) the tall professor's friend
> (c) They are visiting professors.
> (d) The cowboy hit the man with a stick.
> (e) The sentence was a long one.

문장 (a)에서 old가 수식하는 것이 men인지 아니면 men and women 전체인지에 따라 나이든 사람이 남자들만을 가리키는지 남녀 모두를 가리키는지가 결정될 텐데, 이 자체만으로는 결정할 수 없어 모호한 경우가 된다. 문장 (b)에서는 tall이 professor를 수식하는지 아니면 professor's friend 전체를 수식하느냐에 따라 키 큰 사람이 교수일 수도 교수의 친구일 수도 있어 이 역시 모호한 경우가 된다. 문장 (c)에서는 visiting이 동사냐 professors를 수식하느냐에 따라 그들이 교수들을 방문하는 중인지 아니면 그들이 교환교수들인지가 결정되어 이 역시 모호한 경우가 된다. 문장 (d)에서는 with a stick 전치사구가 목적어인 the man을 수식하면 '막대기를 가진 사람'이 되고, 만일 동사 hit를 수식하면 '막대기로 때렸다.'가 되어 모호한 경우가 된다. 이 모든 경우에서 단어 자체의 뜻이 아니라 다른 단어와의 수식 관계 속에서 모호함이 생겨나는데, 이러한 모호함을 **구조적 중의성**(structural ambiguity)이라고 한다. 이에 반해, 문장 (e)는 단어 sentence(문장, 판결)의 뜻이 무엇이냐에 따라, 즉 단어 자체의 뜻에 따라 두 문장의 내용이 완전히 달라져서 문장이 긴 것인지 아니면 판결이 긴 것(오랜 기간 수형 생활을 하는 것)인지가 결정된다. 이러한 경우는 다른 단어와의 관계가 아닌, 어느 한 단어 자체의 뜻이 여러 가지이기 때문에 모호함이 생겨나는데, 이를 **어휘적 중의성**(lexical ambiguity)이라고 한다.

말로 설명한 구조적 중의성을 단어들 사이의 관계에 따라 괄호로 표현해 보면 다음과 같다.

> (a) (old men) and women / old (men and women)
> (b) the (tall professor)'s friend / the tall (professor's friend)
> (c) They (are visiting) professors. / They are (visiting professors).
> (d) The cowboy hit (the man with a stick). / The cowboy (hit the man) with a stick.

결국 단어들이 모여 문장을 이룰 때 어순뿐만 아니라 구성 결합 방식이 중요한데, 이는 머릿속에서는 여러 층에 걸친, 즉 고차원적인 문장 구조가 가능하지만, 문장은 직선의 1차원이기 때문에 '고차원 → 1차원'으로의 변환 과정에서 구조에 관한 정보가 소실되어 발생하는 중의성이라고 볼 수 있다. 하지만 원어민 화자들은 이러한 어순, 결합 방식뿐 아니라 중의성 유발 가능성 등 모든 지식을 이미 내재적으로 갖고 있다고 볼 수 있다.

제 3 절   문법 규칙

올바른 영어 문장을 만들기 위해서는 여러 가지 규칙을 지켜야 하는데, 예를 들면 의문문을 만들 때는 조동사를 무조건 이동시키는 것이 아니라 주어의 앞으로 이동시킨다든지, 조동사가 둘 이상 있을 경우에는 첫 번째 조동사만 이동시킨다든지 하는 것이다. 다음 예문의 경우, 술어 안에 있는 조동사 (should)를 이동시켜야지, 긴 주어([ ]로 표시) 안에 있는 동사(are)를 이동시키면 안 된다.

(a) [The people who are staying in another country] should vote in the coming election.

(b) Should the people who are staying in another country ＿＿＿＿ vote in the coming election?

이처럼 문법 규칙은 단순한 어순 이상을 넘어서, 문장 전체의 다차원적인 구조에 기반한 것임을 알 수 있다.

제 2 장 문장의 구조

원어민의 머릿속에 내재하는 문법적으로 올바른(grammatical) 문장의 구조라는 것은 무엇인지 살펴보자. 긴 단어 내부에 형태소라는 구조물이 존재했던 것처럼, 문장도 그 내부에 다양한 크기를 지닌 중간구조물이 존재하는데 이를 **구성성분**(혹은 **구성소**, constituents)이라고 부른다. 구성성분은 하나의 단어 이상으로 구성될 수 있으며, 일반적으로 알려진 구와 절도 포함하는 포괄적 개념이다.

제 1 절 구성성분 구조 중요 ★★★

구성성분이란 계층적 구조를 지닌 문장 속에 존재하는 단어(들)의 집단으로, 문장 속에서 분포나 의미, 기능 등에 있어서 마치 하나의 단위같이 행동하는 집단을 말한다. 구성소인지 아닌지 테스트하는 방법은 크게 네 가지가 있는데, 첫째는 질문에 대한 간단한 답으로 존재할 수 있는지(stand-alone test), 둘째는 대명사나 대동사 같은 대형태(pro-forms) 단어로 대치될 수 있는지(pro-form substitution test), 셋째는 이동 가능한 단위인지(movement test), 넷째는 분열문(It is ~ that ~)에서 나눠질 수 있는 단위인지(clefting test) 등이 그것이다. 일반적으로 알려진 품사구(명사구, 동사구, 형용사구, 부사구, 전치사구 등)나 품사절 혹은 문장 성분(주어, 술어, 목적어, 보어) 등은 대체로 구성성분이 될 수 있으며, 짧은 문장의 경우 각 단어가 구성성분이 될 수도 있다. 즉, 가장 작은 구성성분은 각 단어이며 가장 큰 구성성분은 문장 그 자체라고 볼 수 있고, 그 사이에 다양한 크기를 지닌 구성성분들이 존재한다. 변형생성문법(Transformational Generative Grammar, TG)에서는 이러한 구성성분들을 이용하여 문장의 계층적, 다차원적 구조를 수형도로 표현하는데 그 예는 다음과 같다.

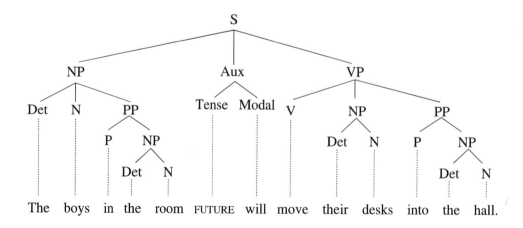

수형도에서는 각 단어부터 문장에 이르기까지의 구성성분들이 나타내는 관계를 명확하게 알아볼 수 있어 편리하다. 수형도에서는 문장을 구성하는 단어들의 선형적 순서뿐 아니라, 단어부터 구성성분들을 거쳐 문장에 이르기까지의 모든 범주들을 알아볼 수 있고, 구성성분들 사이의 계층적 구조(hierarchical structure)를 알 수 있다. 예를 들어, 같은 NP라고 할지라도 어느 위치에 있는지에 따라 문장 안에서의 문법 기능이 달라진다. 즉 S의 왼쪽에 달려 있으면 주어가 되며, VP의 우측에 달려 있으면 목적어가 되고, PP의 우측에 달려 있으면 전치사의 목적어가 된다.

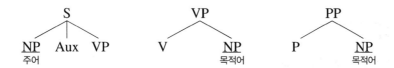

수형도를 이용하면 구조적 중의성의 차이를 다음과 같이 시각적으로, 또 계층적으로 명확하게 나타낼 수 있다. 즉 소년과 소녀 모두의 부모인지, 아니면 소년만의 부모인지를 잘 보여준다. 수형도에서는 필요에 따라 내부 구조를 생략하여 삼각형 도형으로 표현하기도 한다.

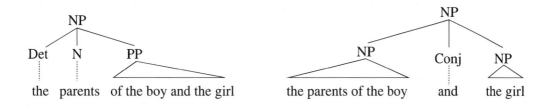

제 2 절   구성성분의 대치

수형도 The boys in the room will move their desks into the hall처럼 문장의 구성성분을 여러 통사 범주로 나타내면 어떤 구성성분이 대체(substitution) 가능한가를 설명할 수 있다. NP인 The boys in the room은 대명사 they라는 대형태로 대체가 가능하고, Who will move their desks into the hall? 에 대한 대답이 될 수 있는 만큼, 대형태 테스트(pro-form test)와 간결한 대답 테스트(stand-alone test) 를 통과하므로 구성성분으로 볼 수 있다. 마찬가지로 동사구 VP도 do so라는 대형태로 대체 가능하고(The boys in the room will do so), What will the boys in the room do?라는 질문의 간결한 대답으로 Move their desks into the hall이 가능하므로 두 가지 테스트를 통과하여 역시 구성성분으로 볼 수 있다. 그러나 동사를 뺀 their desks into the hall은 대형태로 대체가 안 되고, 간결한 대답으로 도 할 수 없으며, 분열문 *It is their desks into the hall that the boys in the room will move에서 도 알 수 있듯이 분열된 부분 their desks into the hall이 있는 상태로는 정문이 될 수 없으므로 구성성분이 될 수 없다. 이처럼 수형도 상에 존재하는 개별 단어부터 문장에 이르기까지 모든 구성성분은 테스트를 거친 문장의 구조적 구성 단위라고 볼 수 있다.

구성성분을 범주로 나눌 때 크게 두 종류로 나눌 수 있다. 개별 단어인 구성성분은 어휘범주(lexical category)라고 부르고, 어휘범주들이 모이면 구범주(phrasal category)가 만들어진다. 이들 어휘범주와 구범주를 통틀어서 통사범주(syntactic category)라고 한다.

- 어휘범주 : N(명사), V(동사), A(형용사), Adv(부사), P(전치사), Det(한정사), Aux(조동사)
- 구범주 : S(문장), NP(명사구), VP(동사구), AP(형용사구), AdvP(부사구), PP(전치사구)

더 알아두기

한정사(Determiner, Det or D)
말 그대로 뒤에 나오는 명사를 한정시켜 주는 어휘범주로, 여기에 속하는 것은 부정관사(a, an), 정관사(the), 소유격(my, your, his, ...), 지시사(this, that, these, those), 수량사(many, much, more, most, few, little, less, enough, several, all, both, half, no, some, any, other, only, each, either, neither, every, one, two, ...)가 있다. 통사적으로 매우 중요한 성질은 어떤 명사 앞에 한정사는 반드시 하나만 온다는 것이다. 두 개 이상의 한정사가 명사 앞에 오는 것은 불가능하다. 예를 들어 my friend, a friend는 가능하지만, *a my friend는 불가능하다. 내용을 꼭 표현하고 싶으면 a friend of mine과 같은 식으로 표현해야 한다.

더 알아두기

분열문 테스트(Clefting test)
어느 단어 집단이 구성성분인지 시험해 볼 수 있는 문장틀로서 보통 "It is/was [테스트 대상] that [문장의 나머지 부분]"의 형식을 띄고 있다. 예를 들어 The boys in the room will move their desks into the hall에서 시험하고 싶은 부분을 분열문으로 만들어서 정문/비문 여부를 알아보자.

(a) It is [the boys in the room] that [will move their desks into the hall].
(b) It is [their desks] that [the boys in the room will move into the hall].
(c) It is [into the hall] that [the boys in the room will move their desks].
(d) *It is [their desks into the hall] that [the boys in the room will move].

문장 (d)에서 보듯, their desks into the hall은 NP와 PP 두 개의 구성성분이지 하나의 구성성분이 아니므로 분열문 테스트를 통과하지 못한다.

제 3 절 문법관계 중요 ★★★

문장 계층적 구조를 수형도로 표현하면 구성성분들 사이의 문법관계를 보다 구체적으로 나타낼 수 있다는 장점이 있는데, 예를 들면 주어로 쓰이는 명사구와 목적어로 쓰이는 명사구는 수형도 내의 기하학적 위치를 바탕으로 한 지배 관계를 통해 지정할 수 있다.

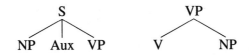

수형도에서 보듯이 주어는 S 범주 바로 아래에서 직접적인 지배를 받는 좌측 명사구이며, 목적어는 당연히 S 범주에 속해 있으니 간접적인 지배를 받는다고 볼 수 있으나, VP 범주의 바로 아래에서 직접적인 지배를 받는 우측 명사구라고 할 수 있다.

제 **3** 장   문장의 변형

여러 가지 이유로 문장의 구조에 변형이 생기는데 이러한 구조변화를 일으키는 규칙을 통틀어서 **변형 규칙**(transformational rules)이라고 부른다. 변형이 생기기 이전의 문장을 기술한 것을 **구조기술**(structural description)이라 하고 변형이 생긴 문장을 **구조변화**(structural change)라고 한다. 여기서는 이러한 문장의 구조변화에 대해서 배운다.

제 **1** 절   불연속 구조

구성성분을 이루는 일부 단어가 그 구성성분에서 나와 다른 곳으로 이동하여 이전 구성성분의 연속성을 깨뜨리며 구조를 변경시키는 경우가 있는데, 불변화사(particle)가 동사와 결합된 소위 복합동사(complex verbs)에서 그런 경우가 발생한다. 복합동사 stand up(바람맞히다)은 다음의 예문에서 보듯이 목적어 앞에 놓이기도 하고 목적어를 사이에 두고 분리되기도 한다. 하지만 미국영어에서 목적어가 대명사인 경우 불변화사는 반드시 목적어 뒤로 이동·분리되어야만 정문(grammatical sentence)이 된다.

> • I will <u>stand up</u> my date tonight.   • I will <u>stand</u> my date <u>up</u> tonight.
> • I will <u>stand</u> him <u>up</u> tonight.   • *I will <u>stand up</u> him tonight.

이를 수형도로 VP만 나타내면 다음과 같다. 이동하기 전의 수형도에서 복합동사 stand up은 하나의 구성성분 V를 이루지만, 이동 후에는 복합동사가 분리되어 불연속 구조를 보이고 있다. 이러한 규칙을 불변화사 이동(particle movement) 규칙이라고 하고, 구조변화를 일으키는 규칙들을 통틀어서 변형규칙이라고 부른다.

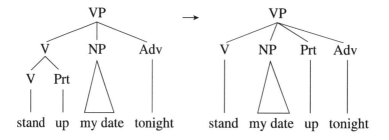

구성성분의 일부가 이동하여 구조변화를 일으키는 또 다른 경우로 외치변형(extraposition)이 있는데, 문장 The time when you will be sorry for it will come은 주어가 너무 커서 때때로 The time will come when you will be sorry for it으로 쓰이기도 한다. 이때 주어의 NP의 일부인 형용사절 S′인 when you will be sorry for it이 술어 VP 우측으로 이동한 것을 알 수 있다. 이처럼 구성성분 (NP)의 한 요소(S′)를 구성성분에서 이탈시켜 문장 끝으로 이동시키는 규칙을 외치변형이라고 한다.

제 2 절 연쇄적인 변형

둘 이상의 변형규칙이 순차적으로 적용되는 경우를 말하는데, 불변화사 이동과 외치변형이 연쇄적으로 적용되는 경우를 살펴보자.

> (a) I will stand up all the men who offered me diamonds.
> (b) *I will stand all the men who offered me diamonds up.
> (c) I will stand all the men up who offered me diamonds.

문장 (a)에서처럼 불변화사를 포함한 복합동사가 목적어로 취한 명사구가 관계사절(S′)이 포함된 비교적 긴 명사구일 경우에, (b)에서처럼 불변화사 이동 규칙을 적용하면 비문이 된다. 이 경우 (c)에서처럼 추가적으로 관계사절을 문장 맨 끝으로 이동시키는 외치변형 규칙을 적용해야만 정문이 된다. 즉, 한 문장에 불변화사와 관계사절이 포함된 명사구 목적어가 동시에 포함된 경우, 불변화사 이동 규칙 후에 반드시 외치변형 규칙까지 적용해야 정문이 됨을 알 수 있다.

연속적 변형규칙 적용으로 불연속 구조를 이루고 있는 문장의 또 다른 예를 다음에서 살펴보자.

> (a) We could turn down their offer tomorrow.
> (b) Tomorrow, could we turn their offer down?

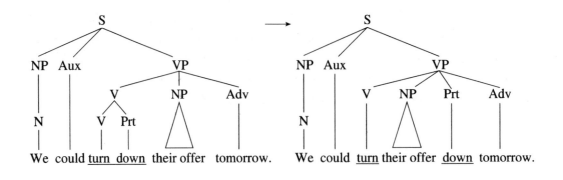

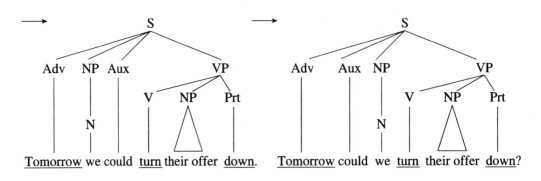

위 수형도에서 보듯이, 세 군데에 불연속 구조가 보이는데, 우선 불변화사 이동 규칙에 의해 복합동사에 불연속 구조가 생기고, 그 다음에 부사가 문두로 이동해서 동사구에 불연속 구조가 생기게 되며, 마지막으로 조동사가 이동하여 문장 내에서 불연속 구조를 이루고 있다.

제 3 절 변형규칙의 형식화 중요 ★★★

변형규칙을 매번 수형도로 표시하지 않고 범주 기호와 숫자 등 기호를 이용하여 간단하게 나타내는 경우도 있다. 불변화사 이동 규칙을 다음과 같이 나타낼 수 있다.

1 불변화사 이동 규칙

구조기술	X	–	V	–	Prt	–	NP	–	Y
	1		2		3		4		5
구조변화	1		2		Ø		4+3		5

구조변화 이전을 나타내는 '구조기술' 부분을 보면 X, Y는 변항(variables)으로 굳이 나타낼 필요 없는 구성성분을 표시한다. 규칙 표기에 필요한 부분은 동사와 불변화사, 명사구인데 변화된 후의 상태를 나타내는 '구조변화' 부분을 보면 3번 불변화사가 있던 자리에는 아무 것도 없고(∅ 기호로 표시), 불변화사가 목적어 자리 뒤로 이동하여 4가 4+3으로 바뀐 것을 알 수 있다. 4+3에서 + 기호는 자매(sisters) 관계를 뜻한다.

2 외치변형 규칙

구조기술	X	–	NP[(Det) N - S´]		–	Y
	1		2	3		4
구조변화	1		2	∅		4+3

변화 이전의 문장의 상태를 나타내는 '구조기술' 부분을 보면 관계사절(S´)이 포함된 명사구 NP가 있다. 이 명사구는 선행사로 결정사와 명사로 이루어져 있고, 명사를 뒤에서 수식하는 관계사절을 포함하고 있다. 변화 후의 문장을 나타내는 '구조변화' 부분을 보면 관계사절이 이동하여 문장의 맨 뒤 항목인 Y의 자매 항목이 된 것을 알 수 있다.

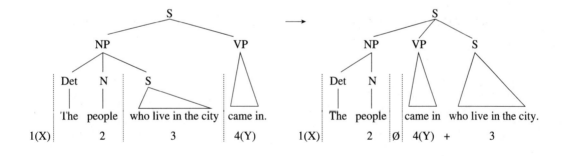

3 주어-조동사 도치 규칙

$$\text{구조기술} \quad \underset{\text{AUX}}{\text{NP -}} \left[\text{Tense} \left(\left\{ \begin{matrix} \text{Modal} \\ \text{have} \\ \text{be} \end{matrix} \right\} \right) \right] \text{- VP}$$

$$\begin{array}{cccc} & 1 & 2 & 3 \end{array}$$

$$\text{구조변화} \quad 2+1 \qquad \emptyset \qquad 3$$

위 규칙을 보면 문장을 구성하는 주어 명사구 NP와 조동사 Aux, 술어 VP가 있을 때, 조동사 부분이 문장 맨 앞으로 이동하여(ø) 주어와 자매 항목이 되었다(2+1). 특히 조동사 부분에는 시제(Tense)가 반드시 존재하고 선택 사항[괄호 ( ) 표시]으로 Modal/have/be 셋 중에 하나가[괄호 { } 표시] 존재할 수 있다는 것을 나타내고 있다. 예를 들어, 문장 Could John meet Linda? 생성을 위한 주어-조동사 도치 규칙 적용을 해보면 다음과 같다.

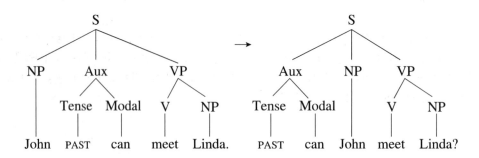

제 4 장 문장의 생성

영어로 정문인 문장을 만들기 위해서는 통사범주를 활용한 규칙을 찾아내는 것이 필요하다. 문장을 구성하는 구성성분의 크기가 다양하기 때문에 가장 작은 어휘범주부터 점차 커지는 구범주를 규칙으로 발견하면 이들을 활용하여 모든 문장을 생성해낼 수 있을 것이다. 이렇게 찾아낸 규칙들을 **구구조 규칙**(phrase structure rules)이라고 한다. 구구조 규칙들과 이들의 성질을 알아보자.

제 1 절 구구조 규칙(phrase structure rules) 중요 ★★★

1 문장 S의 구구조 규칙

보통 대부분의 문장 S는 항상 NP, Aux, VP로 구성되며, NP는 대부분 (Det) N으로 구성되고, VP는 V (NP)로 구성된다. 여기에서 괄호 안의 내용은 선택 사항으로 없어도 됨을 나타낸다. 이를 구구조 규칙으로 나타내면 다음과 같다.

> (a) S → NP Aux VP
> (b) NP → (Det) N
> (c) VP → V (NP)

기호 →를 사용하여 왼쪽의 범주를 오른쪽의 범주들로 다시 **써주는 규칙**(rewrite rules)을 구구조 규칙으로 볼 수도 있다. 이러한 구구조 규칙은 한 언어에서 가능한 모든 구성성분들의 결합을 나타내줄 수 있다.

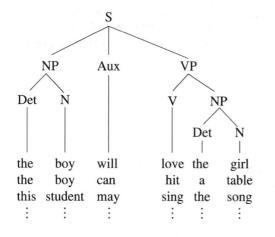
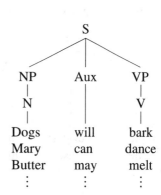

위 좌측의 문장 구조에 단어들이 삽입되어 생성할 수 있는 문장의 수는 사실상 무한하다. 선택 사항을
빼고 수형도를 그리면 위 우측과 같다. 역시 생성될 수 있는 문장의 수는 무한하다.

2 명사구 NP의 구구조 규칙

(a) NP → N   예 books, cats, dogs, water, milk
(b) NP → Det N   예 a book, the cat, some dogs
(c) NP → Det N PP   예 a book on my desk, the cat in the house, some dogs on the chair
(d) NP → N S′   예 people who live in the city, dogs that run in the house
(e) NP → Det A N   예 the tall student, some heavy rocks

NP의 구성성분 중에서 N은 반드시 존재해야 하는 필수 요소이고, Det, A, PP, S′는 모두 N을 수식
하는 수의적 선택 사항들이다. 선택 사항인 수의적 요소들은 소괄호 ( ) 안에 넣고, 구성 요소 중 반
드시 하나를 선택해야 하는 것은 중괄호 { } 안에 넣어 위의 모든 구구조 규칙들을 통합하여 하나로
표시하면 다음과 같다.

$$NP → (Det) (A) N (\{PP/S′\})$$

NP를 수형도로 나타내면 다음과 같다.

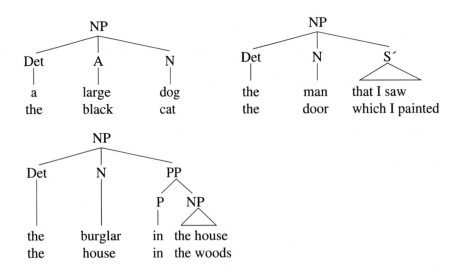

3 동사구 VP의 구구조 규칙

(a) VP → V   예 walked, put, ran
(b) VP → V NP   예 broke the door, had an apple
(c) VP → V PP   예 slept on the floor, ran to the door
(d) VP → V NP PP   예 ate an apple in the field, put the bird in the cage
(e) VP → V S′   예 thought that he would come

위의 규칙들에서 필수적인 요소 V를 제외하고 NP, PP, S′는 모두 수의적인 요소이므로 소괄호와 중괄호를 이용하여 다음과 같이 표시할 수 있다.

$$VP → V\ (NP)\ (\{PP/S′\})$$

VP를 수형도로 나타내보면 다음과 같다.

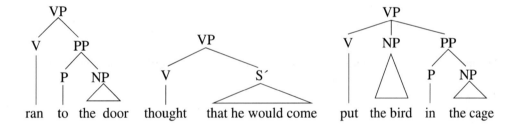

PP는 P와 NP로 구성되며, S′는 종속접속사와 종속절로 구성된다. 종속접속사를 Comp(Complementizer의 약어)라 하고, 종속절은 주어와 술어로 구성된 작은 문장이므로 S로 표시한다. 따라서 PP와 S′의 구구조 규칙은 다음과 같다.

(a) PP → P NP
(b) S′ → Comp S

지금까지 살펴본 구구조 규칙을 정리하면 다음과 같다.

> (a) S → NP Aux VP
> (b) NP → (Det) (A) N ({PP/S′})
> (c) VP → V (NP) ({PP/S′})
> (d) PP → P NP
> (e) S′ → Comp S

이 규칙들에서 선택 요소가 거의 모두 선택되었다고 가정하면 다음과 같은 수형도가 그려진다.

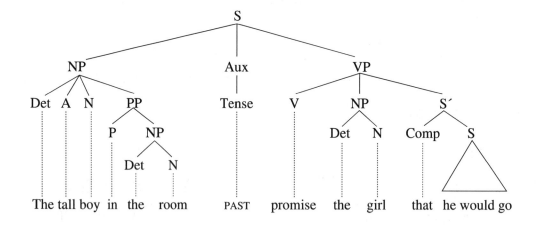

제 2 절 구구조 규칙의 귀환성(recursiveness) 중요 ★★★

구구조 규칙의 큰 특징 중의 하나는 유한한 개수의 구구조 규칙을 가지고 무한한 개수의 문장을 만들수 있다는 것과, 두 개의 구구조 규칙을 갖고 특정 구성성분을 무한히 순환 반복하게 하는 **귀환성**을지니고 있다는 것이다. 따라서 원칙적으로 무한히 긴 문장을 생성할 수 있다. 이러한 성질은 언어의**창조성(creativity)**을 설명하는 원천이 된다. 귀환성을 지닌 구구조 규칙 두 가지는 다음과 같다. 수형도에서 보듯 NP와 PP가 반복해서 나타나며 끝없이 계속될 수 있다.

> (a) NP → Det N PP
> (b) PP → P NP

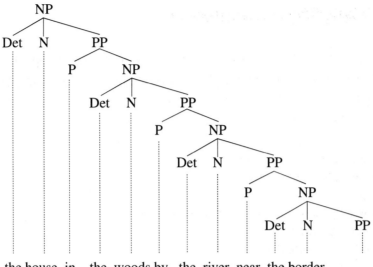

the house in the woods by the river near the border ...

다음과 같이 또 다른 두 개의 구구조 규칙도 귀환성을 지니고 있다. 수형도에서도 S와 VP가 S′를 거쳐서 무한 반복될 수 있음을 알 수 있다.

(a) S → NP Aux VP
(b) VP → V S′
(c) S′ → Comp S

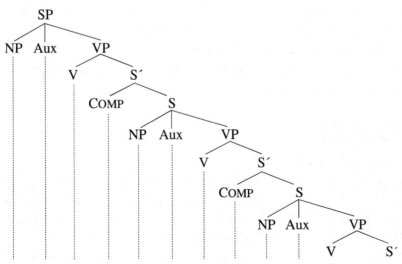

Jim may think that Mary will say that Cathy didn't believe ...

제 **3** 절   하위범주화(subcategorization) 종요 ★★★

각 단어가 고유하게 지니는 통사범주 외에 그 단어가 문장 내에서 구조를 형성할 때 필요로 하는 더 자세한 통사적 정보를 하위범주화 규칙 혹은 속성(subcategorization features)이라고 한다. 하위범주화는 범주와 관련이 있으니 주로 통사범주(어휘범주와 구범주를 합쳐서) 정보임을 명심하자. 대체로 동사 품사를 지닌 단어에 관련된 정보들인데, 다음의 예문을 살펴보자.

(a) They found the apple (in the room).
(b) They put the apple on the table.
(c) They slept.
(d) They looked up the word. / They looked the word up.
(e) They walked up the hill.
(f) They are fond of watching movies.
(g) They are amazed that I play cards.
(h) They are hopeful {of success / that their kids will follow their advice}.
(i) their sympathy for the victims
(j) their belief {in his getting well soon / that he will get well soon}
(k) The committee identified the man as an ex-convict.

하나씩 살펴보면, (a) 동사 find는 목적어를 동반하는 타동사이며, (b) 동사 put은 목적어와 동시에 처소격 전치사구를 동반해야 한다. (c) 동사 sleep은 목적어가 필요 없는 자동사이며, (d) 복합동사 look up은 불변화사 up이 목적어 뒤로 이동 가능하지만, (e) walk up에서 전치사 up은 목적어 뒤로 이동할 수 없다. (f) 형용사 fond는 of-전치사구를 취하며, (g) amazed는 that-절을 취하며, (h) hopeful은 of-전치사구 혹은 that-절을 취한다. (i) 명사 sympathy는 for-전치사구는 가능하지만 that-절은 취하지 못한다. 그러나 (j) 명사 belief는 in-전치사구와 that-절 모두를 취할 수 있다. 그리고 (k) 동사 identify는 목적어로 명사구를 취하지만 that-절을 취하지는 않는다. 이렇게 각 어휘가 요구하는 자세한 통사적 정보를 하위범주화 규칙이라고 한다.

> **❗ 더 알아두기 🔍**
>
> **hopeful의 하위범주화 요건**
> 형용사 hopeful은 of-전치사구나 that-절을 취하지만, 전치사구일 경우 희망의 '내용'이 와야지 단순히 사람이 오면 비문이 된다. 예를 들어 We are hopeful of his success/We are hopeful that he will succeed는 정문이지만 *We are hopeful of him은 내용적으로 비문이다. 그의 어떤 점에 희망을 가져야 하는지에 대한 맥락이 없기 때문이다.

제 **4** 절 선택제약(selectional restriction) 중요 ★★

서술어의 중심을 차지하고 있는 동사가 자신이 취하는 구성성분들(즉, 주어나 목적어, 보어 등의 논항들 arguments)에 대해 의미에 있어 특정한 자질을 요구할 때 이들을 **선택제약**이라고 한다. 쉽게 말하면, 동사가 주어나 목적어 등 논항의 의미를 제한함으로써 자신이 취할 수 있는 논항의 범위에 제약을 가하는 것을 말한다. 선택제약은 통사가 아니라 의미와 관련 있다는 점을 주의하자. 예를 들어 *The ball found the boy, *The rock cried, *Lunch ate John 등의 문장들은 통사적으로는 정형인(syntactically well-formed) 문장(즉, 정문)들이지만, 의미적으로 문제가 있어 비문으로 여겨진다. 왜냐하면 동사 find, cry, eat는 주어의 의미가 [+animate]인 성질(단어의 의미 정보는 [ ] 안에 +/- 부호로 표시)을 지닌, 즉 생명체인 명사를 취해야 하는데, 비문에서는 주어가 모두 [-animate]인 명사들이기 때문이다. 그에 반해, The boy found the ball, The boy cried, The dog ate the tomato와 같은 문장들은 모두 선택제약을 만족해 정문이 된다.
동사 frighten의 예를 살펴보자.

(a) The boy may frighten the woman.
(b) *The boy may frighten sincerity.
(c) Sincerity may frighten the boy.

동사 frighten의 선택제약을 기호로 나타내면 다음과 같다.

$$\text{frighten} : \left\{ \begin{array}{l} \text{[+human NP]} \\ \text{[+abstract NP]} \end{array} \right\} \text{\_\_\_\_\_} \text{[+human NP]}$$

이 동사는 좌측에 [+human]이거나 [+abstract]인 NP를 주어로 취할 수 있으나, 우측에는 [+human]인 NP만을 목적어로 취할 수 있다. 따라서 (b)가 비문인 것은 목적어에 대한 선택제약을 위반했기 때문이다.

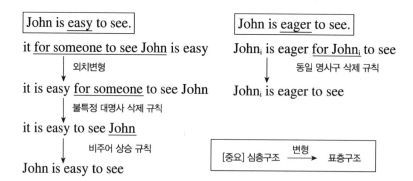

제 5 장 변형규칙(transformational rules)

변형규칙은 변형 전후를 가정하는 상태에서 가능하다. 촘스키(N. Chomsky)의 변형생성문법에서는 모든 문장은 변형규칙을 통해 생성된다고 가정하며, 변형의 전 구조를 **심층구조**(deep structure)라 하고 변형 후의 구조를 **표층구조**(surface structure)라 부른다. 변형규칙은 유형에 따라 크게 이동(movement), 삭제 (deletion), 삽입(혹은 첨가, addition) 및 대치(substitution)의 4가지로 나뉜다.

제 1 절 표층구조(surface structure)와 심층구조(deep structure)

다음의 두 문장을 비교해 보자.

> (a) John is <u>easy</u> to see.
> (b) John is <u>eager</u> to see.

두 문장은 겉으로는 동일한 구조처럼 보이지만, 문법 관계는 완전히 다르다. 문장 (a)는 John이 see의 목적어로서 For someone to see John is easy나 It is easy for someone to see John과 같은 의미를 지닌다. 그러나 문장 (b)에서 John은 문장의 주어이며 see의 목적어는 절대 아니다. 오히려 see의 목적어는 John을 제외한 어떤 NP이다. 두 문장의 심층구조에서 표층구조가 유도되는 과정은 다음과 같다. 사용된 규칙은 곧 배우게 되니 이름을 기억해 두자.

John is <u>easy</u> to see.

it <u>for someone to see John</u> is easy
     ↓   외치변형
it is easy <u>for someone</u> to see John
     ↓   불특정 대명사 삭제 규칙
it is easy to see <u>John</u>
        ↓   비주어 상승 규칙
John is easy to see

John is <u>eager</u> to see.

John$_i$ is eager <u>for John$_i$</u> to see
     ↓   동일 명사구 삭제 규칙
John$_i$ is eager to see

[중요] 심층구조 —변형→ 표층구조

이렇듯 표층구조는 실제 문장에서 사용되는 단어들의 규칙적 배열을 뜻하며, 심층구조는 화자가 문장에 대하여 갖는 추상적인(의미적인) 정보를 담은 구조이다. 이 두 계층의 구조는 변형이라는 과정을 매개로 하여 관련된다. 변형규칙을 구조기술과 구조변화 관점에서 기술할 때 구조기술은 심층구조를 가리키고, 구조변화는 표층구조를 가리킨다고 보면 된다.

제 2 절 이동 규칙(movement rule) 중요 ★★

문장의 구성성분 일부가 본래의 위치를 벗어나 다른 곳으로 이동하는 규칙을 말한다. 영어를 이동 규칙의 언어라 할 만큼 이동 규칙의 수가 많다. 앞서 배운 불변화사 이동, 외치변형, 주어-조동사 도치, 부사 전치 외에도 화제문화, 여격 이동, 비주어 상승 등이 있다.

1 화제문화(topicalization)

문장 중의 어떤 NP를 문두로 이동시켜 화제어(topic)를 만드는 방식을 말한다. 화제문에는 보이지는 않지만 문법적으로 빈자리가 있으며, 화제어가 된 명사구는 그 빈자리와 문법적 기능이 같다. 화제문화 규칙은 다음과 같다.

구조기술	X	–	NP	–	Y
	1		2		3
구조변화	2+1		Ø		3

(a) Linda, I am falling in love with _____.
(b) The Hawaiian islands, she said _____ were warm at this time of year.
(c) Prices going down, I'm counting on _____.

(a)에서 Linda는 with의 목적어이고, (b)에서 The Hawaiian islands는 보문절의 주어이며, (c)에서 Prices going down은 on의 목적어이다.

2 **여격 이동**(dative movement)

영문법에서 소위 목적어를 두 개 취할 수 있는 give, send, mail, buy, make, sell, show, build, lend 등의 수여동사들은 문장의 의미가 같은 3형식과 4형식 구문이 모두 가능한 경우가 많은데, 여격 이동 이란 3형식의 전치사구에 들어 있는 명사구를 간접목적어로 만들어 4형식 구조의 문장이 되게 만드는 것을 말한다. 심층구조는 3형식 문장이고 표층구조는 4형식 문장이 된다.

(a) Mary gave a book to Tom. → Mary gave Tom a book.

(b) Mary bought a book for Tom. → Mary bought Tom a book.

(c) Mary asked a question of Tom. → Mary asked Tom a question.

(d) Kate mailed it to Jerry. → *Kate mailed Jerry it.

문장 (d)의 경우에서 보듯이 3형식 문장에서 목적어가 대명사(자질 [+pron] 소유)인 경우는 여격 이동 이 불가능하다. 따라서 여격 이동 규칙을 기술할 때에 NP가 [-pron]임을 명시해야 한다.

구조기술	X	–	V	–	NP	–	{to/for/of}	–	NP	–	Y
					[-pron]						
	1		2		3		4		5		6
구조변화	1		2		5+3		Ø		Ø		6

여격 이동에서 심층구조를 4형식이 아닌 3형식 문장으로 삼는 이유는 두 가지가 있다. 첫째는 4형식 문장을 심층구조로 삼으면 변형규칙의 구조변화 부분에 동사에 따라 삽입되는 전치사를 모든 동사와 함께 기술해야 해서 규칙이 매우 길어지고 복잡해진다. 규칙의 특성상 보다 간단한 기술이 가능하도록 해야 하므로 3형식을 심층구조로 선택하는 게 더 좋다. 둘째는 explain, describe, demonstrate, obtain, transmit 등은 다음의 예에서 보듯 3형식 구조만 가능하고 4형식 구문은 불가능하다.

(a) They explained the case to me. → *They explained me the case.

(b) They described the situation to me. → *They described me the situation.

(c) They transmitted the message to me. → *They transmitted me the message.

여격 이동은 선택적인(optional) 수의적 규칙인데, 만일 4형식을 심층구조로 삼게 되면 비문을 심층구 조로 삼아 여격 이동을 의무적인(obligatory) 규칙으로 설정해야 하는 문제가 생겨 규칙의 서술이 복 잡해지게 된다. 따라서 3형식을 심층구조로 선택하는 것이 더 좋다.

3 비주어 상승(tough movement)

영어 문장 중 'It … (for …) to …' 구문에서 to-부정사구(보문구)의 명사구(대체로 동사/전치사의 목적어로 주어가 아니므로 비주어라 부름)가 상위문의 가주어인 it 자리로 이동하는 변형규칙을 말한다. 대체로 형용사가 (im)possible, hard, easy, difficult, (un)pleasant, exciting 등과 같은 경우에 나타나서 이 서술어들에 [+tough]란 자질을 부여한다. 자질 이름이 tough인 이유는 이러한 문장 구조 분석이 매우 어렵고(tough), 예문으로 애용되는 문장이 This sentence is tough to analyze와 같은 경우가 많기 때문이다. 추가적인 예문은 비주어 상승 전후를 보여준다.

(a) It is impossible to accept the proposal. → The proposal is impossible to accept _____.
(b) It is hard to please him. → He is hard to please _____.
(c) It is pleasant to discuss the subject. → The subject is pleasant to discuss _____.
(d) It is easy to talk to Linda about politics. → Linda is easy to talk to _____ about politics.

비주어 상승문의 특징은 보이지는 않지만 문장의 어느 곳에 문법적으로 빈자리가 있고, 주어 자리에 있는 명사구는 주어가 아니고 이 빈자리가 갖는 문법적 기능을 갖고 있다. 비주어 상승문이 되려면 to-보문구처럼 시제가 없어야 한다. 만일 다음 예문처럼 that-보문절이 되어 시제가 있으면 비주어 상승이 불가능하다.

(a) The wine is hard for everyone to enjoy _____.
(b) *The wine is hard that everyone would enjoy _____.

따라서 비주어 상승 규칙은 다음과 같이 표현될 수 있다.

구조기술	It	–	VP	–	s′[(for NP)	–	to	–	vp[X	–	NP	–	Y]]
			[+tough]										
	1		2		(3)		4		5		6		7
구조변화	6		2		(3)		4		5		Ø		7

비주어 상승 규칙이 적용되는 심층구조는 사실 이미 외치변형이 적용된 구조이다. 외치변형 이전부터의 변형 과정을 보면 다음과 같다.

> The book is tough for me to understand.

it for me to understand the book is tough

     ↓ 외치변형

it is tough for me to understand the book

     ↓ 비주어 상승 규칙

The book is tough for me to understand _____.

4 이동 규칙의 제약

wh-구의 이동은 하나의 S에만 적용되는 것이 아니라, 이 규칙이 적용되는 데 장애물이 없는 한 계속하여(successively) comp-교점을 따라 이동한다. 다음 그림에서 Who does the boy believe to be arriving tonight? 문장의 변형 과정 중 who는 comp-교점을 따라 하나의 S를 넘어 문두로 이동하였다.

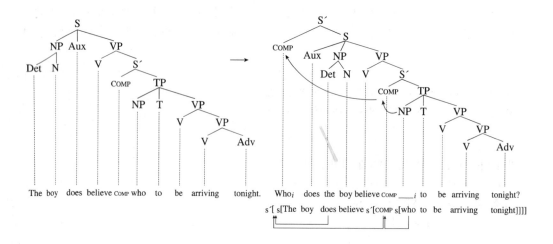

다음 그림에서 보듯, 또 다른 문장 What did your mother say (that) she thought you found out? 변형 과정에서도 what이 comp$_2$로 이동했다가 comp$_1$으로 이동하고, 다시 문두로 이동하였다. 이 과정에서 무려 세 개의 S를 뛰어 넘어 이동하였다. 이처럼 이동에 장애물이 없으면 계속해서 이동할 수 있다.

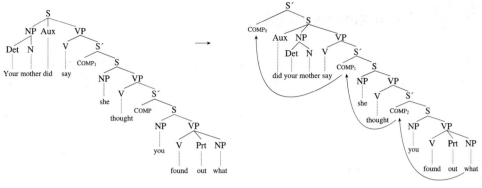

$_s$[Your mother did say $_{s'}$[COMP$_1$ $_s$[she thought $_{s'}$[COMP$_2$ $_s$[you found out what]]]]]. $_{s'}$[$_s$[Your mother did say $_{s'}$[COMP$_1$ $_s$[she thought $_{s'}$[COMP$_2$ $_s$[you found out what]]]]].

그러나 **복합명사구**(complex NP)를 내포한 문장에서 wh-구를 이동시키면 다음처럼 비문이 된다. 이러한 경우는 대체로 the fact that ~ 형태의 동격절이나 선행사와 관계사 수식절을 포함한 경우가 된다.

> - *Who does the boy believe the fact that is arriving tonight?
> - *What did your mother say the fact that you found out?

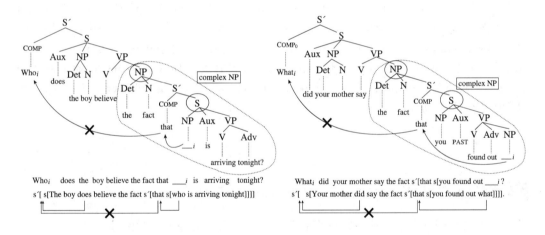

Who$_i$ does the boy believe the fact that ___$_i$ is arriving   tonight?
$_{s'}$ $_s$[The boy does believe the fact $_{s'}$[that $_s$[who is arriving tonight]]]]

What$_i$ did your mother say the fact $_{s'}$[that $_s$[you found out ___$_i$?
$_{s'}$ $_s$[Your mother did say the fact $_{s'}$[that $_s$[you found out what]]]].

비문이 되는 이유는 wh-구가 복합명사구(점선 영역)에서 빠져 나오려면 동그라미 친 S를 빠져나갈 수는 있지만, 이 S가 NP 밑에 속한 복합명사구이기 때문에 NP-S의 형태로 된 구조물을 연이어 빠져나오지 못하기 때문이다. 이처럼 변형규칙의 이동 규칙 예에서 볼 수 있듯이 변형은 아무렇게나 적용되는 것이 아니라, 구조적 제한을 받는다는 것을 알 수 있다. 이러한 변형규칙의 성질을 **구조 의존성**(structural dependency)이라고 한다.

특히 이동 규칙의 제약 중에서 어떤 구성성분이 한 번에 두 개, 즉 NP-S의 구조물을 통과하여 이동하지 못한다는 것을 **하위인접조건**(subjacency condition)이라고 부른다.

제 **3** 절 삭제 규칙(deletion rule) 중요 ★★

구성성분 일부가 없어지는 규칙을 삭제 규칙이라 하는데, 명령문에서 주어 you를 삭제하는 경우나, 동일한 명사구나 동사구의 반복을 피하기 위해서 뒤에 나오는 명사구/동사구를 삭제하는 경우가 여기에 해당된다.

1 명령문화(imperativization) 규칙

구조기술	You	–	VP
	1		2
구조변화	Ø		2

명령문화는 심층구조의 주어인 you를 삭제하는 규칙이다. 표층구조에는 없는 명령문의 주어가 심층구조에서 you라는 증거들 중에서 세 가지를 살펴보자. 첫째는 You, get out! Don't you do that!의 경우처럼 때때로 강조하기 위하여 명령문의 주어가 표층구조에서도 드러나는 경우가 있다. 둘째는 평서문의 부가의문문 Jane is a doctor, isn't she?의 경우처럼 부가의문문에서 문장의 주어가 반복되는데, 명령문 Come again, won't you?의 경우를 보면 드러나지 않은 주어가 you라는 것을 알 수 있다. 셋째로 주어와 주어의 신체 일부를 동시에 언급하는 동사가 쓰인 문장 He cleared his throat를 보면 소유격이 주어의 정체를 반영하게 되는데, 명령문 Clear your throat!에서 보듯이 your가 주어 you를 반영하는 것을 알 수 있다.

2 동일명사구/동사구 삭제(equi-NP/VP deletion) 규칙

같은 구성성분(명사구 혹은 동사구)이 반복될 때 그중 뒤의 것을 삭제하는 규칙이다.

(a) John went to the park and (John) rode the tricycle.
(b) They refused to report the trial because they were afraid to (report the trial).
(c) John does it faster than Mary (does it).

문장 (a)의 경우처럼 반복된 명사구 중 뒤의 것을 삭제하는 규칙을 동일명사구(equi-NP) 삭제 규칙이라 하고, (b)와 (c)처럼 반복되는 뒤의 동사구를 삭제하는 것을 동일동사구(equi-VP) 삭제 규칙이라고 한다. 동일명사구 삭제 규칙에 의해 유도된 표층구조 문장의 예를 더 살펴보자.

(a) John wants to marry Linda. / John promised Ted to marry Linda. (주어 John이 Linda와 결혼)

(b) John asked Ted to marry Linda. / John persuaded Ted to marry Linda. (목적어 Ted가 Linda와 결혼)

동사의 종류(want, promise, ... / ask, persuade, allow, force)에 따라 생략된 동일명사구가 상위문의 주어일 수도 혹은 목적어일 수도 있다. 이들 문장의 의미상의 주어를 밝힌 심층구조를 살펴보자.

(a′) John$_i$ wants [for John$_i$ to marry Linda]. / John$_i$ promised Ted [for John$_i$ to marry Linda].

(b′) John asked Ted$_i$ [for Ted$_i$ to marry Linda]. / John persuaded Ted$_i$ [for Ted$_i$ to marry Linda].

to-부정사 보문절의 동일명사구와 더 이상 필요 없는 for을 삭제하면 표층구조가 된다.
보문절의 동일명사구가 상위문의 주어와 같든 목적어와 같든 두 가지 모두를 나타내는 삭제규칙을 나타내면 다음과 같다.

구조기술	X	–	NP$_i$	–	Y	–	s[for NP$_i$	–	VP]
	1		2		3		4		5
구조변화	1		2		3		Ø		5

제4절 삽입 규칙(insertion rule)

심층구조에 없던 구성성분이 표층구조에 삽입되는 규칙으로, 대표적으로 there 삽입과 do 첨가가 있다.

1 there 삽입(there insertion)

구조기술	NP	–	V	–	X
	[-def.]		[+exist.]		
	1		2		3
구조변화	There		2+1		3

심층구조에서 주어가 비한정(indefinite, [-def.]) 명사구이고, 동사가 존재([+existential]) 동사 또는 발생 동사인 경우에만 주어 자리에 there가 삽입되고 원래 주어는 동사 뒤로 이동하여 표층구조를 이룬다. 존재/발생 동사는 sit, stand, lie, live, stay, remain, occur, ensure, arise, come, appear 등이 있다.

> (a) 주어가 비한정 명사구인 경우 (*는 한정 명사구라서 비문임)
> • A book is on the table. → There is a book on the table.
> • Many books are on the table. → There are many books on the table.
> • The lady was in the house. → *There was the lady in the house.
> • Tom was in the cabin. → *There was Tom in the cabin.
> (b) 동사가 존재/발생 동사인 경우 (*는 그렇지 않은 경우라서 비문임)
> • A wind came like a bugle. → There came a wind like a bugle.
> • A debate on the subject arose. → There arose a debate on the subject.
> • A man laughed in the classroom. → *There laughed a man in the classroom.
> • Many soldiers died in the war. → *There died many soldiers in the war.

2 do 첨가(do insertion)

일반 동사를 이용한 의문문이 만들어질 때, 시제밖에 없는 Aux 노드 좌측에 do가 첨가되는 규칙이다. 평서문인 심층구조가 주어-조동사 도치 규칙이 먼저 적용되고 난 후에 do 첨가가 된다.

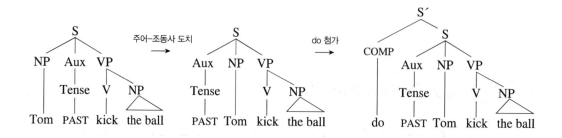

제 5 절 대치 규칙(substitution rules) 중요 ★★

한 문장 안에 동일한 명사구가 두 개 있을 때, 동일명사구 삭제 규칙에 의해 이 중 하나가 삭제될 수 있음은 앞에서 배웠다. 하지만 때때로 둘 중 하나가 재귀대명사(reflexive pronouns)나 대명사(pronouns)로 대치될 수 있다. 대표적인 대치 규칙인 재귀대명사화와 대명사화에 대해 살펴보자.

> **더 알아두기**
>
> **대치규칙**
> 반복되는 단어(집단)가 대명사, 대동사, 부사 등으로 대치되는 규칙으로 다음에서 배울 재귀대명사화와 대명사화를 제외한 추가적인 경우를 아래의 예문으로 확인해 보자.
>
> (a) I saw the accident but he didn't do so. [see the accident = do so]
> (b) We were sitting in the balcony, and they were sitting there, too. [in the balcony = there]
> (c) I saw Tom yesterday, and she saw Fred then, too. [yesterday = then]
>
> 따라서 see the accident, in the balcony, yesterday는 모두 대치 가능한 구성성분이며, 실제로 VP, PP, Adv의 구범주 혹은 어휘범주인 구성성분이 된다.

1 재귀대명사화(reflexivization)

영어에서 재귀대명사는 인칭대명사와 상보적 분포를 이루는데 다음 예문을 보면 알 수 있다. 한 문장에 동일명사구(인칭 명사구)가 두 개 있을 때, 뒤에 오는 명사구는 선행 명사구와 인칭/성/수에 일치하는 재귀대명사를 반드시 사용해야 하며, 그렇지 않으면 비문이 된다.

> (a) I washed myself. / *I washed me.
> (b) You washed yourself. / *You washed you.
> (c) He washed himself. / *He washed him.
> (d) They washed themselves. / *They washed them.

좀 더 긴 문장들의 예문을 살펴보자.

> (e) Tom talked to Susan about himself. / Tom talked to Susan about herself.
> (f) Tom said that Susan loved herself. / *Tom said that Susan loved himself.

예문 (e)에서 보면 재귀대명사는 Tom, Susan 모두를 지칭하는 것이 가능하지만, 예문 (f)를 보면 재귀대명사는 Susan만을 지칭할 수 있고 that을 넘어서는 Tom을 지칭할 수는 없는 것을 볼 수 있다. 결국, 동일체를 지칭하는 두 NP가 같은 절 안에 있어야 한다는 것을 볼 수 있다. 이 모든 자료를 모두 설명할 수 있는 재귀대명사화 규칙은 다음과 같다. NP 앞뒤로 X, Y 변항을 사용함으로써 두 NP가 동일절에 있으면 그 문법적 기능이 주어이든 목적어이든 뒤 NP를 재귀대명사화하면 된다.

구조기술	X	–	NP_i	–	Y	–	NP_i	–	Z
	1		2		3		4		5
구조변화	1		2		3		4		5
					[+ ref.]				

※ 조건 : 두 NP는 동일절에 있어야 한다.

예문 (e), (f)에 해당하는 표층구조를 수형도로 나타내면 다음과 같다. 종속절을 포함한 경우 동일절을 점선으로 나타내었다.

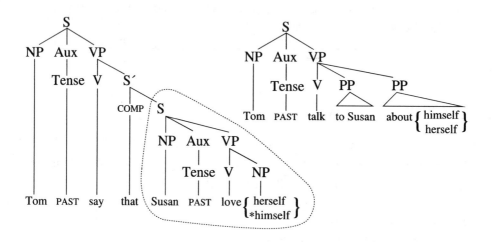

2 대명사화(pronominalization)

모든 변형규칙이 구조에 의존하는데, 영어의 대명사화는 그중에서도 특히 구조의존성이 높은 경우이다. 다음의 예문을 보자.

(a) Tom$_i$ left school when he$_i$ was young.
(b) When he$_i$ was young, Tom$_i$ left school.
(c) When Tom$_i$ was young, he$_i$ left school.
(d) *He$_i$ left school when Tom$_i$ was young.

예문 (a), (b), (c)는 Tom = he의 관계가 성립하여 정문이지만, (d)는 그러한 관계가 성립하지 않아 비문이 된다. 예문 (d)가 정문이 되려면 he는 Tom이 아닌 다른 사람이어야 한다. 대명사가 있는 문장의 정문/비문 여부를 판단하려면 문장을 이루는 구성성분들 간의 **성분통어**(c-command, constituent-command) 관계를 알아야 한다.

(1) (구성)성분통어(C-통어, c-command)

다음의 수형도를 가계도라고 보고 M을 부모라 한다면 A와 B는 형제/자매가 되고, B를 부모라 보면 C와 D가 형제/자매가 될 것이다. 마찬가지로 D를 부모라 보면 F와 G는 형제/자매가 된다. 이러한 관계에서 어떤 사람이 형제/자매를 이루는 사람과 그 아래 모두를 성분통어(C-통어)한다고 정의한다.

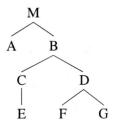

M은 형제/자매가 없으므로 어떠한 사람도 성분통어하지 못한다. A는 B, C, D, E, F, G 모두를 성분통어하고, B는 A만을 성분통어하고, C는 D, F, G를 성분통어하고, D는 C, E를 성분통어하며, E는 형제/자매가 없으므로 어떠한 사람도 성분통어하지 못한다. F는 G만을 성분통어하며, G는 F만을 성분통어한다.

(2) 대명사화 규칙

NP$_b$가 NP$_a$를 선행하면서 동시에 성분통어하는 경우에는 NP$_b$가 NP$_a$의 대명사가 될 수 없다. 나머지 경우에는 대명사가 될 수 있다.

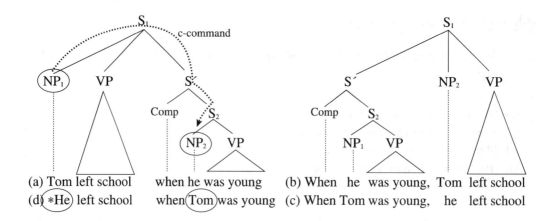

(a) Tom left school   when he was young   (b) When he was young, Tom left school
(d) *He left school   when Tom was young   (c) When Tom was young, he left school

예문의 수형도를 보면 (d)의 경우에만 He가 선행하면서 동시에 Tom을 성분통어하기 때문에 대명사가 될 수 없다. 이에 반해 (b)는 he가 선행하지만 Tom을 성분통어하지 않으므로 대명사 관계가 정문이 된다. 나머지 두 경우는 모두 대명사 관계가 올바른 정문이다.

다음의 예문과 수형도를 보고 대명사 관계를 파악해 보자.

Mary told Tom$_i$ who liked him$_i$. / *Mary told him$_i$ who liked Tom$_i$.

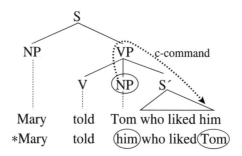

비문의 경우 대명사 him이 선행하면서 동시에 Tom을 성분통어하기 때문에 대명사 관계가 성립하지 않는다.

제5편 실전예상문제

제 1 장 문장의 구조 의존성(structural dependency)

01 구나 문장의 구조를 연구하는 문법의 한 분야를 무엇이라 하는가?

① 음운론
② 형태론
③ 통사론
④ 의미론

01 통사론은 언어의 문장 패턴을 연구하는 언어학의 한 분야로, 단어들이 구나 절, 혹은 문장을 이루는 방식이나 구조를 연구한다.

02 다음 중 중의성을 내포하지 <u>않는</u> 것은?

① The sentence was a long one.
② the fat woman's husband
③ the friends of the boy and the girl
④ The horse bit the dog.

02 ①은 sentence가 문장/판결이란 두 가지 뜻을 가지므로 어휘적 중의성이 나타난다. ②는 여자 혹은 남편이 뚱뚱하다는 구조적 중의성을 갖고 있으며, ③은 친구들이 소년만의 친구들인지 혹은 소년과 소녀 모두의 친구들인지 구조적 중의성을 갖고 있다.

03 다음 중 구조적 중의성을 띠는 것은?

① The horse bit the dog.
② the parents of the boy and the girl
③ Yesterday, could John lift 500 pounds?
④ I will stand up my date.

03 부모가 소년의 부모인지, 소년과 소녀 모두의 부모인지 구조적 중의성을 갖고 있다. 괄호로 표현하면 '(the parents of the boy) and the girl / the parents (of the boy and the girl)'과 같다.

정답   01 ③ 02 ④ 03 ②

안심Touch

04 구조적 중의성의 예로, 교수가 뚱뚱하므로 fat은 professor를 직접 수식해야 하며 fat professor 구가 한 단어처럼 학생을 수식해야 하므로 the ((fat professor)'s student)의 구조인 ①이 정답이다.

04 "교수가 뚱뚱하고, 그 교수의 학생"이란 의미를 나타내는 구조로서 옳은 것은?

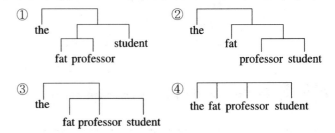

05 주어 다음의 첫 조동사를 이동시켜야 하며, 주어 명사구 내부의 동사를 이동시키면 안 된다. 주어 명사구가 The people who were saying that John was sick이므로 첫 조동사는 should이다.

05 다음 문장이 의문문이 될 때 주어 앞으로 이동하는 요소는?

> The people who were saying that John was sick should be leaving soon.

① were

② was

③ should

④ be

제 2 장   문장의 구조

01 수형도가 나타내는 속성이 <u>아닌</u> 것은?

① 단어들의 선형적 순서
② 구성성분들의 통사적 범주
③ 구성성분 간의 계층적 구조
④ 구성성분들의 파생 순서

01 Selkirk의 X′-형태론의 수형도에서 나타나는 파생 순서는 파생어의 순서이며, 통사론 수형도에서는 구성성분의 파생 순서 정보가 전혀 나타나지 않는다. 통사론 수형도에서 가장 크기가 작은 구성성분인 단어의 정보는 어휘범주밖에 없다.

02 동사구가 다음의 구조를 이루는 문장은?(좌우 수형도는 같은 그림임)

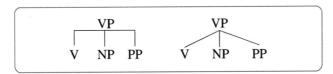

① move the table by the window
② move the table into the hall
③ move the table in the room
④ move the rock with flowers

02 ① "창가의 테이블", ③ "방 안의 테이블", ④ "꽃이 달린 바위"는 수식어인 전치사구가 NP 내부에 존재하는 경우이지만, ②는 움직임을 나타내는 전치사 into의 특성상, 전치사구가 NP 내부에 존재할 수 없고 동사의 수식어로서 VP 내부에 존재해야 하므로 정답은 ②가 된다. 다음의 수형도를 참고하자
[문제 하단의 그림 참조]

⟫⟫◯

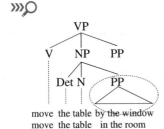

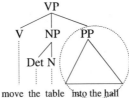

checkpoint 해설 & 정답

03 문장의 수형도는 동사에 대하여 명
사구가 목적어로 쓰이는지 알려주는
데, 주어진 수형도는 타동사의 목적
어로 명사구를 취하는 것을 보여준
다. 따라서 목적어를 취하지 못하는
자동사를 찾으면 된다.

03 **다음 구조에서 V에 삽입될 수 <u>없는</u> 어휘는?**

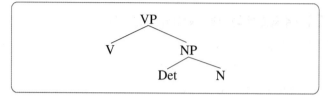

① love

② come

③ hit

④ kiss

04 구성성분을 알아내기 위한 분열문
테스트의 예로, 테스트하기 위한 구
가 들어 있는 문장을 It is/was ~
that … 구문의 ~와 …에 나누어 넣
고 정문/비문 여부로 알아낸다. ④의
the table into the hall은 V의 목적
어(NP)와 수식어(PP)이므로 각각 구
성성분이지 둘이 하나로 합쳐져서는
구성성분이 될 수 없다.

04 **다음 분열문 중에서 바르지 <u>않은</u> 것은?**

① It was the boy in the room that moved the table into the
hall.

② It was the table that the boy in the room moved into the
hall.

③ It was into the hall that the boy in the room moved the
table.

④ It was the table into the hall that the boy in the room
moved.

정답 03 ② 04 ④

제3장 문장의 변형

01 다음 비문에 어떤 규칙이 적용되면 문법적인 문장이 되는가?

> **보기**
>
> *I will stand all the men who offered me diamonds up.

① 불변화사 이동
② 부사 전치 규칙
③ 외치변형
④ 주어-조동사 도치

01 stand up my date 표현에서 불변화사 up이 맨 뒤로 이동하여 stand my date up이 되어도 정문이지만, 만일 NP가 my date처럼 짧지 않고 all the men who offered me diamonds와 같이 관계사절(S´)을 포함한 긴 명사구이면 〈보기〉처럼 비문이 된다. 이때는 S´ 부분을 외치변형하여 문미로 이동시키면 정문이 된다.

※ 주어진 문장을 보고 물음에 답하시오. (02~03)

> (a) I will stand <u>up</u> all the men who offered me diamonds.
> (b) I will stand all the men who offered me diamonds <u>up</u>.
> (c) I will stand all the men up who offered me diamonds.

02 문장 (a)를 (b)로 바꾸는 규칙은?

① 부사 후치
② 목적어 전치
③ 불변화사 이동
④ 전치사 이동

02 stand up my date 표현에서 <u>불변화사</u> up이 맨 뒤로 <u>이동</u>하여 stand my date up이 되어도 정문이지만, 만일 NP가 my date처럼 짧지 않고 all the men who offered me diamonds와 같이 관계사절(S´)을 포함한 긴 명사구이면 비문이 된다. 이때는 S´ 부분을 <u>외치변형</u>하여 문미로 이동시키면 정문이 된다.

03 문장 (b)를 (c)로 바꾸는 규칙은?

① 부사 전치
② 외치변형
③ 불변화사 전치
④ 목적절의 후치

03 [02번 해설 참조]

정답 01 ③ 02 ③ 03 ②

안심Touch

04 You will <u>stand up</u> your date tomorrow.
→ (불변화사 이동) → You will <u>stand</u>
your date <u>up</u> tomorrow. → (부사
전치) → <u>Tomorrow</u> you will stand
up your date. → (의문문화) →
Tomorrow, <u>will</u> you stand your
date up?

04 다음 문장에 적용된 규칙이 <u>아닌</u> 것은?

> Tomorrow, will you stand your date up?

① 부사 전치
② 의문문화
③ 외치변형
④ 불변화사 이동

05 선행사(Det N)를 수식하는 관계사절
이자 수식절 S′를 문미에 이동시킨
외치변형이다. 선행사 The people을
수식하는 S′인 who were wearing
long boots를 문미로 이동시킨다.

05 다음 규칙과 관련하여 <u>틀린</u> 설명은?

구조기술	X –	NP[(Det) N –	S′]	– Y
	1	2	3	4
구조변화	1	2	Ø	4+3

① 외치변형 규칙이다.
② The people who were wearing long boots came in은 가능한 구조기술 예문이다.
③ The people came who were wearing long boots in을 유도한다.
④ The people came in who were wearing long boots은 가능한 구조변화 예문이다.

06 다음의 규칙이 적용된 문장으로 옳은 것은?

$$
\begin{array}{lll}
\text{구조기술} & \text{NP -} & \left[_{\text{AUX}} \left\{ \begin{array}{l} \text{Modal} \\ \text{have} \\ \text{be} \end{array} \right\} \right] \text{- VP} \\
& \quad 1 & \qquad\quad 2 \qquad\qquad 3 \\
\text{구조변화} & \quad 2{+}1 & \qquad\quad \varnothing \qquad\qquad 3
\end{array}
$$

① Who is coming?

② On Monday, he will return.

③ Can you finish the work today?

④ He has been in Seoul for two years.

01 명사구 NP의 구구조 규칙을 나타낸
것으로 핵인 명사 N을 중심으로 앞
에 한정사가 있고, 뒤에는 핵을 수식
하는 전치사구가 있다.

02 명사구 NP의 구구조 규칙을 나타낸
것으로 핵인 명사 N을 중심으로 앞
에 한정사가 있고, 뒤에는 핵을 수식
하는 전치사구가 있다.

정답 01① 02①

제4장 문장의 생성

01 다음 구조에서 ? 부분에 해당하는 문법범주는?

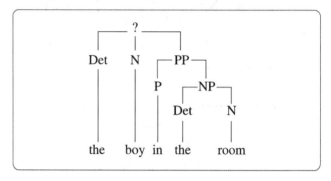

① NP
② S
③ VP
④ PP

02 다음의 NP 구조에서 생성될 수 있는 말은?

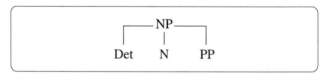

① the mountain near the river
② the man that I loved
③ the big shaggy dog
④ the tall boy in the room

03 다음 구조의 V에 삽입될 수 있는 어휘는?

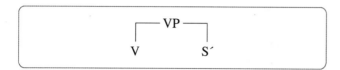

① identify
② put
③ think
④ sleep

04 다음의 구구조 규칙으로 생성된 문장으로 옳은 것은?

> S → NP Aux VP   NP → (Det) N
> VP → V NP

① Harry may sleep.
② She turned up at 7:00.
③ The boy will love the girl.
④ He put the ball on the table.

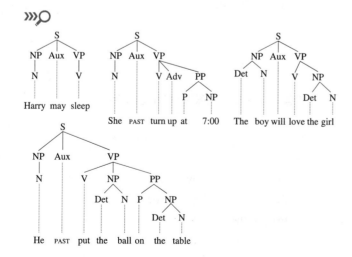

05 〈보기〉에 주어진 모든 구를 모두 표현할 수 있는 구구조 규칙은 Tom에서 볼 수 있듯이 핵인 명사 하나 이외에는 모두 선택적 사항이므로 괄호 ( ) 안에 들어가 있어야 한다. 따라서 ①, ②, ③은 정답이 아니다. 〈보기〉 the big table에서 보듯, 핵의 앞에는 (Det) (Adj) N이 되어야 하며, S´인 that I moved와 PP인 in the basement 둘 중에 하나를 포함해야 하므로 핵의 뒤에는 N ({PP/S´}) 여야 한다. 따라서 (Det) (Adj) N ({PP/S´})이 정답이다.

05 다음 명사구 표현들을 나타내는 구구조 규칙은?

> **보기**
>
> Tom
> the table
> the big table
> the table that I moved
> the table in the basement

① NP → (Det) (Adj) N PP
② NP → (Det) (Adj) N S´
③ NP → Det (Adj) N {PP/S´}
④ NP → (Det) (Adj) N ({PP/S´})

06 괄호는 선택 사항이므로 없어도 되나 핵인 N은 반드시 있어야 한다.

06 다음의 구구조 규칙이 함축하는 규칙이 아닌 것은?

> NP → (Det) N (PP)

① NP → N
② NP → Det N
③ NP → N PP
④ NP → Det PP

07 명사(Det N) 뒤에 이를 수식하는 관계사절(S´)이 존재하는 경우이므로 ③이 정답이다. 나머지는 모두 NP → Det N PP의 규칙이다.

07 다음의 구구조 규칙에서 생성되는 말은?

> NP → Det N S´

① the house in the woods
② the burglar in the basement
③ the weather I disliked
④ the man as an ex-convict

정답 05 ④ 06 ④ 07 ③

08 다음의 구구조 규칙에 의해서 생성되는 표현으로 적절한 것은?

> NP → Det N S′

① happy woman that will come tomorrow
② that house near the river
③ the man who is waiting for me
④ the man with strong shoulders

08 ②, ④는 NP → Det N PP이고, ①은 NP → Adj N S′이다.

09 다음 구구조 규칙에 의해 생성되지 <u>못하는</u> 명사구는?

> NP → (Det) (Adj) N (PP)

① women
② the women
③ the women that I met
④ the beautiful women under the tree

09 ③은 NP → Det N S′의 경우이다.

10 다음 구구조 규칙 중 옳지 <u>않은</u> 것은?

① VP → V (NP) PP
② S′ → Comp S
③ S → NP Aux VP
④ NP → (Det) (Adj) PP

10 구구조 규칙은 S나 S′를 제외하면, 좌측의 구범주를 우측에 어휘범주로 풀어내는 것을 원칙으로 한다. 따라서 구범주의 핵인 어휘범주가 반드시 우측에 존재해야 하며 또 선택 사항이 아닌 필수 사항이어야 하므로 괄호 안에 들어 있어도 안 된다. ④는 핵인 N이 우측에 없으므로 틀린 규칙이 된다. ②의 S는 어휘범주는 아니지만 S′ 규칙의 핵과 같은 기능을 수행하므로 옳은 것이 된다.

정답 08 ③ 09 ③ 10 ④

11 전치사구 PP가 NP 안에 속해있는지 VP 안에 속해있는지를 묻는 질문으로, PP가 명사핵을 수식하는지 동사핵을 수식하는지를 판별하면 된다. ①, ③, ④는 다음의 수형도에서 보듯이 PP가 모두 NP 안에서 핵인 명사 N을 수식하는 경우인데, ②는 동사의 특성상 두는 대상과 위치를 VP 안에서 나타내도록 하위범주화되어 있다. 만일 ④에 추가적인 PP인 with a gun을 넣는다면 수형도에서처럼 정답이 될 수도 있다.
[문제 하단의 그림 참조]

11 다음의 VP 구조에서 생성될 수 있는 말은?

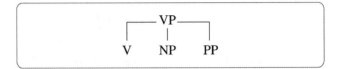

① eat the candy in the bowl
② put the candy on the table
③ like the lady near the window
④ shot the woman with blond hair

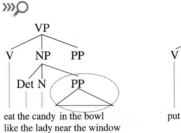

eat the candy in the bowl
like the lady near the window
shot the woman with blond hair

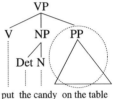

put the candy on the table

VP / V NP PP / Det N PP / PP

shot the woman with blond hair with a gun

12 구구조 규칙에서 괄호의 쓰임을 묻는 문제로, 소괄호 ( )는 선택적인 수의적 사항이므로 없어도 있어도 되고, 중괄호 { }는 반드시 하나는 있어야 한다는 표시이다. 따라서 이 규칙에서 말하는 것은 NP는 있거나 없어도 되지만, PP나 S´ 둘 중에 하나는 반드시 있어야 한다는 말이다. ②는 NP는 없지만 PP가 있으므로 생성될 수 있고, ③과 ④는 NP도 있고 PP 혹은 S´가 있으므로 생성될 수 있지만, ①은 NP는 있지만 의무 사항인 PP 혹은 S´ 중에 하나가 없으므로 생성될 수 없다.

12 다음의 구구조 규칙에서 생성될 수 없는 것은?

$$VP \rightarrow V \ (NP) \ \{PP/S´\}$$

① love the girl
② sleep on the bench
③ put the candy on the table
④ promised him that I would come

정답 11 ② 12 ①

13 다음의 구구조 규칙으로 생성되는 **VP**로 옳은 것은?

> VP → V PP

① look out the window
② play the piano
③ put a candy on the table
④ paint the mural red

13 동사 V 핵 다음에 바로 전치사구 PP
가 와야 하므로 목적어 NP가 있는
②, ③, ④는 옳지 않다.

14 다음의 구구조 규칙이 함축하는 규칙으로 옳은 것은?

> VP → V NP (PP)

① VP → V
② VP → V NP
③ VP → V PP
④ VP → NP PP

14 괄호 안의 PP는 선택 사항이므로 있
어도 없어도 되지만 V, NP는 반드시
존재해야 한다.

15 다음 구구조 규칙에 의해 생성되지 <u>못하는</u> 동사구는?

> VP → V (NP) (S′)

① cry
② hit the boy
③ think that he is right
④ ask the question of him

15 핵인 V 동사는 필수 요건이고, NP나
S′는 선택 사항이다. ①은 VP → V,
②는 VP → V NP, ③은 VP → V
S′이나 ④는 VP → V NP PP이므로
보기와 다르다.

16 접속사는 Comp이고 종속절도 문장
이므로 S, 따라서 S′ → Comp S가
정답이 된다.

16 다음 구구조 규칙 중 접속사와 종속절을 생성하는 것은?

① S → NP Aux VP

② NP → Det N PP

③ S′ → Comp S

④ VP → V NP PP

17 동사의 목적어와 종속절이 동시에
있어야 하므로 ①이 정답이 된다.

17 다음의 구구조 규칙에 의하여 생성되는 표현으로 적절한 것은?

> VP → V NP S′

① promise him that she will come early

② consider that she will come early

③ make him happy

④ buy a house near the mountain

18 NP 안에 PP가 들어있고, 다시 PP
안에 NP가 들어있음으로 해서 무한
히 순환 반복할 수 있게 해주는 귀환
성을 지니고 있다. 이론적으로 무한
히 긴 문장을 생성할 수 있고, 이는
인간 언어의 창조성을 반영한다.

18 다음의 두 규칙이 나타내는 바로서 옳은 것은?

> NP → Det N PP　　　　PP → P NP

① 구구조 규칙의 유한성

② 구구조 규칙의 귀환성

③ 구구조 규칙의 한계성

④ 구성성분의 불연속성

정답　16 ③　17 ①　18 ②

19 다음의 세 규칙이 나타내는 바로서 옳은 것은?

> (a) S → NP VP
> (b) VP → V S′
> (c) S′ → Comp S

① 이론적으로 문장의 길이는 무한하다.
② 문장은 불연속 구조를 이룬다.
③ 문장은 변형으로 이루어진다.
④ 선택제약을 지켜야 정문을 이룬다.

19 구구조 규칙이 귀환성을 지니려면 두 개의 규칙이 서로를 포함하고 있어야 한다. 규칙 S → NP VP에 NP, VP가 있으므로 NP → 규칙이나 VP → 규칙에 S가 존재하면 된다. 그런데 VP → V S′ 규칙에는 S가 직접적으로 존재하지는 않지만 S′ → Comp S를 대입해 보면 VP → V Comp S와 같이 되어서 결국 VP 규칙에 S가 존재하게 되어, 두 규칙 S, VP가 S′를 매개체로 하여 귀환성을 보이게 된다.

20 다음의 세 규칙이 나타내는 것은?

> (a) S → NP Aux VP
> (b) VP → V S′
> (c) S′ → Comp S

① 귀환성(recursiveness)
② 하위범주화(subcategorization)
③ 선택제약(selectional restriction)
④ 변형규칙(transformational rules)

20 구구조 규칙이 귀환성을 지니려면 두 개의 규칙이 서로를 포함하고 있어야 한다. 규칙 S → NP Aux VP에 NP, VP가 있으므로 NP → 규칙이나 VP → 규칙에 S가 존재하면 된다. 그런데 VP → V S′ 규칙에는 S가 직접적으로 존재하지는 않지만 S′ → Comp S를 대입해 보면 VP → V Comp S와 같이 되어서 결국 VP 규칙에 S가 존재하게 되어, 두 규칙 S, VP가 S′를 매개체로 하여 귀환성을 보이게 된다.

21 다음 중 하위범주화 규칙을 어긴 것은?

① My brother found in the garage.
② She looked up the word.
③ The burglar slept.
④ Robert is hopeful of success.

21 구구조 규칙의 각 어휘범주에 속하는 단어가 삽입될 때에는 하위범주화(subcategorization) 규칙에 따라야 한다. 예를 들면, 동사에 따라 목적어를 취하기도 하고 안 취하기도 하기 때문이다. 타동사 find는 목적어 NP가 필요하다.

정답 19① 20① 21①

안심Touch

22 주요 단어의 하위범주화 요건은 다음과 같다. 동사 amaze는 that-절을 취하며, 형용사 hopeful은 of-전치사구나 that-절을 취하고, 형용사 fond는 of-전치사구를 취한다. 동사 identify는 NP를 목적어로 취한다. ②는 전치사구라면 of his brother playing tennis가 되어야 옳다.

22 다음 중 하위범주화가 바르게 지켜진 것은?

① be amazed that I play tennis
② be hopeful of his brother plays tennis
③ be fond that he plays tennis
④ identified that he was an ex-convict

23 동사 amaze는 that-절을 취하고, 형용사 fond는 of-전치사구를 취한다. 형용사 hopeful은 of-전치사구/that-절을 취하지만 전치사구일 경우 희망의 '내용'이 아닌 단순한 사람이 오면 비문이 된다. 따라서 ②는 hopeful of his children's success나 hopeful that his children will get better grades next time 등이 되면 정문이 될 것이다. 명사 belief는 in-전치사구나 that-절을 취하는데 마찬가지로 믿음의 '내용'이므로 정답이 된다.

23 다음 중 하위범주화 속성을 지킨 표현으로 옳은 것은?

① My brother is amazed of playing tennis.
② Robert is hopeful of his children.
③ his belief in his wife's getting well soon
④ My brother is fond that he plays tennis.

24 동사가 자신이 취하는 주어, 목적어, 보어 등의 구성성분들에 대해 '의미'에 있어 특정한 자질을 요구할 때 이들을 선택제약이라고 한다. 제시된 문장들은 구구조 규칙의 측면에서는 정문이지만, 비문인 이유가 오직 의미로 인한 것이기 때문이다.

24 다음의 비문법성은 무엇으로 설명하는가?

*The rock cried.
*Lunch ate John.

① 귀환성(recursiveness)
② 선택제약(selectional restrictions)
③ 구구조규칙(phrase structure rules)
④ 변형규칙(transformational rules)

정답 22① 23③ 24②

25 다음 문장에 대한 설명 중 옳지 <u>않은</u> 것은?

> *The ball found the boy.
> *The rock cried.

① 통사적으로는 정형인 문장이다.
② 의미적으로 빗나간 문장이다.
③ 주어와 동사 사이에 선택제약이 지켜지지 않았다.
④ 하위범주화를 어기고 있다.

25 하위범주화는 어휘가 취하는 '구조적(혹은 통사적)'인 요건으로, 타동사가 목적어를 취한다든가 자동사가 목적어를 취하지 않는 등의 요구 조건인데 반해, 선택제약은 어휘가 취하는 '의미적'인 요건으로, 동사의 주어가 생명체여야 한다는 등의 요구 조건을 말한다. 제시된 문장의 타동사 find는 주어와 목적어를 제대로 취하고 있고, cry는 주어를 취하고 목적어는 취하지 않고 있어 구조적 요건은 완벽하나, 의미적인 측면에서 바르지 못해 비문이다.

26 예문을 보고 동사 frighten의 선택자질을 바르게 표시한 것은?

> **보기**
>
> (a) The man frightened the woman.
> (b) *The man frightened the secret.
> (c) The secret frightened the man.

① [+abstract NP] _____ [+human NP]
② [+male NP] _____ [+female NP]
③ [+human NP] _____ [+human / +abstract NP]
④ [+human / +abstract NP] _____ [+human NP]

26 동사가 자신이 취하는 주어, 목적어, 보어 등의 구성성분들에 대해 '의미'에 있어 특정한 자질을 요구할 때 이들을 선택제약이라고 한다. 〈보기〉를 보면 동사 frighten은 사람과 추상 명사를 주어로 취할 수 있으나, 목적어로는 사람만 취할 수 있다. 따라서 정답은 ④이다.

정답 25 ④ 26 ④

01 제시된 심층구조와 표층구조를 수형도로 나타내면 다음과 같다. 형용사 eager의 주어로 사람인 John이 심층구조에 존재하고, 보고자 갈망하는 주체는 John 자신이고 갈망하는 대상은 자신이 아니라 제3자이다. 부정사구 to see의 의미상의 주어는 for John이고 보고자 갈망하는 대상인 제3자는 동사 see의 목적어로 적시되지 않았다. 따라서 심층구조 문장은 ③이 옳다.
[문제 하단의 그림 참조]

제 **5** 장 변형규칙(transformational rules)

01 다음 문장의 심층구조로 옳은 것은?

> John is eager to see.

① It is eager for John to see.

② It is eager to see John.

③ John$_i$ is eager for John$_i$ to see.

④ John$_i$ is eager to see John$_i$.

>>>🔍

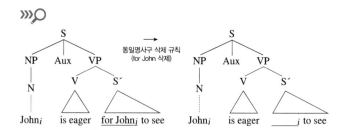

02 ① it for someone to see John is easy의 심층구조에서 '외치변형'에 의해 it is easy for someone to see John이 유도되고, 그 후 '불특정 대명사 삭제' 규칙에 의해 it is easy to see John이 되며, 마지막으로 동사 see의 목적어인 John이 '비주어'로서 상승되어 John is easy to see의 표층구조가 생성된다.

③ I am falling in love with Linda의 심층구조에서 화제어인 Linda를 문두로 이동시켜 Linda, I am falling in love with라는 표층구조를 만든 화제화 적용 사례이다.

④ John gave a present to Linda 심층구조(3형식)에서 전치사구 to Linda의 명사 Linda를 목적어 a present 앞으로 여격 이동시켜 John gave Linda a present(4형식)라는 표층구조가 생성되었다.

02 동일명사구 삭제 규칙이 적용되어 유도된 문장은?

① It is easy for someone to see John.

② John is eager to see.

③ Linda, I am falling in love with.

④ John gave Linda a present.

정답 01 ③ 02 ②

해설 & 정답 checkpoint

03 다음 문장에 적용된 규칙으로 옳은 것은?

> The Mozarts, she said _____ were warm in any season.

① 비주어 상승 규칙
② 화제문화
③ 불변화사 이동 규칙
④ 주어-동사 도치

03 문장 내의 NP를 문두로 이동시켜 화제어를 만드는 것이 화제문화이다. 보문절의 주어인 the Mozarts를 화제문화시킨 경우이다.

04 다음 중 여격 이동이 적용되어 비문을 이룬 것은?

① I wrote it to him. → I wrote him it.
② Mary mailed a letter to Linda. → Mary mailed Linda a letter.
③ Bill made a kite for Jane. → Bill made Jane a kite.
④ John gave a present to Linda. → John gave Linda a present.

04 여격 이동의 조건은 3형식 목적어가 대명사가 아니어야 한다는 것이므로 정답은 ①이 된다.

05 다음은 어떤 규칙이 적용된 후의 조건인가?

> Linda is difficult to talk to _____ about politics.

① 화제문화
② 비주어 상승
③ 동일주어 삭제
④ 외치변형

05 It ~ to ~의 가주어·진주어 구문에서 서술어가 (im)possible, hard/difficult/easy, (un)pleasant, exciting 등일 때 to-부정사 부분의 목적어(즉, 비주어)가 it 가주어 자리로 이동하는 것을 비주어 상승 규칙이라고 한다. 심층구조는 it for someone to talk to Linda about politics is difficult → (외치변형) → it is difficult for someone to talk to Linda about politics → (불특정 대명사 삭제 규칙) → It is difficult to talk to Linda about politics → (비주어 상승 규칙) → Linda is difficult to talk to about politics의 표층구조로 변형된다.

정답 03② 04① 05②

checkpoint 해설 & 정답

06 It ~ to ~의 가주어·진주어 구문에서 서술어가 (im)possible, hard/difficult/easy, (un)pleasant, exciting 등일 때 to-부정사 부분의 목적어 (즉, 비주어)가 it 가주어 자리로 이동하는 것을 비주어 상승 규칙이라고 한다.

07 ②는 John persuaded Tom₁ [for Tom₁ to leave early] → (동일명사구 삭제 규칙) → John persuaded Tom to leave early이고, ④는 It for me to understand the book is difficult → (외치변형 규칙) → It is difficult for me to understand the book이다.

08 하위인접조건(subjacency condition)이란 the fact that ~처럼 NP S′의 구조를 지닌 복합명사구 that-절의 내부에 있는 wh-구가 NP-S의 구조물을 빠져나와 문두로 이동하여 의문문을 형성하는 것이 불가능하다는 이동규칙의 제약으로, 모든 변형규칙의 구조 의존성(structural dependency)을 보여주는 한 예이다. ①과 ③은 the fact that ~, the man who ~ 등 that-절이 있는 복합명사구를 이루므로 하위인접조건 제약에 의해 wh-의문문 형성이 불가하므로 비문이 된다. 또, ④도 that-절 내부에 있는 wh-구가 이동하여 의문문을 이루는 것이 불가하다. 이런 유형의 문제에서는 NP S′, 즉 that-절 구조가 아닌 to-부정사 유형의 문장을 찾는 것이 문제 해결의 지름길이다.

정답 06 ③ 07 ③ 08 ②

06 다음 문장은 어떤 규칙이 공통적으로 적용된 예인가?

> • That proposal is impossible to accept _____.
> • He is hard to please _____.
> • The subject is pleasant to discuss _____.

① 동일주어 삭제 규칙
② 화제문화 규칙
③ 비주어 상승 규칙
④ 외치변형 규칙

07 다음 중 비주어 상승 규칙이 적용되어 유도된 문장은?

① My mother who is a nurse is coming to see me.
② John persuaded Tom to leave early.
③ The proposal is difficult for me to accept.
④ It is difficult for me to understand the book.

08 다음 중 하위인접조건을 준수하여 정문을 이루는 것은?

① Who do you believe the fact that is coming tonight?
② Who do you believe to be coming tonight?
③ Who do you think the man who is coming here loves?
④ Who do you think that your brother will visit Mary and?

09 다음 문장은 who가 *t* 의 위치에서 **NP**와 **S**의 두 범주를 동시에 넘어 이동함으로써 이동 규칙이 준수하여야 하는 어떤 조건을 위배하여 비문을 이룬다. 여기서 어떤 조건이란 무엇인가?

> • *Who s[does the boy believe NP[the fact that t is coming]]?
> • *What s[did the boy think NP[the fact that you found out *t*]]?

① 일치조건
② 하위인접조건
③ 우선조건
④ 지시조건

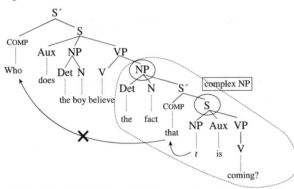

Who s[does the boy believe NP[the fact that *t* is coming?]]

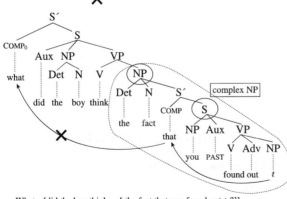

What s[did the boy think NP[the fact that you found out *t* ?]]

09 다음 수형도에서 보듯 복합명사구(complex NP, NP 아래에 NP를 수식하는 S′ 형식의 that-절이 있는 구조, 주로 선행사와 관계사 수식절의 경우나 동격절을 말함) 내부에 있는 wh-구는 NP-S 구조물을 빠져나와 문두로 가서 의문문을 형성하는 것이 불가능하다. 이를 하위인접조건이라 한다. 가능하려면 that-절이 아니라 to-부정사구 형태여야 한다. 용어를 풀어서 본다면 NP 하위에는 S 수식어가 인접하면 의문문 형성이 불가하다는 말이다. 즉, "NP <u>하위</u> S <u>인접</u> 시 의문문 형성 '불가' <u>조건</u>" 정도가 되겠다. (제5장 08번 해설 참조)
[문제 하단의 그림 참조]

정답 09 ②

10 하위인접조건 문제의 경우 "NP 하위 S 인접 시 의문문 형성 '불가' 조건"을 생각하고, NP 아래에 NP를 수식하는 S′ 형식의 that-절이 있는 복합명사구 구조, 주로 선행사와 관계사 수식절의 경우나 동격절을 찾으면 문제가 쉽게 해결된다. ①, ②, ③의 경우는 복합명사구가 없고, ④는 the senator that wants to hire _____ 의 NP S′ 형식의 복합명사구가 있다. 따라서 여기에서 나온 who는 문두로 가서 의문문을 형성하지 못한다. 따라서 ④가 비문이다.

10 다음 중 하위인접조건을 어겨서 비문을 이루는 것은?

① Who did Sam Spade insult?

② Whose henchman did Sam Spade insult?

③ Who did Helen say the senator wanted to hire?

④ Who did Emily pay a visit to the senator that wants to hire?

11 제시된 문장의 심층구조는 John promised Ted [for John to marry Maria]와 John persuaded Ted [for Ted to marry Maria]이다. 의미상의 주어구 for-John/Ted는 각각 상위문의 주어/목적어와 동일명사구를 이루고 있고, 둘 중에 뒤의 것을 삭제하여 표층구조를 이루었다.

11 다음 문장에 공통적으로 적용된 규칙은 무엇인가?

- John promised Ted to marry Maria.
- John persuaded Ted to marry Maria.

① 복합명사구 삭제 규칙

② 동일명사구 삭제 규칙

③ 주어 You 탈락 규칙

④ 동사구 삭제 규칙

12 ④는 It for someone to see John is easy → (외치변형) → It is easy for someone to see John → (불특정 대명사 삭제) → It is easy to see John → (비주어 상승) → John is easy to see의 변형을 거친다. 따라서 ④는 동일명사구 삭제 규칙이 적용되지 않는다.

①은 John wants [for John to meet me] → (동일명사구 삭제) → John wants to meet me이고, ②는 John is eager [for John to see] → (동일명사구 삭제) → John is eager to see가 되고, ③은 John persuaded me [for me to leave early] → (동일명사구 삭제) → John persuaded me to leave early가 된다.

12 다음 중 동일명사구 삭제 규칙이 적용된 문장이 아닌 것은?

① John wants to meet me.

② John is eager to see.

③ John persuaded me to leave early.

④ John is easy to see.

정답 10 ④ 11 ② 12 ④

13 다음 중 there 삽입이 <u>잘못</u> 적용된 문장은?

① There laughed a man in the hall.

② There arose a controversy on the subject at that time.

③ There is a policeman on the corner.

④ There appeared a man at that time.

13 there 삽입 조건은 심층구조 주어가 비한정 명사구여야 하고, 동사가 존재/발생 동사여야 한다. 동사 laugh 는 존재/발생 동사가 아니다.

14 there가 삽입된 문장 중 옳은 것은?

① There is the boy in the hall.

② There is a boy in the street.

③ There is John under the tree.

④ There laughs a boy in the room.

14 ①과 ③의 명사구는 비한정이 아니라 한정 명사구(the boy, John)여서 잘못되었고, ④는 laugh가 존재의 동사가 아니라서 잘못되었다.

15 다음 중 대치 규칙이 적용된 문장이 <u>아닌</u> 것은?

① I saw the accident but he didn't do so.

② We were sitting in the balcony, and they were sitting there, too.

③ I saw Tom yesterday, and she saw Fred then, too.

④ Now, I am going to tell you about it.

15 ④는 now가 화제어가 되어 문두로 이동한 화제문화의 경우이다.
①에서는 see the accident가 do so로 대치, ②에서는 in the balcony 가 there로 대치, ③에서는 yesterday 가 then으로 대치되었다.

정답 13 ① 14 ② 15 ④

안심Touc

16 영어에서 반복되는 구성성분은 삭제시키기도 하지만 다른 어휘(구)로 대치되기도 한다.

16 다음 〈보기〉에 해당하는 규칙은?

> **보기**
>
> I saw the accident but he didn't see the accident.
> → I saw the accident but he didn't <u>do so</u>.

① 탈락 규칙
② 이동 규칙
③ 대치 규칙
④ 첨가 규칙

17 재귀대명사화의 조건은 동일체를 지칭하는 두 NP가 같은 절(문장) 안에 있어야 한다는 것이다. 따라서 문장 안에 that-절이 있으면 그 절 안에서만 동일체에 대한 재귀대명사화가 적용될 수 있다. ①과 ②는 that-절이 없는 하나의 문장이므로 이 안에서는 동일체인 두 NP 중에서 뒤의 것을 재귀대명사로 바꿀 수 있어서 Mary/John을 지칭하는 herself/himself로 자유롭게 바꾸는 것이 가능하다. ③과 ④에는 that-절이 있으므로 그 절 안에서만 두 동일체 NP에 대한 재귀대명사 대치가 가능하다. ③과 ④ 모두 John loved himself가 되어야 옳다.

17 다음 중 재귀대명사화가 비문을 이루는 것은?

① Mary talked to John about himself.
② Mary talked to John about herself.
③ Mary said that John loved himself.
④ Mary said that John loved herself.

18 재귀대명사화는 동일절 내에서만 가능하므로 that-절 안에서 Linda loved herself가 되어야 한다.

18 다음 문장에서 괄호 속에 들어갈 재귀대명사로 옳은 것은?

> John said that Linda loved (_____).

① oneself
② themselves
③ himself
④ herself

정답 16 ③ 17 ④ 18 ④

19 다음 중 John = he의 관계가 성립하지 <u>않는</u> 문장은?

① John found a bicycle, after <u>he</u> left.

② After <u>he</u> left, <u>John</u> found a bicycle.

③ <u>He</u> found a bicycle, after <u>John</u> left.

④ After <u>John</u> left, <u>he</u> found a bicycle.

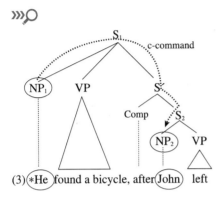

19 대명사화 규칙은 한 가지 경우만 불가능하고 나머지는 다 된다고 보면 되는데, 그 한 가지 경우가 바로 대명사가 앞쪽에 나오고 그 대명사가 후속 명사를 c-command(성분통어)하는 경우이다. ③이 바로 그 한 가지 불가능한 경우이다. 성분통어는 형제/자매와 그 아래 모든 것을 지배하는 경우를 말하는데, 다음의 수형도를 보면, He(NP₁)가 자매인 VP, S′ 아래의 모든 것(NP₂인 John도 포함)을 지배하고 있으므로 성분통어하고 있다. 즉, 이런 유형의 문제가 나오면 먼저 나오는 주절의 주어가 대명사이고, 종속절에 그 대명사를 지칭하는 명사가 나오면 정답인 비문이 된다.
[문제 하단의 그림 참조]

20 다음에서 대명사가 쓰일 수 <u>없는</u> 구조는?

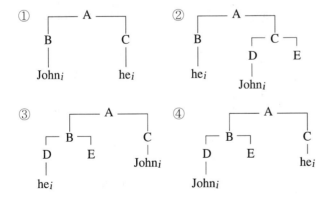

20 대명사가 먼저 나오고, 뒤에 동일체 명사가 나오는 경우, 대명사가 명사를 성분통어를 하면 비문이 된다. ②의 경우, 대명사 B가 먼저 나오고, B의 자매인 C와 그 밑의 D, E까지 성분통어하므로 비문의 조건이 된다.
[위 19번 설명 참조]

21 앞 쪽에 대명사가 나오고, 이 대명사가 뒤에 나오는 명사를 C-통어하면 비문이 된다. 모든 항목에서 대명사가 앞에 나오니, 이 대명사가 John을 성분통어하는지만 확인하면 된다. 성분통어 여부는 자매 항목과 그 아래 달린 모든 것을 의미하므로, ①의 경우 B가 자매인 C를 성분통어하므로 비문이고, ②의 경우 D가 자매인 E를 성분통어하므로 비문이며, ③은 D가 자매인 E만 성분통어하므로 정문이고, ④는 B가 자매인 C와 그 밑의 D, E를 모두 성분통어하므로 비문이다. 따라서 답은 ③이 된다.

21 NP_a가 NP_b를 선행하면서 동시에 C-통어하면 NP_a는 NP_b의 대명사가 될 수 없다. 다음의 구조 중 대명사의 위치가 바른 문장을 유도하는 것은?

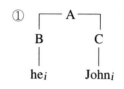
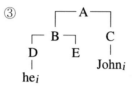

22 대명사화는 앞 쪽에 대명사가 나오고, 이 대명사가 뒤에 나오는 명사를 C-통어하면 비문이 된다. 대명사가 앞 쪽에 나오는 경우는 ②, ③ 두 가지 경우이니 이들 중에 비문이 있을 가능성이 있다. ②는 대명사 D가 자매인 E만을 성분통어하므로 비문이 아니라 정문이 된다. ③은 대명사 B가 자매인 C와 그 밑의 D와 E 등 세 곳 모두를 성분통어하고 그중 하나가 명사 E이므로 비문이다. 그러므로 비문인 것은 ③이다.

22 다음 구조 중 대명사화가 비문을 유도하는 것은?

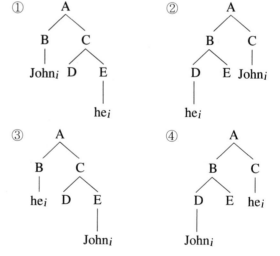

정답 21 ③ 22 ③

23 다음 중 대명사화 규칙이 <u>잘못</u> 적용된 것은?

① Nicholas$_i$ left school when he$_i$ was nineteen.

② When he$_i$ was nineteen, Nicholas$_i$ left school.

③ When Nicholas$_i$ was nineteen, he$_i$ left school.

④ He$_i$ left school when Nicholas$_i$ was nineteen.

23 대명사가 문두에 나오고 후속하는 명사를 성분통어하므로 비문이 되는 경우는 ④이다.

24 다음 구조에 대해 옳은 설명은 무엇인가?

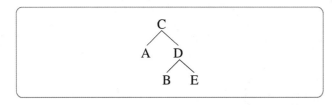

① D는 A를 성분통어한다.

② B는 A를 성분통어한다.

③ C는 E를 성분통어한다.

④ 만일 A가 he$_i$ 이고 E가 John$_i$일 때, 이것이 이루는 대명사화 문장은 정문을 이룬다.

24 성분통어(C-통어)하는 것을 찾으려 면 형제/자매와 그 형제/자매 밑의 모든 것을 찾으면 된다. ①에서 D가 자매인 A를 성분통어하므로 정답이 된다. ②에서 B는 자매인 E만을 성 분통어하며, ③에서 C는 자매가 없 으므로 아무것도 성분통어하지 못하 고, ④에서 A는 자매인 D와 그 밑의 B와 E 등 셋 모두를 성분통어하므 로, 대명사 A가 명사 E를 성분통어 하므로 정문이 아니라 비문이 된다.

정답 23 ④ 24 ①

안심Touch

여기서 멈출 거예요? 끝자가 바로 눈앞에 있어요.
마지막 한 걸음까지 SD에듀가 함께할게요!

제 **6** 편

—

영어의미론

(English Semantics)

제1장   단어의 의미
제2장   문장의 의미
실전예상문제

단원 개요

영어의미론에서는 단어와 문장의 의미가 무엇인지에 대하여 배운다. 다른 분야와는 달리, 의미론은 논리학 및 수학 명제와 관련이 깊다. 우리가 쉽게 이해하고 있는 단어나 문장의 의미를 기호를 통해 시각적으로 표현하기가 생각보다 어렵다는 것을 알게 될 것이다. 단어의 의미가 무엇인지에 대한 다양한 이론과 문장의 의미를 파악하려는 다양한 시도를 접하게 될 것이다.

출제 경향 및 수험 대책

의미를 나타낸다는 것이 뜬 구름 잡는 얘기처럼 들릴 수 있다. 의미가 무엇인가를 주장하는 이론의 기본 개념을 확실히 이해해야 하고, 명제나 논리 부정 등의 얘기가 나온다고 해서 실망하지 말고, 상식선에서 잘 읽고 이해하면 생각보다 그리 어려운 개념들은 아닐 것이다. 실제로 자주 출제된 문제들을 잘 풀어보고 다시 본문을 복습한다면 큰 효과를 볼 수 있을 것이다.

제 1 장 단어의 의미

의미론은 언어의 의미를 연구하는 언어학의 한 분야이다. 의미론은 크게 세 가지 영역으로 나눠볼 수 있는데, 첫째는 단어(또는 어휘)의 의미를 다루는 분야, 둘째는 문장의 의미를 다루는 분야, 셋째는 실제 언어 상황에서 발화가 지니는 의미를 다루는 분야이다. 특히, 세 번째 영역은 화용론이라는 분야로 따로 떼어서 다룬다. 그래서 의미론은 크게 어휘의미론과 문장의미론으로 구성된다고 할 수 있다. 특히, 문장의미론은 문장을 구성하는 단어 의미의 총합 이외에 단어의 조합에 따른 의미 변화에 대한 학문이라고 볼 수 있다.

의미가 무엇인가에 대하여 학자들마다 여러 이론이 제안되고 발전해왔다. 주요한 몇 가지 의미 이론을 요약해 보면 다음과 같다.

제 1 절 의미 이론(semantic theories)

(1) **지시 의미론(referential semantics)** : 전통적인 철학적 시각을 정립하려는 시도로, 한 표현의 의미는 그 표현이 직접 지시하는 대응물(object)이나 지시물(referent)로 본다.

(2) **종합 의미론(synthetic semantics)** : 한 표현의 의미는 그 표현의 지시(reference)와 의의(sense)로 구성된다고 본다. 지시 의미론이 발전되어 형성된 이론이다.

(3) **진리조건 의미론(truth-conditional semantics)** : 한 표현의 의미는 그 표현을 포함하고 있는 문장(즉, 명제)의 진리값 결정에 그 표현이 담당하고 있는 조건으로 본다.

(4) **심리 의미론(mentalistic semantics)** : 한 표현의 의미는 그 표현을 알고 있는 사람의 마음속 그 표현과 관련되어 갖게 되는 관념이나 개념(concept)으로 본다. 표현의 의미를 심리적 실체로 간주하려는 입장은 소쉬르(F. Saussure)의 이론에서 볼 수 있는데, 그는 기표(signifier)와 기의(signified)는 심리적 연합 관계이며 언어 기호는 이 둘을 합한 양면성을 갖는다고 주장하였다.

(5) **행동 의미론(behavioristic semantics)** : 한 표현의 의미는 그 표현을 야기시키는 자극이나, 그 표현이 야기하는 반응 혹은 이 둘의 병합으로 본다.

(6) **화용론적 의미론(pragmatics, use-in-meaning theory)** : 한 표현의 의미는 그 표현이 맥락(context) 내에서 사용되는 현상이거나 그 사용에 의해서 결정되는 국면으로 본다.

지시 의미론에서 한 표현의 의미는 그 표현이 직접 지시하는 대응물인 지시물(referent)로 구성된다고 본다. 이론에 의하면 언어 표현과 의미의 관계를 객관적으로 연계시키려고 한다. 예를 들어 영어 이름 Bill과 보통 명사 dog의 의미가 다음과 같이 정의된다.

- Bill의 의미 : 실세계 안에 있는 실존 인물인 Bill
- dog의 의미 : 실세계 안에 있는 개들의 집합(set of dogs) 또는 이들이 공통으로 소유하고 있는 속성(property)

지시 의미론이 표현과 의미 사이의 관계를 직접적이며 객관적으로 정립하려는 입장을 취하는 반면, 심리 의미론은 표현과 의미 사이에 언어 사용자의 마음을 중간에 개입시켜 간접적이고 주관적인 관계로 보려고 한다. 즉, 심리 의미론은 언어 사용자의 마음속에 그려지는 개념(concept)을 표현과 지시물 사이에 설정하자는 이론이다. 지시 의미론이 의미를 세상에 존재하는 객관적 실체로 설정하는 반면, 심리 의미론은 의미를 마음에 존재하는 주관적 개념으로 설정하는 것이다.

지시 의미론은 if, and, or 등 기능어의 경우 실세계에 지시물이 없거나, think, love, justice 등 추상어의 경우 구체적인 지시물이 없기 때문에 의미를 정의하는 데 단점이 있을 수 있다. 이는 심리 의미론의 경우도 마찬가지인데, 기능어 표현을 주관적 개념으로 정의하는 것이 쉽지 않고 개념이라는 주관적이고 심리적인 개체를 어떻게 객관적으로 정의하는가도 문제가 될 수 있다.

제 2 절 지시(reference) 표현

실세계에 존재하는 대응물을 지시하는 표현에 대하여 알아보자. 대응물을 한정적으로 지시하는 한정지시와 비한정적으로 지시하는 비한정지시로 나눌 수 있다.

1 한정지시(definite references) 중요 ★★

(1) 단칭지시

단칭지시란 하나의 명사(구)에 의해 하나의 개체가 지시되는 것을 말하고, 비단칭지시란 둘 이상의 개체가 지시되는 것을 말한다. 단칭지시에는 한정표현(definite expression)과 비한정표현(indefinite expression)이 있다. 한정표현에는 고유명사(Bill, Tom, the Eiffel Tower 등), 한정명사구(the President of France, the pretty girl over there 등), 대명사(I, you, he, she 등) 등이 있다. 여기서 고유명사와 한정명사구는 1차적(primary) 지시 표현으로 지시물을 직접 지시하는 반면, 대명사는 2차적(secondary) 지시 표현으로 지시물을 간접적으로 지시하는데 특히 대용현상(anaphora)의 일부로 기술되기도 한다.

더 알아두기

대용현상(anaphora)

문장 속에서 앞서 혹은 뒤에 나온 표현에 의해서만 해석이 가능한 표현을 쓰는 것을 대용이라고 한다. 주로 대형태(proforms)나 직시적 표현(deictic expressions)이 이에 해당한다. 예를 들어 'Sally arrived, but nobody saw her.'에서 대명사 her는 Sally에 의해서만 해석이 가능한 대용 표현 (anaphoric expression)으로 볼 수 있고, 'Tom has a large garden, and this is his garden.'에서 직시사 this도 a large garden에 의해서만 해석 가능한 대용 표현이다.

(2) 이름지시

고유명사는 실세계에서 유일한 개체를 지시하며 의미론에서는 이름(names)이라고도 부른다. 이름은 사람이나 장소 등 고유한 개체를 지시하는 지칭어로 다른 특별한 의미는 없다. Albert Einstein이라는 이름이 지시하는 개체 이외에 어떤 의미가 있냐고 묻는 것은 별 의미가 없다. 때때로 화자는 'He looks like Tom Cruise.'라고 말하면서, 이 이름이 화맥(context)을 통해 유추가 가능하다고 생각하고 말하기도 한다.

(3) 한정 기술

의미 이론은 다음 두 예문의 밑줄 친 한정적 기술처럼, 해당 표현이 지시하는 지시물이 존재하는 경우(the captain of her school soccer team)와 존재하지 않는 경우(the present King of Korea) 모두를 설명할 수 있어야 한다.

> (a) Mary likes the captain of her school soccer team.
> (b) The present King of Korea can fly without wings.

한정표현을 사용하는 화자는 대체로 그 지칭물이 청자에 의해 확인될 수 있다고 가정한다. 추가적인 예문을 살펴보면, 주로 정관사 the를 포함하는 밑줄의 한정표현들은 여러 상황이나 환경에 의해 청자가 확인할 수 있다.

> (c) Take the cups off the table and put them in the cabinet.
> (d) This was the site of the Space Shuttle launch. The launch pad was over here and the control tower was over there.
> (e) Watch out! You might wake up the baby.
> (f) The salesman who came here yesterday was back again today.

(c)에 쓰인 한정표현들은 물리적 상황을 통해 지시물을 청자가 확인할 수 있으며, (d)의 밑줄 친 표현들도 앞서 나온 the Space Shuttle launch의 지시물과 관련짓기 위한 함축에 의해 확인할 수 있다. (e)의 밑줄 표현도 화자와 청자가 공유한 제한된 세계 안에서 유일한 지시물로 서로 확인할 수 있으며, 고유명사가 아닌 일반 명사일 경우 (f)의 경우(the salesman)처럼 지시물 확인에 도움을 주기 위하여 추가적으로 수식어나 관계절(who came here yesterday) 등을 첨가하기도 한다. 또 (e)에서 쓰인 직시어(deictic word)인 you는 화자와 청자가 공유하는 물리적 환경 안에서 그 지시물을 확인할 수 있을 것이다.

> (g) I was glad that <u>she</u> presented <u>that</u> report at the conference <u>this</u> afternoon.

이 예문을 종이 쪽지 위에 적혀 있는 대로만 본다면 I, she, that, this afternoon의 대용어(anaphoric expressions)들이 가리키는 지시물을 확인하기 어렵겠지만, 화자와 청자가 공유하는 물리적 환경 안에서 말해진다면 그 지시물을 확인하기가 매우 쉬울 것이다.

2 비한정지시(indefinite references) 종요 ★★

(1) 비한정지시와 정보(information)

명사구를 수식하는 경우 한정표현과 함께 비한정표현이 있다. 비한정표현은 부정관사와 명사 [a(an) + N]의 형식이며, 지시물은 여러 개 중에서 단 하나라고 가정한다. 청자는 표현에 사용된 명사의 외연(extension) 중에서 어떤 것이 화자가 의도한 지시물인지 결정해야 한다. 예를 들어 a dog이라는 비한정표현에서, 청자는 dog의 외연, 즉 실세계에 존재하는 개의 집합 중에서 어떤 개를 지시하는지 알아내야 한다.

> (a) I met <u>a girl</u> in the subway yesterday.
> (b) I rented <u>a car</u> last Saturday. The car had four doors.

예문 (a)에서 a girl은 외연, 즉 실세계에 존재하는 소녀의 집합(set of girls) 중에서 화자가 어떤 여자를 지시하는지 청자가 결정해야 화자가 뜻하는 바를 이해했다고 할 수 있고, (b)에서처럼 화자는 a(n)에 의한 비한정표현으로 새 정보(new information)를 표현하고, 이 정보를 다시 말할 때는 한정표현을 써서 구 정보(given information)를 표현한다.

(2) 특정지시와 비특정지시

비한정지시에는 특정지시와 비특정지시가 있는데, 다음의 예문을 보자.

> (a) I have <u>a bicycle</u>.
> (b) I'd like to have <u>a bicycle</u>.

비한정지시인 a bicycle의 경우 (a)에서 화자 자신이 갖고 있는 특정한 자전거(a certain bicycle)를 지시하고 있다. 이러한 비한정지시의 특정지시가 한정지시와 비슷하기는 하지만, 한정표현의 한정지시는 the sun, the moon과 같이 유일성(uniqueness)을 나타내는 표현들이 있다는 점에서 다르다. (b)의 a bicycle의 경우 대체로 비특정지시로 해석되는데, 이 경우는 some bicycle, not any particular one의 의미로 해석된다. 그러나 화자가 특정한 자전거를 맘에 두고 말하는 경우라면 특정지시로 해석하는 것도 가능하다. 이러한 중의성이 드러나는 비한정 명사구(밑줄 부분)를 담고 있는 추가적인 예문을 살펴보자.

> (c) Every evening at five o'clock, <u>a girl</u> comes to meet me.
> (d) Every boy likes <u>some girl</u>.
> (e) Bill wants to marry <u>a girl with blue eyes</u>.

(c)에서 비한정 명사구 a girl은 특정지시로서 특정 소녀 한 사람을 지시할 수도 있고 또는 비특정지시로 소녀들의 집합 중에서 한 소녀를 지시할 수도 있다. (d)에서 some girl도 특정지시로서 모든 소년들이 한 특정 소녀를 좋아한다고 볼 수도 있고 또는 소년마다 각각 다른 소녀를 좋아한다는 비특정지시의 의미로 해석될 수도 있다. (e)에서 a girl with blue eyes도 특정지시로서 한 소녀를 지칭할 수도 있고 또는 비특정지시로 그러한 소녀 중 한 소녀를 지칭할 수도 있다. 그러므로 비한정 명사구는 문장 내에서 다른 표현과의 관계에서 특정지시 혹은 비특정지시의 2가지로 해석될 수 있는 것이다.

(3) 총칭지시와 특칭지시

명사구의 총칭지시란 해당 명사로 지칭되는 종류를 집합적으로 지시하는 것을 말한다. 다음 예문에서 밑줄 친 부분은 총칭지시에 해당한다.

> (a) <u>The dog</u> is a friendly animal.
> (b) <u>A dog</u> is a friendly animal.
> (c) <u>Dogs</u> are friendly animals.

반면에 다음 예문에서 밑줄 친 부분처럼 어떤 표현이 특정 개체나 특정 개체의 집합을 지시하는 경우 특칭지시라고 한다.

> (d) <u>A dog</u> is lying on the porch.
> (e) <u>Dogs</u> are lying on the porch.

(4) 집합지시와 배분지시

다음 예문의 (a)는 지시되는 두 사람이 합하여 좋은 부부 한 쌍을 이룬다는 뜻이므로 (b)처럼 해석될 수 없다. 이런 경우를 집합지시(collective reference)라고 한다. 반면에 (c)는 두 사람을 (d)처럼 각각 나누어서(배분해서) 해석할 수 있는데, 이를 배분지시(distributive reference)라고 부른다.

> (a) <u>Tom and Mary</u> make a pleasant couple. (집합지시)
> ≠ (b) <u>Tom</u> makes a pleasant couple and <u>Mary</u> makes a pleasant couple.
> (c) <u>John and Bill</u> understand Korean. (배분지시)
> = (d) <u>John</u> understands Korean and Bill understands Korean.

집합지시와 배분지시가 동시에 가능한 경우도 있는데 다음 예문을 보자.

> (e) <u>Jack and Jill</u> won a prize.
> (f) <u>These pens</u> cost $5.
> (g) <u>The workers</u> have the right to go on strike.

예문 (e)에서 상을 함께 탔을 수도 혹은 각자 탔을 수도 있고, (f)에서는 펜 묶음이 5달러일 수도 혹은 각각이 5달러일 수도 있으며, (g)에서 노동자들이 집합적으로 함께 파업한다거나 각 노동자들이 파업할 권리가 있다는 의미일 수도 있으므로 두 가지 해석 모두 가능하다.

제 3 절 지시(reference)와 의의(sense)

지시 의미론에서 발전한 종합 의미론에서 한 표현의 의미는 그 표현의 지시와 의의로 구성된다고 보는데, 그 이유는 지시 의미론이 갖는 한계 때문이었다. 지시 의미론의 첫 번째 한계는 기능어(of, if, and, or 등)나 추상어(life, justice, love, not, so 등)는 실세계의 지시물을 찾기 어렵다는 것이다. 두 번째 한계는 실세계에 존재하지 않고 존재했던 적도 없는 것들(angel, World War III, unicorn 등)을 지시하는 표현도 많다는 것이다. 이러한 단점을 보완하기 위해 의의 개념이 필요하게 된다.
의미를 지시만으로 충분히 설명할 수 없다는 사실을 프레게(G. Frege, 1975)는 다음의 예문으로 설명하였다.

> (a) the morning star
> (b) the evening star
> (c) The morning star is the evening star.
> (d) Venus is Venus.
> (e) The morning star is the morning star.

예문에서 morning star = evening star = Venus는 모두 같은 지시물인데, 만일 화자가 상식이 부족하여 이 사실을 모른다고 가정하면 그는 (c)가 항진명제(항상 참인 명제, tautology)임을 알지 못할 것이다. 또 예문 (d), (e)는 구체적인 지시물이 뭔지 몰라도 문장의 외형 형태만 보고도 항진명제임을 알아차릴 것이다. 이렇듯 의미를 지시물로만 간주하는 이론은 문제가 많다. 그래서 프레게는 의미를 정의하는 데 지시와 함께 의의의 개념을 도입하자고 주장했다. 그렇게 되면 지시물이 없거나 혹은 같은데 표현이 다를 경우의 문제를 해결할 수 있다고 하였다.

의의(sense)는 지시를 정의하는 속성들의 집합이다. 이 속성들의 집합, 즉 의의를 알면 이 의의에 의해서 정의되는 지시를 알 수 있게 된다. 예로 dog의 속성들의 집합이 dog의 의의가 된다.

예를 들어, (e)의 the morning star와 the morning star는 표현과 의의가 모두 같으므로 항진명제가되고, (c)의 the morning star와 the evening star는 표현과 의의는 다르지만 동일한 지시물을 갖게 되어 항진명제가 되며, 지시물이 실세계에 없는 angel, unicorn, World War III 등도 지시물은 없지만의의가 있는 것으로 이론화하면 될 것이다. 기능어나 추상어도 마찬가지로 그들이 갖는 개념을 의의로설명할 수 있을 것이다. 동일 지시물이지만 표현이나 의의가 다른 또 다른 경우를 살펴보자.

(f) The students like <u>Bill's wife</u>.

(g) The students like <u>the dean of the college</u>.

두 예문에서 밑줄 친 표현이 동일한 지시물을 가리킨다고 할 때, 표현이 다르다는 것은 의의가 다르다고 볼 수 있다. 따라서 두 표현이 지시 단계에서 보면 의미가 같다고 볼 수 있지만, 의의 단계에서는속성들의 차이가 있어 의미가 같다고 볼 수 없다.

제 4 절 의미속성(semantic features)

통사론에서 문장이 구성성분들로 구성되고, 형태론에서 단어가 형태소들로 구성되고, 음운론에서 음소가 여러 변별자질들로 구성된 것처럼, 의미론에서 단어의 의미를 구성하고 있는 더 작은 단위의 의미요소들을 의미속성이라 부르고, 의미를 의미속성(혹은 의미자질)들의 합으로 표현하기도 한다. 의미속성은 의미성분(semantic components)이나 의소라고 불리기도 한다. 이러한 의미속성을 이용하면 단어들 사이에 관련되어 있는 의미 관계를 보다 자세하고 명료하게 표현할 수 있다. 의미속성이란 개념을이용하면 한 언어 내에서 단어들의 관계를 다른 단어들과의 의미와 관련하여 분석하고 정의하고 분류할 수 있게 해주는데, 이러한 이론을 (의미)장이론(semantic field theory)이라고 한다. 그러면 장이론에 근거하여 단어의 의미에 대하여 상세하게 살펴보자.

1 상하관계

한 언어를 구성하는 단어들을 장이론에 바탕을 두고 수형도로 나타내면 상하관계를 포함한 계층적 구조를 볼 수 있다. 단어 man은 의미적으로 human, male, adult 단어들이 갖고 있는 의의를 직간접적으로 함의하고 있다. 즉, man 안에는 adult, human, male의 의미가 공통적으로 포함되어 있다.

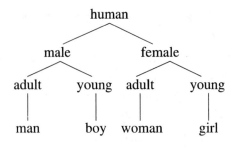

수형도 안에서 보면 단어 boy는 young, male, human을 상위어(hypernym)로 갖고, human은 man, woman 등을 하위어(hyponym)로 갖는 것을 볼 수 있다.

2 의미성분(semantic components)

어휘를 의미성분의 관점에서 표현한 다음의 예를 살펴보자.

- boy : [YOUNG], [MALE], [HUMAN]
- girl : [YOUNG], [FEMALE], [HUMAN]

이처럼 의미자질(의미성분, 의미속성) 중에서 직관적으로 두드러지는 것을 이용하여 두 어휘 사이의 반의적 또는 동의적 속성을 부각시키게 되는데, 이러한 의미성분을 현저자질(salient features)이라고 한다.

3 이원(binary)과 비이원(non-binary) 의미성분

이원(binary)이란 말은 있고 없음을 ± 기호로 나타내는 것이므로 이원/비이원 의미성분이란 의미성분을 [+YOUNG], [-MALE]처럼 표시하는 것을 말한다.

- boy : [+YOUNG], [+MALE], [+HUMAN]
- girl : [+YOUNG], [-MALE], [+HUMAN]

비이원이란 어떤 의미성분이 ±의 두 가지 상태가 아닌 것이 가능할 때를 이르는 말이다. 예를 들어 [-HOT] ≠ [+COLD]이고, [-COLD] ≠ [+HOT]을 뜻하는 것은 아니다. 왜냐하면 차갑지도 뜨겁지도 않은 상태인 [-HOT], [-COLD]가 warm이란 어휘의 의미를 정의하고 있기 때문이다. 이때 [HOT], [COLD], [WARM]을 비이원 의미성분이라 한다. 비이원 의미성분으로 세 어휘의 의미를 살펴보면 다음과 같다.

> • cold : [-WARM], [-HOT]
> • warm : [-COLD], [-HOT]
> • hot : [-WARM], [-COLD]

4 의미성분 분석과 함의(entailment)

의미성분 분석을 하면 단어들 사이의 관계를 보다 잘 파악할 수 있다. 다음의 예를 보자.

> • man : [+ADULT], [+MALE], [+HUMAN]
> • father : [+ADULT], [+MALE], [+HUMAN], [+HAVE CHILD]

의미장이론 수형도에서 봤듯이, 하위어(father)일수록 의미성분이 구체화되고, 개수가 많아지며, 의미적으로 범위가 좁아진다. 반면에 상위어(man)일수록 의미성분이 일반화되고, 개수가 적어지며, 의미적으로 범위가 넓어지게 된다. 예를 들면, 상위어인 animal이 하위어인 cat보다 의미적 영역이 더 넓어서, 상위어는 하위어보다 더 범위가 포괄적인 것으로 볼 수 있다. 따라서 이 두 단어는 서로 포용관계를 이룬다고 말할 수 있다.

상위어와 하위어는 집합으로 보면 하위어가 상위어의 부분집합인 경우이다. 따라서 Our guide is a father라는 문장에서 하위어인 father를 상위어인 man으로 교체하여 Our guide is a man이라고 하면, 하위어를 가진 문장은 상위어를 가진 문장의 의미를 함의하게 된다. 즉, 관련된 두 어휘 중에서 의미성분의 수가 많은 어휘(하위어)를 지닌 문장은 그보다 적은 수의 의미성분을 가진 어휘(상위어)를 지닌 문장의 의미를 함의하는 결과가 된다.

제 5 절 단어 간의 의미 관계(meaning relations) 중요 ★★

1 동의성(synonym)

음운적으로는 다른 두 어휘가 동일하거나 거의 동일한 의미를 갖고 있을 때, 이들을 동의어라고 하며, 그러한 의의 관계를 동의성이라고 한다. 동의어들은 분명히 의미적으로 중복되는 부분이 있어야 한다.

> (a) Tom is truthful.
> (b) Tom is honest.
> (c) Our train leaves at 3 o'clock.
> (d) Our train departs at 3 o'clock.

단어 truthful - honest 쌍은 공통적인 의미속성을 지니고 있으므로 동의어라 볼 수 있으며, 어휘 관계는 의의 관계이다. 따라서 동의성으로 연계되는 두 동의어는 지시는 같지만 의의가 다른 경우가 대부분이다. 엄격하게 보면 완전 동의어는 거의 없고, 대부분이 부분 동의어이다. 두 예문 Our train leaves at 3 o'clock과 Our train departs at 3 o'clock에서 보듯 동의어를 가진 두 문장은 서로 함의한다.

2 반의성(antonym)

어휘들이 서로 반대의 의미를 지니는 것을 말한다. 이원 반의어는 이원 의미성분에 기인하여 생기는 반의어를 말한다. 예를 들면 boy / girl 쌍은 [+HUMAN], [+YOUNG] 등의 나머지 의미속성들은 같지만 유일한 [MALE] 속성의 부호가 반대인 경우이다. 비이원 반의어는 [HOT], [COLD], [WARM]과 같은 비이원 의미성분에 기인한 반의어를 말하며, 예를 들어 cold / hot 쌍은 정반대의 개념으로 비교될 수는 없다. 이러한 경우는 주로 등급화가 가능한 측정 형용사에서 찾을 수 있다. 비이원 반의어를 포함하는 문장 쌍의 경우, The meal is cold / The meal is hot의 경우처럼, 한 문장의 부정이 다른 문장의 긍정을 함의하지는 않는다. 즉, not cold ≠ hot이며 not cold = warm일 수 있다. 또한 접두사를 첨가/변형하여 형태적으로 관련이 있는 반의어가 생성되기도 하는데, 예를 들면 complete / incomplete, lucky / unlucky, like / dislike, button / unbutton처럼 접두사가 첨가되기도 하고, inhale / exhale, progress / regress처럼 접두사가 변경되기도 한다.

3 부분어(meronym)

어휘 간의 관계 중에서 부분-전체의 관계를 부분관계(meronymy)라 한다. 예를 들어 book의 부분어는 cover, page 등이다. 예문으로 A hand is a part of an arm이나 An arm has a hand에서 hand는 arm의 부분어이다.

제 6 절 비유(figures of speech) 의미 _{중요}★★

1 은유(metaphor)

어떤 개념을 다른 개념을 뜻하는 표현을 써서 나타내는 경우를 말한다. 직유(simile)는 as, like와 같은 단어를 써서 "~와 같은"이라 표현하지만, 은유는 이러한 단어가 생략된 경우로 볼 수 있다. 즉, Tom is like a rabbit(직유) / Tom is a rabbit(은유)으로 나타낼 수 있다.

2 반어(irony)

사실과 반대의 표현을 써서 그 사실을 강조하는 효과를 노리는 어법이다. 믿을 수 없는 친구에게 You're a reliable friend라고 말한다거나, 멍청한 실수를 한 친구에게 That's a clever thing to do! 라고 말했다면 반어를 사용한 것이다.

3 환유(metonymy, name change)와 제유(synecdoche)

환유는 표현하고자 하는 것과 비슷하거나 가까운 다른 단어를 쓰는 것을 말한다. 즉 이름에 변화를 주어 사용하는 것을 말하기도 한다. 예를 들어, 법정을 the court로 표현하거나 판사석을 the bench라고 한다거나, (햄버거를 자주 먹어 살이 찐 사람으로 여겨지는) 뚱뚱한 사람을 가리키는 말로 a big mac 이라고 하는 경우를 들 수 있다. 제유는 부분으로 전체를 대신 언급하는 어법이다. 예를 들어, I see some new faces here(신참, 새로 온 사람)라고 하는 경우나, sword(검) 대신 blade(칼날)로 검을 대신 표현하는 경우, 또 meal(식사) 대신 bread(빵)으로 식사를 표현하거나, men(사람) 대신 hands(손) 으로 사람을 표현하는 경우가 해당된다.

제 7 절   다의성(polysemy)과 동음이의어(homonym) 중요 ★★

1 다의어

하나의 어휘가 둘 이상의 의미를 갖는 경우 다의어라고 한다. 예를 들어 head는 신체의 특정 부위로
서의 뜻 말고도 단체의 제일 높은 사람의 뜻을 가지므로 다의어라고 볼 수 있다. 다의어와 동음이의어
는 여러 뜻을 갖고 있다는 공통점이 있으나, 다의어는 의미가 유사한 여러 뜻을 갖는 반면, 동음이의
어는 여러 뜻 사이에 유사성이 없다.

2 동음이의어

둘 이상의 서로 다른 어휘가 발음이 동일하거나 발음과 철자가 동일한 경우를 동음이의어라고 한다.
발음/철자가 모두 동일한 동철동음이의어(homograph)의 예로는 bank(은행, 강둑)가 있고, 철자가 다르
면서 발음이 동일한 이철동음이의어(homophone)의 예로는 meat(고기) / meet(만나다)가 있다.

제 2 장 문장의 의미

문장의 의미는 기본적으로 문장을 구성하고 있는 단어들의 의미와 단어들이 가진 구조적 의미를 더해서(합성해서) 이루어지는데, 이를 문장 의미의 합성원리(compositionality principle)라고 한다. 이 외에도 문장의 의미를 보다 명확하게 파악하기 위하여 필요한 사항들을 살펴보자.

제 1 절 명제(propositions)와 의미역(semantic roles)

하나의 문장이 전하는 의미를 명제라고 한다. 명제의 내용은 동사의 의미적 성격에 따라 결정되며, 상태(state)가 될 수도 있고 사건(event)이 될 수도 있다.

의미역이란 문장의 중요한 요소인 명사구가 동사의 의미적 성격에 따라 부여받는 문장 속에서의 역할을 말한다. 의미역을 분류해보면 다음과 같다.

1. 행위자(agent) : 행위(action)의 주체 예 <u>Mary</u> cooked the meal.
2. 도구(instrument) : 술어 내용이 이행되는 수단/재료 예 They signed the treaty with <u>a nice pen</u>.
3. 수동자(patient) : 행위(action)를 받거나 당하는 요소 예 Mary broke <u>the window</u>.
4. 경험자(experiencer) : 고통, 즐거움 등의 기분을 내적으로 체험하는 주체 예 <u>Mary</u> felt ill.
5. 수혜자(benefactor) : 다른 행위자로부터 행위나 결과를 유도하는 객체 예 Mary did it for <u>him</u>.
6. 대상(theme) : 위치를 변경하는 행위의 대상이 되는 객체 예 Tom shot <u>the arrow</u> to the sky.
7. 출처(source) : 이동되는 요소의 출발점 예 The plane came back from <u>Paris</u>.
8. 목표(goal) : 이동되는 요소의 목표점 예 Tom handed the book to <u>his son</u>.

제 2 절 문장의 의미 관계(meaning relations) 중요 ★★

문장이 나타내는 의미 관계는 다음과 같이 다섯 가지 정도로 나눠볼 수 있다.

(1) **함의(entailment)** : 문장 p가 성립하면 문장 q도 자동적으로 성립할 경우, p가 q를 함의한다고 한다.

　　예 p : The assassin killed the president. / q : The president is dead.

(2) **전제(presupposition)** : 문장 p가 참인 명제가 되기 위해 문장 q가 당연한 배경일 때, p가 q를 전제한다고 한다.

　예 p : The mayor of Seoul is a conservative. / q : There is a mayor of Seoul.

함의와 전제의 차이는, 함의의 경우 p가 거짓이면(암살자가 대통령을 죽이지 않았다) q도 거짓이지만(대통령은 죽었다는 거짓), 전제의 경우 p가 거짓이라도(서울시장이 보수주의자가 아니다) q는 거짓이 아닐 수 있다(진보주의자인 서울 시장이 있을 수 있으므로 참)는 것이다.

(3) **시사(suggestion)** : 함의나 전제처럼 강한 관계는 아니고 약한 가능성을 말하는 경우이다.

　예 p : Tom kissed Mary passionately. / q : Tom kissed Mary many times before.

(4) **함축(implicature)** : 그라이스(P. H. Grice)가 사용한 용어로, 함의와 전제와 시사를 포괄적으로 지칭한다.

　예 p : Can you tell me the time? / q : Well, the morning paper has just been delivered.

(5) **모순(contradiction)** : 두 문장이 서로 양립할 수 없는 경우이다.

　예 p : Mary is a spinster. / q : Mary is married.

제 3 절　항진명제와 모순명제

(1) **항진명제(tautology)** : 한 문장이 그 자체의 의미로 인하여 항상 참이 되는 명제를 말한다.

　예 The Evening Star is the Evening Star. / Sad laborers are sad.

(2) **모순명제(contradiction)** : 한 문장의 내용이 의미적으로 모순을 보이는 경우이다.

　예 *He is a bachelor, but he married five years ago. / *Now is not now.

제 4 절   변칙성(anomaly)과 적정성(appropriateness)

1   변칙성

통사적으로는 문제가 없으나 선택제약을 어기는 경우를 말한다.

> (a) Colorless green ideas sleep furiously.
> (b) Truth broke the window.
> (c) The stone died.

예문들은 통사적으로는 문제가 없으나 선택제약을 어겨 무의미(nonsense)한 문장이 된다. 하지만 이런 문장들이 은유적 해석(metaphoric interpretation)을 받게 되면 의미 있는 문장이 된다. 즉, 변칙문은 은유적 의미해석을 받으면 변칙성이 해소되지만 그렇지 못하면 변칙문으로 남게 된다.

2   적정성

어떤 문장이 특정한 화맥(context)에서 발화되는 것이 알맞은지 판단하는 기준으로, 화용적인 성격을 가지며 담화이론에서 일반적인 개념으로 쓰인다.

> I sentence you to six months' imprisonment.

예문은 판사가 법정에서 발화할 경우 적정성에 문제가 없지만, 길거리에서 모르는 사람에게 할 경우에 적정성에 심각한 문제가 생긴다. 통사적으로 정문이라도 문장의 적정성 판단은 별개의 문제이다.

제 5 절   중의성(ambiguity)과 애매성(vagueness) 중요 ★★

1   중의성의 세 종류

(1) **어휘적 중의성(lexical ambiguity)** : 단어 bank(은행, 강둑)의 경우처럼 어휘가 중의성을 갖는 경우이다.

　　예 Tom landed on the <u>bank</u>.

(2) **구조적 중의성(structural ambiguity)** : 문장의 의미가 구조에 따라 중의성을 갖는다.

예 Tom saw Mary with a telescope.

→ 전치사구 with a telescope가 Tom에 걸리면 Tom이 망원경을 갖고 있고, Mary에 걸리면 Mary가 망원경을 갖고 있는 구조가 된다.

(3) **영향권 중의성(scope ambiguity)** : every, some 등 양화사(quantifiers)의 수식을 받는 양화 명사구(quantified NP)가 의미 해석의 영향권에 따라 중의성을 갖는 것을 말한다.

예 Every boy loves some girl.

→ 양화 명사구 every boy가 some girl보다 넓은 영향권(wide scope)을 갖는 해석으로는 Every boy loves some girl who they love이라는 의미이고, 좁은 영향권(narrow scope)을 갖는 해석으로는 There is some girl who is loved by every boy를 뜻하게 되므로 중의성을 갖는다.

2 애매성

애매성은 어휘적 중의성과 관련되어 있다. 다음 예문에 쓰인 세 가지의 run 단어의 의의가 다르다고 생각하면 run은 세 가지로 중의적이나, 의의가 동일한 것으로 간주하면 run은 세 예문에서 애매성이 있는 것으로 분석될 수 있다.

(a) I go for a run every morning. (조깅)
(b) The player hit a home run. (홈런)
(c) There's been a run on the dollar. [(외환시장의 달러) 매도]

제 6 편 실전예상문제

제 1 장   단어의 의미

01 지시 의미론에 대한 설명이 <u>아닌</u> 것은?

① 의미 개념을 전통적인 철학적 시각에서 정립하려는 것이다.
② 한 언어 표현의 의미를 대응물인 지시물로 보는 이론이다.
③ 언어 표현과 의미의 관계를 객관적으로 연계시키려고 한다.
④ 소쉬르의 이론에서 볼 수 있다.

01 심리 의미론의 내용이다.

02 영어의 한정표현 중 1차적 지시표현이 <u>아닌</u> 것은?

① Bill
② the Seoul Tower
③ the president of Korea
④ they

02 한정표현 중 1차적 지시표현은 고유명사와 한정명사구이고, 2차적 지시표현은 대명사이다.

03 한정지시와 관련이 <u>없는</u> 것은?

① 단칭지시
② 이름
③ 한정기술
④ 특정지시

03 ④는 비한정지시이다.

정답 01 ④ 02 ④ 03 ④

04 ④는 비한정지시 중 특정지시로 a certain dictionary의 의미이다. 나머지는 모두 한정지시이다.

05 ④는 각각 한국어를 이해한다는 의미로 배분지시적 의미를 지닌다.

06 세 개 다 지시물은 금성으로 동일하지만, 표현이 달라서 지시물의 속성을 나타내는 의의도 다르다.

---

04 밑줄 친 부분이 비한정(indefinite)지시인 것은?

① the Seoul Tower
② the President of Korea
③ she
④ I have a dictionary.

05 밑줄 친 부분이 집합지시적 의미를 띠지 <u>않는</u> 것은?

① John and Bill won a prize.
② These pens cost 5 dollars.
③ The students have the right to smoke in lectures.
④ Bill and Hilary understand Korean.

06 다음 표현과 관련하여 올바른 설명은?

> the morning star, the evening star, Venus

① 지시는 같고 의의가 다르다.
② 지시가 다르고 의의는 같다.
③ 세 개의 다른 물체를 가리킨다.
④ 총칭지시를 나타낸다.

정답 04④ 05④ 06①

07 다음 어휘들이 공통적으로 지니는 의미성분은?

> girl, wife, bachelor, spinster

① [+YOUNG]
② [-MALE]
③ [+HUMAN]
④ [-MARRIED]

07 공통적으로 지닌 의미성분은
　　[+HUMAN]이다.

08 spinster의 의미속성으로 옳은 것은?

① [+MALE]
② [-HUMAN]
③ [-MARRIED]
④ [-ADULT]

08 spinster(미혼 여성)이므로 의미속성
　　은 [+HUMAN, +ADULT, -MALE,
　　-MARRIED]이다.

09 다음 중 옳은 설명은?

① human은 man을 함의한다.
② man은 human을 함의한다.
③ human이 man보다 의미자질 수가 많다.
④ human과 man은 의미자질 수가 같다.

09 man은 human의 하위어이므로 상
　　위어인 human을 함의하게 된다.

정답　07 ③　08 ③　09 ②

10 미혼 남성 – 미혼 여성의 뜻이므로 [MALE] 의미성분으로 구분된다.

10 다음 중 두 어휘 bachelor – spinster의 의미 차이를 나타내는 의미성분은?

① [+/- HUMAN]
② [+/- ADULT]
③ [+/- MALE]
④ [+/- MARRIED]

11 ②는 이원 반의어이고 나머지는 비이원 반의어이다.

11 다음 중 반의어 관계가 <u>다른</u> 하나를 고르면?

① cold - hot
② dead - alive
③ old - young
④ left - right

12 부분으로 전체를 뜻하는 것은 제유 (synecdoche)이다.

12 밑줄 친 부분은 어떤 비유 의미를 나타내는가?

> It's good to see some <u>new faces</u> in here. = new persons

① 은유
② 환유
③ 반어
④ 제유

정답 10 ③ 11 ② 12 ④

해설 & 정답 checkpoint

13 head는 다음과 같은 의미를 나타낸다. 이것은 어떤 어휘에 대한 예인가?

> head :
> 1) 신체의 일부인 '머리'
> 2) 기관의 '우두머리'

① 동의어(synonym)
② 부분어(meronym)
③ 다의어(polysemy)
④ 동음이의어(homonym)

14 상하관계와 의미성분에 대한 기술로 틀린 것은?

① 하위어일수록 의미성분이 구체화되고, 상위어일수록 의미성분이 일반화된다.
② 지시의 면에서 보면 father가 man보다 걸치는 범위가 넓다.
③ 의미성분의 수가 많은 어휘는 적은 어휘보다 하위어이다.
④ 의미성분의 수가 적은 어휘는 많은 어휘보다 의미적으로 포괄적이기 때문에 일반성을 띠는 어휘가 된다.

15 truthful과 honest 어휘 간의 관계는?

① 동의어
② 반의어
③ 포용어
④ 부분어

13 하나의 어휘가 유사한 여러 의미를 나타내면 다의어(polysemy), 유사하지 않은 여러 의미를 나타내면 동음이의어(homonym)이다.

14 father가 man보다 걸치는 범위가 더 좁다.

15 음운적으로 다른 어휘들이 서로 같거나 비슷한 의미를 갖고 있으면 동의어라고 한다. 이들의 의의 관계를 동의성이라고 한다.

정답 13 ③ 14 ② 15 ①

16 이원 의미성분에 기인하는 대조어를 이원 반의어라고 하는데, 두 어휘의 현저자질이 정반대의 극성을 보인다.

16 boy – girl, dead – alive와 같은 반의어의 관계는?

① 이원 반의어
② 비이원 반의어
③ 형태적 반의어
④ 정도적 반의어

17 ④는 반어(irony)이고, 나머지는 모두 은유적 표현이다.

17 다음 중 은유적 표현이 <u>아닌</u> 것은?

① The stone died.
② Bill is an elephant.
③ Encyclopaedias are gold mines.
④ That's a clever thing to do!

18 동음이의어 중에서 특히 철자가 다른 경우 이철동음이의어(homophone)라고 한다.

18 단어 meat, meet은 어떤 관계를 이루는가?

① 동음이의어
② 다의어
③ 은유어
④ 반의어

정답 16① 17④ 18①

19 지시를 정의하는 속성들의 집합을 무엇이라고 하는가?

① 의의
② 개념
③ 영역
④ 어휘

20 집합해석과 배분해석이 동시에 가능한 경우는?

① Bill and Hilary make a pleasant couple.
② John and Bill understand Korean.
③ John and Bill won a prize.
④ The students like Bill's wife.

21 다음 문장과 관련이 있는 것은?

- The tiger is a fierce beast.
- Tigers are fierce beasts.

① 총칭지시
② 특칭지시
③ 집합지시
④ 배분지시

22 특정지시로 a certain dictionary로 바꾸어 쓸 수 있고, 비한정지시에 속한다.

22 다음 문장의 밑줄 친 부분과 관련 있는 것은?

> I have a dictionary.

① some dictionary
② a certain dictionary
③ not any particular one
④ have a dictionary

23 한정표현은 그 표현의 지시물의 존재를 전제한다.

23 비한정표현에 대한 설명이 아닌 것은?

① 부정 관사 a가 명사 앞에 나타나는 표현이다.
② 그 표현의 지시물의 존재를 전제한다.
③ 표현의 지시물 이상의 것이 존재하는 것을 전제한다.
④ 사용된 명사의 가능한 지시 집합, 즉 외연 중에서 어떤 것이 화자가 의도한 지시물인지 결정해야 한다.

24 ③은 상황 안에서 직접 가리키면서 사용되어야만 지시물이 확인될 수 있으므로 확인하기가 어렵다.

24 다음 중 한정표현의 지시물이 청자에 의해 확인되기 어려운 것은?

① Take the bowl off the table and put it in the cupboard.
② Careful! You might wake the lady.
③ I was glad that she presented that paper at the conference yesterday.
④ The salesman who came here yesterday was back again today.

정답 22② 23② 24③

제 2 장 문장의 의미

01 다음은 무엇을 기술한 것인가?

> 문장의 의미는 단어의 의미들을 구조에 따라서 합성해가며 얻는다.

① 합성원리(compositionality principle)
② 성분분석(componential analysis)
③ 의미속성(semantic properties)
④ 협동원칙(cooperative principle)

01 문장 의미는 단어들의 의미를 구조에 따른 원리에 따라 합성한다.

02 밑줄 친 부분의 의미역이 <u>다른</u> 하나는?

① She handed the book to <u>her son</u>.
② She cooked the meal for <u>her son</u>.
③ Dr. Frank made a toy car for <u>his son</u>.
④ Dr. Frank made <u>his son</u> a toy car.

02 ①은 목표 의미역, 나머지는 모두 수혜자 의미역이다.

03 두 문장 간의 관계에 대한 설명으로 옳은 것은?

> (a) The mayor of Boston is a conservative.
> (b) There is a mayor of Boston.

① a는 b를 함의한다.
② a는 b를 전제한다.
③ a는 b를 대화함축한다.
④ a와 b는 서로 모순된다.

03 전제에 대한 설명이다. 함의라면 a가 거짓이면 b도 거짓이 되어야 한다. 전제이기 때문에 a가 거짓이어도 b가 거짓이 아니다.

정답   01 ①   02 ①   03 ②

04 두 문장이 서로 양립할 수 없는 경우이다.

04 다음 문장의 관계는?

> (a) Monica is a spinster.
> (b) Monica is married.

① 함축
② 전제
③ 시사
④ 모순

05 수혜자에 대한 설명이다. 의미역의 종류로는 행위자, 도구, 수동자, 경험자, 수혜자, 대상, 출처, 목표 등이 있다.

05 의미역 중에서 다른 행위자로부터 행위나 결과를 유도하는 객체는?

① 행위자
② 수혜자
③ 수동자
④ 대상

06 bank(은행, 강둑)는 어휘적 중의성의 예이다.

06 다음 중 어휘적 중의성과 관련이 있는 것은?

① John landed on the bank.
② Can you tell me the time?
③ Every boy loves some girl.
④ John hit Bill with a bat.

정답 04 ④ 05 ② 06 ①

제 7 편

영어화용론
(English Pragmatics)

www.sdedu.co.kr

제1장   화용론의 범위
제2장   직시(deixis)
제3장   대화함축(conversational implicatures)
제4장   전제(presupposition)의 화용론적 설명
제5장   화행(speech acts)
실전예상문제

단원 개요

영어화용론에서는 화용론의 범위에 속하는 직시, 함축, 전제, 화행 등에 대하여 배운다. 의미론에서 배웠던 전제나 함의 등의 개념이 화용론에서도 나온다는 점이 비슷하다고 할 수 있으나, 제일 큰 차이점은 화용론은 항상 문장이 발화로 말해지는 맥락, 즉 화맥 속에서 모든 분석이 수행된다는 점이다. 또 대화의 법칙을 통해 발화를 서로 주고받으면서 말이 힘을 가지고 있는 것은 바로 말로 행하는 화행 때문인데, 화행의 유형에 대해서도 배운다.

출제 경향 및 수험 대책

화용론은 의미론 못지 않게 이해가 까다로운 부분이 존재한다. 의미론에서 접했던 개념이 화용론에서 다시 나올 때 그 차이점을 반드시 이해하고 넘어가야 한다. 함축과 전제의 개념이 의미론과 화용론에서 다소 차이가 나기 때문에 사례를 통해서 이해해야 한다. 대화의 격률에 대한 개념 이해도 중요하다.

제 1 장 화용론의 범위

> 발화(utterance) 행위로 인해 실제 사용된 문장(sentence)을 화맥(맥락 혹은 문맥, context) 속에서 분석하는 언어학의 한 분야이다. 추상적 생각인 문장이 구체적인 상황, 장소, 시간에서 말소리에 의해 실제로 사용되어 발생한 사건(event)을 발화라고 부른다. 문장의 의미는 문장을 구성하는 단어와 문장 구조에 의해서 결정되지만 발화의 의미는 문장의 의미에 추가적으로 실제로 발화한 장소, 시간, 상황, 음성으로 실현된 목소리 크기와 억양, 화자, 청자 등 매우 많은 요인에 의해서 결정된다. 여러 발화가 시간적으로 연속적으로 나열된 연속체를 담화(discourse)라고 부른다.

다음 예문 (a)는 '그는 그녀를 미워한다.'라고 문장의 의미를 해석할 수는 있지만, 발화의 의미를 해석할 수는 없다. 왜냐하면 어느 장소, 어느 시간에 어떤 상황에서 누가 누구에게 말한 것인지 화맥이 전혀 없기 때문에, 대명사 he와 her가 지시되는 사람이 누군지 알 수 없기 때문이다. 화용론의 관점에서 (a) 문장은 해석이 불가능하다.

(a) He hates her.
(b) Tom met Mary yesterday.
(c) He likes her.

만일 (a)가 발화된 상황에서 이전에 (b)와 같은 말을 미리 발화해서 상황 설정이 이루어졌다면 (a)나 (c) 발화의 의미를 해석할 수 있을 것이다.

이처럼 화용론에서는 발화를 맥락 속에서 파악하기 위해, 맥락 속의 화자와 청자들이 의사소통하는 방법이나 원리 등을 연구한다. 화용론에서 연구하는 내용을 알아보기 위하여 다음의 예문을 살펴보자.

(a) We were there then.

(b) It's freezing in here.
(b′) Please turn on the heater.
(b″) Let's move to another room.

(c) She believes that her boss is bald.
(c′) Her boss is bald.
(c″) Her boss exists.

(d) I sentence you to 5 years' imprisonment.
(d′) Can you pass me the salt?

화용론에서는 발화 (a)처럼 화맥 속에서 사람(we), 장소(there), 시간(then)의 직시(가리킴, deixis or deictic expressions)표현을 분석하여 발화의 의미를 연구한다. 발화 (b)의 경우 이 문장 자체만의 의미가 아니라, 해당 화맥 속에서 (b′)나 (b′′)의 의미를 전달하려는 의도로 사용될 수도 있다. 이 경우 (b)가 (b′)와 (b′′)를 대화함축(conversational implicature)한다고 말한다. 발화 (c)는 (c′)가 참임을 전제로 한 말이며, (c′)가 참이면 (c′′)도 참이다. 이러한 경우 (c)가 (c′)와 (c′′)를 전제(presupposition)한다고 한다. 발화 (d)는 문장 자체가 갖고 있는 의미에 해당하는 내용을 죄인에게 판결하는 상황에서의 판결 행위 자체가 된다. 즉, 말로서 행위를 수행한 것과 같다. 이러한 현상을 화행(speech acts)이라고 한다. 발화 (d′)는 가능한지를 묻는 것이 아니라 발화된 화맥에서 요청의 행위를 수행하는 것으로 볼 수 있다. 문장의 형식(의문문)이 아니라 발화된 화맥 때문에 간접적으로 요청하는 행위를 수행한 것이 된다. 이러한 행위를 간접화행(indirect speech acts)이라고 한다. 레빈슨(S. Levinson)은 이렇게 화용론의 세부 분야를 직시, 함축, 전제, 화행으로 나누었다.

제 2 장 직시(deixis)

직시(가리킴)란 어떤 표현이 화맥에 있는 무언가를 '가리키는' 현상을 말한다. 직시라는 용어는 그리이스어에서 '가리키다/지시하다'의 뜻이다. 직시표현은 대체로 사람직시, 시간직시, 공간직시의 세 가지로 나뉜다.

1 사람(/사물)직시

(a) He₁'s not the President, he₂ is. He₃'s the secretary.
(b) Tom came in and he shook hands with Mary.
(c) This and this are good, but that is not good.

예문 (a)에서 화자가 세 사람을 차례대로 직접 가리키는 몸짓을 하면서 발화한다면 he₁, he₂, he₃는 동일한 사람이 아니라 서로 다른 세 사람이 된다. 세 대명사가 각각 다른 사람을 직시하는 표현으로 볼 수 있는 것이다. 반면 (b)에서 he는 Tom을 받는 대명사로 쓰여 동일인을 가리키는 것이다. (c)는 화자에 가까운(this) 것과 먼(that) 것을 직시하는 표현이다. 또 these/those도 사물을 직시하는 표현이다.

2 시간직시

(a) Push my back not now, but now.
(b) Tom met Mary yesterday.
(c) Now, I am going to tell you about it.

예문 (a)에 쓰인 두 now는 화자가 발화하면서 직시하는 두 순간을 나타내므로, 이 순간들은 화자의 화맥적 정보가 주어져야 완벽하게 해석될 수 있다. (b)에 쓰인 yesterday 역시 화자가 발화하는 시간을 알아야 정확한 날짜 계산이 가능하다. (c)의 now는 발화시를 직시한다기보다는 이야기를 시작하려한다는 신호를 보내는 부사로 보는 것이 낫다.

3 공간직시

> (a) Place the notebook here.
> (b) Move the desk from here to there.
> (c) Here we are.
> (d) There we go.

예문 (a)의 here와 (b)의 there는 화자가 공간상의 특정한 위치를 직시하고 있음을 알 수 있다. 그러나 (c), (d)의 here/there는 직시표현으로 쓰인 것이 아니라, 문두에 써서 청자의 관심을 끌기 위해서 사용된다.

제3장 대화함축 (conversational implicatures)

함축이란 어휘들만으로 이루어진 의미 그 의상으로 전달되는 의미를 말한다. 하나의 문장이 발화되었을 때, 그 발화를 기본으로 하여 화맥에 따라 전해질 수 있는 여러 가지 간접 의미를 뜻한다. 즉, 발화 문장의 명제 내용과 직접 관련이 없는 암시적인 의미를 함축이라고 한다.

제1절 그라이스(H. P. Grice)의 대화함축이론 중요 ★★

1 그라이스의 협동원리(cooperative principle)

그라이스는 동문서답 식의 대화가 아니라 원만한 대화를 하고 있을 때 대화 참여자들이 모두 묵시적으로 동의하고 준수하는 어떤 원칙이 있다는 것을 발견하였는데, 그는 이것을 **협동원리**라고 하였고, 이는 대화 참여자들이 대화의 목적에 기여하도록 서로 협력할 것이라고 가정하는 것이라는 뜻이다. 또한 이것은 우리가 대화에 참여하면 대화의 목적과 방향에 의해 요구되는 만큼의 기여를 해야 한다는 것을 의미하기도 한다. 그는 협동원리를 구성하고 있는 하위 원리들을 네 가지 영역의 9가지 **격률**(maxims)로 제안했는데 하나씩 살펴보자.

2 그라이스의 대화의 격률(maxims of conversation)

(1) 질의 격률(maxims of quality)

대화에 제공하는 정보가 진실된(honesty) 것이어야 한다는 격률로서, 이 영역에는 2가지 격률이 있다.

> ① 거짓이라고 생각하는 정보를 말하지 말 것
> ② 적절한 증거가 없는 정보에 대해 말하지 말 것

(2) 양의 격률(maxims of quantity)

대화에 제공할 정보(information)의 양은 적절해야(appropriate) 한다는 격률로서, 이 영역에는 2가지 격률이 있다.

> ① 필요한 양 만큼의 정보를 제공할 것
> ② 필요한 양 이상의 정보를 제공하지 말 것

(3) 관련성의 격률(maxims of relevance/relation)

대화에 관련된 얘기를 해야 한다는 격률로, 이 영역에는 1가지의 격률이 있다.

> 관련된 정보를 제공할 것

(4) 양태의 격률(maxims of manner)

위의 격률과는 달리 정보와 관련이 없고, 대화 참여자에 대한 태도와 기대(expectations)와 관련된 격률로, 이 영역에는 4가지의 격률이 있다.

> ① 모호한 표현(obscure expressions)을 피할 것(이해하기 어려운 어휘/표현을 쓰지 말 것)
> ② 중의성(ambiguity)을 피할 것
> ③ 간결할(brief) 것
> ④ 순서를 지키고, 질서정연할(orderly) 것

대화의 협동원리와 대화의 격률을 통해 함축을 설명하자면, 함축이란 단언된(asserted) 것, 즉 말해진 의미의 내용을 바탕으로 하여 협동원칙과 격률에 따라 추론할 수 있는 간접적 의미를 말한다. 이러한 추론은 화자들이 대화격률을 준수할 것이라는 협동원리 때문에 가능한 것이다. 그러나 때로는 격률을 의도적으로 위반하여 새로운 함축을 유도하기도 한다.

제 2 절 격률의 준수(observing)로 인한 함축 중요★★

1 질의 격률이 지켜지는 경우

화자가 (a)를 발화하면 질의 격률이 지켜진다고 예상하여 (b)를 함축한다고 할 수 있다.

> (a) The weatherman says it will rain tomorrow. → (b) It will rain tomorrow.
> (a) Mary has two Ph.Ds. → (b) I believe Mary has them and I have adequate evidence.

2 양의 격률이 지켜지는 경우

화자가 (a)를 발화하면 양의 격률이 지켜진다고 예상하여 (b)를 함축한다고 할 수 있다.

> (a) Most students got an A. → (b) Not all the students got an A.
> (a) Mary has two Ph.Ds. → (b) Mary has only two Ph.Ds, and no more.

3 관련성의 격률이 지켜지는 경우

화자의 질문 (a)에 청자가 (b)라고 대답하면, 청자는 관련성의 격률을 지킨다고 예상하여 (c)를 함축한다고 할 수 있다.

> (a) Is he dating anyone lately?
> (b) Well, he goes to Seoul everyday. → (c) He is dating someone who lives in Seoul.

4 양태의 격률이 지켜지는 경우

화자가 (a)를 발화하면 양태의 격률 중에서 발생한 일들의 순서를 지킨다고 예상하여 (b)를 함축한다고 할 수 있다.

> (a) Tom and Jill married last year and gave birth to a babygirl. → (b) They got a baby after they married.
> (a) The cowboy jumped on his horse and ran into the sunset. → (b) The two events occurred in a temporal sequence.

제 3 절 격률의 위반(flouting)으로 인한 함축 중요 ★★

대화의 협동원리에 의해 지켜질 것으로 예상되던 대화격률을 일부러 위반함으로써 새로운 함축을 유도해 낼 수 있도록 하는 경우이다.

1 질의 격률을 일부러 위반하는 경우

예문 (a) 화자의 질문에 (b)라고 대답했다면, 이것은 (b) 화자가 질의 격률을 일부러 어겨, (c)를 함축하기 위한 것이다.

> (a) London is the capital of Brazil, isn't it?
> (b) And Seoul is the capital of England. → (c) What you have in mind is absolutely incorrect.

2 양의 격률을 일부러 위반하는 경우

화자가 (a)라고 말하면 항진명제이므로 새로운 정보량이 없고 필요한 새 정보를 제공하라는 양의 격률을 일부러 위반하고 있다. 그러면서 (b)와 유사한 내용을 함축하고 있다고 볼 수 있다.

> (a) War is war. → (b) Terrible things always happen in war and that's its nature.

3 관련성의 격률을 일부러 위반하는 경우

화자가 (a)라고 험담을 하는데, 근처에 그 사람이 있음을 발견한 (b) 화자가 갑자기 무관한 날씨 얘기를 해서 관련성 격률을 일부러 어긴다면, 이는 (c)를 함축하기 위한 의도적 행위임을 알 수 있다.

> (a) Tom is a very mean guy, isnt' he?
> (b) (Noticing Tom nearby) Oh, the weather is fine, isn't it? → (c) Be careful, he is right over there.

4 양태의 격률을 일부러 위반하는 경우

어제 남자와 소개팅 후 친구가 (a)와 같이 묻자, (b)와 같이 장황하게 말하며 '간결하라'라는 양태의 격률을 일부러 어긴다면, 마음에 안 든다는 (c)를 함축한다고 볼 수 있다.

> (a) What was he like, the guy you dated yesterday?
> (b) He opened the door for me, bought me a nice dinner, told me funny jokes, and went home without asking for my number. → (c) I didn't like him.

제 4 절 대화함축(conversational implicatures)과 고정함축(conventional implicatures)

그라이스는 함축을 크게 대화함축과 고정함축으로 구분하고 있는데, 대화함축은 화용론적 설명이 가능한 경우로 협동원칙에 따른 대화격률과 발화의 화맥에 근거해서 추론되는 함축을 말하는 반면, 고정함축은 문장에 쓰인 특정 어휘 항목이나 문법 형태에 부과되어 나타나는 함축을 말한다.

1 대화함축의 특성

대화함축은 사용된 문장들의 화맥으로부터 추론되는 의미이다. 대화함축은 발화의 문자적 의미만으로는 파악될 수 없고, 동일한 발화도 상황에 따라 다양한 의미를 지닐 수 있다는 점에서 고정함축과 구별이 된다. 대화함축은 다음과 같은 일반적 특징을 지니며, 이를 기준으로 대화함축인지를 판단할 수 있다.

(1) 취소가능성(cancellability)

대화함축의 특성 중 가장 두드러진 것으로, 함의나 전제 및 고정함축과는 달리 대화함축은 특정 화맥에 의존하는 것으로 쉽게 취소될 수 있다.

(a) Tom wants to meet Mary. → (a′) Tom likes Mary

(b) Tom wants to meet Mary. But Tom doesn't like Mary.

(c) Tom has a Ph.D. → (c′) Tom has only one Ph.D.

(d) Tom has a Ph.D., perhaps even two.

남자가 여자를 만나고 싶어 하는 것은 그 여자를 좋아하는 것으로 추측할 수 있으므로 (a)는 (a′)를 함축한다고 볼 수 있다. 이는 어휘적 특성에 의해서 일어나는 고정함축이 아니며, 특정한 화맥에서 일어나는 대화함축인데, (b)에서 볼 수 있듯이 이러한 함축이 취소되어도 전체적인 모순을 초래하지는 않는다. 또 발화 (c)는 (c′)을 함축할 수 있으나, (d)와 같이 취소되어도 (c)의 모순을 초래하지는 않는다.

(2) 비분리성(non-detachability)

대화함축의 발생은 순수하게 화맥적 특성에 의존하므로 동일한 화맥이 유지되는 범위 내에서는 의미에 별다른 차이가 없는 다른 표현을 사용해도 함축된 의미는 화맥에서 분리되지 않는다는 성질을 말한다.

(3) 계산가능성(calculability)

대화함축은 발화의 문자적 의미, 협동원칙, 대화격률을 바탕으로 체계적인 추론(계산) 작업에 의해 예측할 수 있다는 성질을 말한다.

(4) 비고정성(non-conventionality)

대화함축은 고정적인 것이 아니라는 성질로, 대화함축은 말한 것(what is said)을 전달하는 것이 아니라 말한 것에 내포된 뜻(what is implied)에 의해서만 전달되므로 그 의미가 항상 같지는 않아서 비고정적이고 가변적일 수 있다. 이론적으로 불확정적일 수 있다.

(a) Tom is a machine.
(b) The window is open.

예문 (a)는 화맥에 따라 톰이 가진 기계적인 속성, 즉 정확함, 유능함, 냉정함 등 여러 가지 의미를 전달할 수 있으며, (b)도 표면적인 명제 내용은 창이 열려 있는 것이지만, 어떤 화맥에서 발화하느냐에 따라 문장 의미 이면의 함축 의미 또한 달라질 것이다. 만일 한밤중에 아내가 남편에게 말했다면 걱정을, 선생님이 학생에게 말했다면 명령을, 명탐정이 조수에게 말했다면 추리의 기능으로 이해되어 함축 의미가 달라졌을 것이다. 이처럼 대화함축의 정확한 의미의 결정은 화맥에 의존하는 것이지, 고정된 의미를 지니는 것은 아니다.

2 고정함축의 특성

고정함축은 대화격률과 같은 화용론적인 원칙에 바탕을 두는 것이 아니라, 한 문장의 특정한 낱말이나 문장 구조가 지닌 고정된 의미(conventional meaning)에서 발생하는 비진리조건적(non-truth conditional) 추론을 일컫는다.

(a) Mary studies hard. Therefore, she is the best student in her school.
(b) Mary invited Tom, too.
(c) Mary is the only person that was invited.

예문 (a)에서 메리가 전교 1등이라는 것은 열심히 공부하는 것에서 유추할 수 있지만, therefore라는 어휘 자체에서 고정적으로 생기는 함축 때문에 일부러 유추하지 않아도 앞 문장이 뒷문장의 원인이라는 것을 유추할 수 있다. 나머지 예문에서도 too, only라는 어휘 자체에서 오는 고정적 함축 때문에 문장의 진리조건과는 무관하게 함축이 도출된다. 이처럼 고정함축은 대화함축과 같은 화용론적인 원칙에 의해서 나오는 것이 아니라 발화 속에 들어 있는 어휘의 고정적인 힘에서 도출되는 의미이다. 이러한 고정함축을 지닌 낱말에는 therefore, even, yet, too, either, only, also 등과 forget, realize, fail, manage 등이 있다.

제4장 전제(presupposition)의 화용론적 설명

전제란 한 문장이 적절하게 발화되기 위해 화자/청자가 참이라고 인정하는 선행 조건을 말한다.

(a) You skipped the class <u>again</u>!
(b) <u>Tom's brother</u> is not a kid <u>any more</u>!

문장 (a)를 말한 화자는 again이란 단어를 이용하여 "청자가 이전에도 결석한 적이 있다."라고 전제하면서, 또 그 전제를 청자도 인정한다고 믿을 때에 이 문장이 적절하게 발화된다고 할 수 있다. 또, 문장 (b)가 적절하게 발화되기 위해서는 Tom과 his brother가 존재하고 Tom's brother was a kid라는 세 가지 전제가 있어야 한다. 그렇다면 대부분의 문장들이 전제를 요구하는 이유는 무엇일까? 왜냐하면 화용론에서 문장의 의미는 '단언(assertion) + 전제'로 이루어진다고 보기 때문이다. 단언은 문장이라는 명제가 가진 진리조건을 의미하며, 이 명제의 내용이 적절하게 소통되기 위해서는 전제가 충족되어야만 한다. 한 문장이 적정하게 쓰이는 상황을 화맥(context)이라고 하는데, 결국 화용론에서 문장의 의미라는 것은 명제와 화맥에서의 조건들의 합이라고 볼 수 있는 것이다.

(c) Alice believes that the king of France is bald.
(d) The king of France is bald.
(e) The king of France exists.
(f) Alice believes that the king of France exists.

예문 (c)가 화맥에서 적절하게 발화되기 위해서는 프랑스 왕이 대머리라는 (d)가 전제되어야 하고, 그렇다면 프랑스 왕이 이미 존재해야 해서 (e)도 전제가 되어야 한다. 프랑스 왕이 대머리라는 사실을 믿는다는 (f)도 전제되어야 한다. 즉 (c)는 (d), (e), (f)를 전제한다고 말할 수 있다.

전제는 다음과 같이 특정한 어휘나 구문에 의해서 발생한다. 다음 예문에서 화살표 이전의 문장이 이후의 문장을 전제한다고 말한다.

1. **명사구를 이용한 존재 전제**(existential presupposition)

(a) <u>The king of France</u> is bald. → (a′) There is a king of France.
(b) <u>Tom's brother</u> is a student. → (b′) Tom has a brother.
(c) <u>Each student from Korea</u> did well on the exam. → (c′) There are students from Korea.

2. 인지/감정 동사를 이용한 사실성 전제(factive presupposition)

(d) Tom <u>knows/didn't know</u> that Edison invented light bulbs. → (d′) Edison invented light bulbs.

(e) Tom <u>realized/didn't realize</u> that he made a mistake. → (e′) Tom made a mistake.

(f) Tom <u>regrets/didn't regret</u> that he had taken the chance. → (f′) Tom had taken the chance.

(g) Tom was <u>disappointed</u> that Mary didn't show up. → (g′) Mary didn't show up.

3. 그 밖의 전제 유발 표현들

(h) Tom made a mistake <u>again</u>. → (h′) Tom has made a mistake before.

(i) Mary got drunk <u>too</u>. → (i′) Someone other than Mary got drunk.

(j) Tom doesn't drink <u>any more</u>. → (j′) Tom used to drink before.

예문을 통해 보았듯이, 전제는 한 문장의 "발화조건"이며 "진리조건"은 아니다. 즉, 문장에 담긴 명제의 참/거짓을 떠나서 명제가 청자에게 정상적으로 전달되기 위해서는, 화자/청자가 그 문장의 전제를 사실로 받아들여야 한다는 것이다. 프레게는 "한 문장의 진리값이 결정되기 위해서는 먼저 그 문장의 전제가 만족되어야 한다. 그리고 문장이 부정되더라도 그 전제는 살아남는다."라고 말했다.

제 1 절　전제(presupposition)와 함의(entailment), 함축(implicature)의 구분 중요 ★★

전제, 함의, 함축 이 세 가지는 모두 주어진 문장에 관해서 문장 외의 다른 의미를 추론한다는 점이 공통점이다. 그러나 이 세 가지는 다음과 같은 차이가 있다. 우선, **전제**는 어떤 문장이 발화되기 이전에 그 문장이 적절한 발화가 되기 위해서 필요한 추가적인 사실을 가정하는 것이다. **함의**는 주어진 문장의 의미에서 논리적으로 추론될 수 있는 다른 의미를 말한다. 따라서 화용론적인 개념이 아니라 의미론적인 개념으로 볼 수 있다. 반면에 **함축**은 발화된 문장을 보고 맥락 속에서 그 발화 이외의 다른 의미를 추론하는 것이다. 화자가 말한 발화보다 더 많은 의미(문장의 형태를 지닌)를 추론해내는 것이라 볼 수 있다.

1 전제의 예

(a) It is really hot in this room. → (a′) There is a room. / (a″) We are inside this room, / (a‴) The temperature is high.

주어진 발화 (a)를 보면 문장 자체의 의미론적 의미는 이 방이 덥다는 것뿐이지만, 그렇게 되려면 (a′), (a′′), (a′′′) 등을 전제할 수 있다.

2 함의의 예

(a) Tom ran very fast.
(b) Tom ate bananas.
(c) Tom sat down.
(d) Tom had dinner and coffee.

주어진 문장 (a)가 사실이라고 받아들인다면, 그 의미에서 논리적으로 추론될 수 있는 다른 의미는 바로 Tom ran이 될 것이다. 또 (b)에서 함의될 수 있는 것은 Tom ate fruits가 될 것이다. (c)에서 함의될 수 있는 것은 Tom didn't stand up이 될 것이다. (d)에서 함의될 수 있는 것은 Tom had dinner와 Tom had coffee이다. 이처럼 함의는 어휘가 상위어/하위어일 때 또는 반의어나 AND 관계일 때 발생한다.

3 함축의 예

A : Where is my suit?
B : Your brother has an interview this morning.

주어진 발화에서 양복이 어디 있냐에 대한 B의 대답은 "동생이 오늘 아침에 인터뷰가 있다."이므로 발화 자체는 내 양복이 어디 있는지에 대한 내용이 아니지만, 대답을 통해 내 옷이 동생한테 있다는 사실을 유추해 낼 수 있다. 따라서 대답 발화를 통해 동생의 인터뷰 이외의 의미를 추론할 수 있다. 그라이스의 대화격률 관점에서 보면 대답은 관련성 격률을 일부러 어겼지만 협동원리를 통해 발화 이외의 의미를 유추해 낼 수 있게 한 것이다.

전제와 함의에는 큰 차이가 있는데, 전제는 발화하는 화자가 '그것이겠지'라고 가정·추측하여 갖고 있는 것이며, 함의는 발화가 아닌 문장 자체에 논리적으로 포함되어 있는 다른 문장을 말한다. 또 전제는 명령문이나 의문문과 같이 명제의 참/거짓의 진리값을 따질 수 없는 경우에도 찾을 수 있지만, 함의는 진리값을 갖고 있는 평서문에서만 찾을 수 있다는 점에서 다르다.
전제와 함축의 차이점은, 전제가 화자의 발화가 성립하기 위해서 가정하고 추론하는 것이라면 함축은 발화를 기반으로 협동원칙에 의해 발화 외의 의미들을 추론하는 것이라는 점이다. 예를 들어 Tom has a Ph.D → Tom has only one Ph.D의 경우 뒷 문장은 앞 문장의 대화함축이기는 하나 전제는 되지 못한다.

제 **5** 장 화행(speech acts)

화행이란 말 그대로 말로 행하는 행위 혹은 행위를 수반하는 발화라고 볼 수 있다. 우리가 하는 말이 실생활에서 어떤 행동을 요구하거나 수행하게 될 때 이를 화행이라고 부른다. 의미론에서는 진술문(혹은 평서문)에 대하여 참/거짓의 진리값을 주로 연구하지만, 화용론에서는 진술문과 구분되면서 진리값을 따질 수 없는 수행문(감탄문, 명령문, 의문문 등)에 대한 연구를 한다. 예를 들어 I apologize to you에는 '사과하는 행위'가 수반되어 있지만 I am happy는 그냥 내가 지금 행복한 상태임을 나타내어 어떠한 행위도 수반되어 있지 않다.

제 1 절 화행이론 _{중요} ★★

오스틴(J. Austin)은 언어는 단순한 진술을 넘어서 훨씬 다양하게 사용되며 많은 발화가 참/거짓의 진리값만으로는 판단될 수 없다고 하였다. 즉 모든 문장이 진술문은 아니며 질문이나, 명령, 감탄 등 다양한 의미를 지닌 문장들이 있다. 또 비록 문장의 형태가 진술을 담고 있는 평서문일지라도 그 안에는 약속(promise), 명명(naming), 경고(warning), 내기걸기(betting) 등 매우 다양한 내용이 담겨있을 수 있다고 하였다. 오스틴은 발화가 단순한 서술이 아니며 일종의 행위를 하는 것이라고 생각하고, 이러한 발화를 수행발화(performative utterances)라고 하였다.

(a) I <u>fine</u> you for speeding. (벌금 부과 행위)

(b) I <u>nominate</u> Powell for the Secretary of State. (직위 지명 행위)

(c) I <u>warn</u> you that trespassers will be prosecuted. (경고 행위)

(d) I <u>sentence</u> you to ten months of imprisonment. (판결 선고 행위)

(e) I <u>declare</u> this meeting adjourned. (선언 행위)

위 예문들은 글자로만 적혀 있으면 그냥 '문장'(sentences)에 지나지 않으나, 이들을 소리 내어 발화 (utterances)로 만든다면 비로소 수행발화가 되는 것이다. 예문에 쓰인 동사들은 모두 1인칭 현재형의 수행발화를 야기하므로 이들은 특히 수행동사(performative verbs)라고도 부른다.

오스틴은 기존의 진술문/수행문의 구분 대신 화행을 더 큰 범위에서 정의하고 분류하기 위하여 이 둘을 포괄하였다. 왜냐하면 앞서 얘기했듯 진술문의 형태일지라도 적절한 조건을 따르면 수행의 내용을 충분히 담고 있을 수 있기 때문이다. 그는 화행을 다음과 같이 크게 세 가지로 나누었다.

(1) 발화 행위(locutionary act, 혹은 언표적 행위)

의미 있는 언어 표현을 생성하는 행위를 말한다. 발화 행위에는 음성 음운적 행위, 형태 통사적 행위, 의미 화용적 행위 등이 포함된다.

(2) 발화 수반 행위(illocutionary act, 혹은 언표 내적 행위)

언어 표현을 발화할 때 화자가 수행하기로 의도된 행위를 말한다. 화자가 이행하고자 의도하는 행위의 유형을 말하는데, 사회의 관습 체계 내에서 규정된 행위로서 고소, 사고, 비난, 축하, 허락, 조롱, 괴롭힘, 명명, 약속, 주문, 거절, 맹세, 감사 등이 있다. 이러한 행위는 발화되는 문장의 고정적 말의 힘(force)에 기인한다.

> **❗ 더 알아두기 🔍**
>
> 설(J. Searle)은 오스틴의 발화 수반 행위(언표 내적 행위 혹은 넓은 의미의 수행 발화)를 다음과 같이 추가적으로 분류하였다.
> ① **단정표현(representatives)** : 화자는 발화된 문장의 명제가 참(true)임을 단정적으로 말한다. 단언이나 결론이 이에 해당된다. ⓔTom is a faithful husband.
> ② **지시(directives)** : 청자가 무엇인가 하도록 유도한다. 요청이나 질문 등을 말한다.
> ⓔSend us your revised essay tomorrow.
> ③ **언질(commissives)** : 화자가 미래의 행동을 말로써 표현한다. 약속, 위협, 제안 등이 해당된다.
> ⓔI promise to take you to the game.
> ④ **감정표현(expressives)** : 화자의 심리적 상태를 표현한다. 감사, 환영 등을 말한다.
> ⓔExcuse me.
> ⑤ **선언(declaratives)** : 화자가 상황에 즉각적인 변화를 초래한다. 전쟁 선포, 세례, 해고, 판결 선고 등을 말한다. ⓔI fire you from your job.

(3) 발화 영향 행위(perlocutionary act, 혹은 언향적 행위)

언어 표현 발화를 통해서 청자에게 어떤 효과를 야기하는 행위를 말한다. 발화 후에 청자에게 어떤 효과나 영향을 주는지에 중점을 둔다. 이것은 발화 상황에 따라 미치는 영향도 다를 수 있다. 발화로 인해 청자에게 설득, 강압, 놀람 등의 영향이 미치는 경우를 말한다.

제 **2** 절   수행발화의 평가

오스틴은 수행발화가 효력이 있게 잘 사용되어 목적을 수행했다면, 이것은 '적정하게'(felicitously) 발화된 것이며 그렇지 못하면 '부적정하게'(infelicitously) 발화된 것으로 판단하였다. 예를 들어 I fire you from your job을 아무나 발화한다고 해서 청자가 해고되는 것은 아니다. 말할 자격과 권위가 있는 사람이 발화해야만 화행이 제대로 이루어진다. 적정하지 않은 상황에서 수행발화를 한다면 이것을 불발(misfire)발화라고 하며, 화자가 진실성이 결여된 수행발화를 한다면 이것을 남용(abuse)발화라고 부른다. 예를 들어, 돈 낼 의사가 없으면서 I bet one million dollars라고 발화하는 경우가 이에 해당된다.

제 **3** 절   적정조건(felicity conditions)

수행발화를 분석하기 위해서는 참/거짓의 진리조건과는 다른 기준이 필요하다. 예를 들어, I now pronounce you man and wife 문장이 의미론적으로 참이 되기 위한 진리조건은 남편과 아내가 있어서 누군가가 부부라고 선언해주는 것이라 볼 수 있는데, 만일 화용론에서 이 문장을 수행발화할 때 그 누군가에 해당하는 화자가 어린 소년이고 남편과 아내는 또래의 소년과 소녀라고 한다면 소꿉장난이 아닌 실생활에서 이 발화는 적정하게 효력을 발생시킬 수 없을 것이다. 이 발화가 적절하기 위해서는 화자는 대체로 성직자여야 하고 청자는 반드시 신랑과 신부 및 하객이어야 할 것이다. 이처럼 수행발화가 적절하기 위해 만족시켜야 하는 조건을 **적정조건**이라고 부른다. 설은 화행의 적정조건을 4가지로 체계화했다.

(1) **명제내용 조건(propositional content condition)**
  문장의 명제내용이 화자의 미래 행위를 서술하여야 한다. 즉 화자가 행할 내용을 서술하는 것으로, 문장에서 수행동사를 제거한 부분을 가리킨다. I promise to go see a movie today에서 promise를 제거한 부분의 명제내용을 말한다.

(2) **예비 조건(준비 조건, preparatory condition)**
  화자와 청자가 화자의 미래 행위에 대하여 서로 긍정적으로 믿고 생각하여야 한다. 즉 화행이 이루어지기 위해 당연히 받아들여져야 하는 사항을 말한다.

(3) **진실 조건(성실 조건, sincerity condition)**
  화자는 미래 행위를 할 의지가 있어야 한다.

(4) **본질 조건(essential condition)**
  화자가 발화를 했다는 것은 화자에게 행위에 대한 책임과 의무가 있는 것으로 간주한다.

제 4 절 관련성 이론(Relevance Theory)

수행발화를 비롯한 화행을 화용론적 관점에서 설명하려 한 학자들로 윌슨(D. Wilson)과 스퍼버(D. Sperber)가 있는데, 이들이 주장한 관련성 원칙(혹은 이론)은 그라이스의 대화격률 중 관련성의 격률을 확장한 것으로서, 화자 발화의 의미를 파악하기 위해서 청자는 자신이 가진 정보 중에서 그 대화와 가장 관련 있는 것을 선택한다는 이론이다. 이 이론은 발화될 때 수행되는 화행의 적절성을 결정하는 방안을 제시하고 있다. 즉 화행의 적절성을 판단할 때에는 여러 가지 관련된 정보와 지식 중에서 가장 그럴듯하고 가능성이 높으면서 노력이나 비용이 덜 드는 가장 효율적인 판단을 한다는 것이다. 예를 들어 Be back by 5 o'clock이라는 명령문과 관련된 화행의 적절성을 판단할 때, 발화의 화맥에 따라 관련된 모든 정보를 취합하여 판단한 결과, 이 명령은 근엄한 명령(order)이 될 수도, 친근한 충고 (advice)가 될 수도 있다. Is the assignment due next Friday?라는 의문문의 관련성은 이에 대한 대답이 관련성이 있으리라는 점으로부터 도출된다. 이 의문문이 정보를 요청하든 확인을 구하든 간에 이 질문에 대한 답이 화자에게 관련성이 있다는 것을 표시하고 있는 것이다.

제 5 절 간접화행

명령문의 형식을 써서 Pass me the salt라고 요청을 하면, 명령문 본연의 기능을 써서 화행을 한다고 볼 수 있다. 만약 It's hot in here. Can you open the window?라고 발화한다면 Can you open the window는 의문문의 형식을 갖추고 있지만 정말로 궁금해서 묻는 것이 아니라 창을 열어달라는 명령 혹은 요청의 화행을 의문문 형식으로 발화한 것이라고 볼 수 있다. 일반적으로 평서문은 진술의 화행, 의문문은 질문의 화행, 명령문은 명령/요청의 화행을 수행하는데, 이처럼 문장의 형식과 화행 의도가 일치하는 경우를 직접화행(direct speech acts)이라고 하고, 명령을 명령문이 아니라 의문문이나 평서문으로 수행하거나 질문을 평서문이나 명령문으로 수행하거나 할 경우 이를 **간접화행**(indirect speech acts)이라고 한다.

> (a) Would you mind closing the window? (직접화행 : 질문, 간접화행 : 요청)
> (b) Why don't you go home? (직접화행 : 질문, 간접화행 : 요청)
> (c) I must ask you to go home. (직접화행 : 진술, 간접화행 : 요청/명령)

예문처럼 문장이 글자 그대로는(literally) 직접화행으로 쓰일 수도 있지만, 비문자적으로 간접화행의 뜻을 전할 수도 있다. 화자의 발화를 청자가 어떤 간접화행으로 인식할 것인가는 청자에게 달려있다. 설은 간접화행에 있어서, 화자가 두 가지 화행을 다 인식하기는 하지만 문자적 화행은 배경(background)이고 비문자적 화행이 주화행(primary speech act)이라고 주장한다. 또한 설은 요청의 적정조건을 다음과 같이 제시하였다.

명제내용 조건	화자는 청자의 미래 행위를 서술한다.
예비 조건	청자는 행위를 행할 능력이 있다.
진실 조건	화자는 청자가 행위를 행하기를 원한다.
본질 조건	화자가 청자로 하여금 행위를 행하게 하도록 시도한다.

요청의 화행 예를 살펴보자.

(a) Can you raise your right arm? → Raise your right arm, please.

(b) I wish you wouldn't commit theft again. → Don't commit theft again, please.

간접화행의 추론 과정을 살펴보면, 청자는 화살표 왼쪽의 발화가 질문(a)/진술(b)이 아니라면 발화의 목적이 무엇일까 자문하게 되고, 요청이라면 그 적정조건 중의 하나가 행위를 행할 능력이 있어야 한다(예비 조건)는 것임을 알고 있다. 그리고 청자는 발화의 화맥을 고려하여 화자가 의도하는 목적인 요청을 판단하게 된다.

제 7 편 실전예상문제

제 1 장   화용론의 범위

01 화용론 범위에 속하는 의미 국면과 관련 <u>없는</u> 것은?

① 직시
② 대화함축
③ 모순
④ 화행

01 화용론의 범위에 속하는 것을 레빈슨은 직시, 대화함축, 전제, 화행으로 구분했다.

02 다음 〈보기〉의 관련성에 대한 설명 중 옳은 것은?

> **보기**
>
> (a) It's cold here.
> (b) Please turn on the heater.
> (c) Let's move to another room.

① (a)가 (c)를 전제한다.
② (a)가 (b)나 (c)를 대화함축한다.
③ (b)가 (a)를 함축한다.
④ (c)가 (a)와 (b)를 전제한다.

02 (a)는 문자적 의미를 전할 수도 있지만 대화 상황에 따라 (b)나 (c)의 의미를 전하려는 의도로 사용될 수 있다. 이 경우 (a)가 (b)나 (c)를 대화함축한다고 한다.

03 다음 문장의 의미로 옳은 것은?

> (a) Steve has a Ph.D.
> (b) Steve has only one Ph.D.

① (b)가 (a)의 대화함축이면서 전제이다.
② (b)가 (a)의 대화함축이기는 하지만 전제는 되지 못한다.
③ (b)가 (a)의 전제이지만 대화함축은 아니다.
④ 모두 해당되지 않는다.

03 화맥에 따라서 (b)가 대화함축이 될 수는 있다. 박사 학위가 있는데 일반적인 경우에는 하나밖에 없으니 그럴 수 있다고 추론할 수는 있지만, (a)가 (b)를 전제할 수는 없다. 박사 학위가 하나만 있을 때 박사 학위가 있다고 얘기하는 것은 아니기 때문이다.

정답 01 ③ 02 ② 03 ②

01 장소와 관련된 직시표현으로 here(화
    자와 가까운 곳을 가리킴)와 there(화
    자로부터 먼 곳을 가리킴)가 있다.

제 2 장 직시(deixis)

01 장소와 관련된 직시표현으로 알맞은 것은?

① Push my back not now, but now.

② This and this are good, but this is not good.

③ You never know who will win the game.

④ Move the table from there to there.

정답 01 ④

제 3 장 대화함축(conversational implicatures)

01 하나의 문장이 발화되었을 때, 그 발화를 기본으로 하여 상황에 따라 전해질 수 있는 여러 간접 의미를 뜻하는 것은?

① 전제
② 직시
③ 함축
④ 화행

> **01** 함축은 또한 발화 문장의 명제 내용과 직접 관련이 없는 암시적인 의미를 나타내기도 한다.

02 그라이스(H. P. Grice)의 대화격률과 관련이 <u>없는</u> 것은?

① 질
② 관련성
③ 이용
④ 양태

> **02** 그라이스의 협동원리를 구성하고 있는 9가지 격률로 구성된 4가지 영역은 질, 양, 관련성, 양태이다.

03 대화격률 중 명료하고 간결하게 말해야 한다는 것이 포함된 것은?

① 질
② 양
③ 관련성
④ 양태

> **03** 양태의 격률에는 모호함과 중의성을 피할 것, 간결·명료할 것, 순서와 질서를 지킬 것 등이 해당된다.

정답 01 ③ 02 ③ 03 ④

안심Touch

04 첫 발화는 둘째 발화를 함축하는데, 관련성 격률이 준수된 것으로 볼 수 있다.

04 다음 문장과 관련이 있는 것은?

> • Pass me the salt.
> • Pass me the salt now.

① 양의 격률 준수
② 관련성 격률 준수
③ 양태 격률 준수
④ 관련성 격률 위반

05 질문에 대하여 관련성이 없는 질문으로 답변을 하여 관련성 위반이다.

05 다음 대화는 대화의 격률 중 무엇을 위반하였는가?

> A : Alice is a very dirty woman, isn't it?
> B : Oh, the weather is fine, isn't it?

① 관련성(relevance)
② 질(quality)
③ 양(quantity)
④ 양태(manner)

06 고정함축이란 문장에 쓰인 특정 어휘 항목(too, either, only, also, forget, realize, fail, manage 등)이나 문법 형태에 부과되어 나타나는 함축으로, 고정된 의미가 발생된다.

06 다음 단어와 관련이 있는 것은?

> therefore, even, yet

① 고정함축
② 대화함축
③ 일반함축
④ 특수함축

정답　04 ②　05 ①　06 ①

07 대화함축의 특성이 <u>아닌</u> 것은?

① 대화함축은 취소 가능하다.

② 대화함축은 분리 가능하지 않다.

③ 계산이 불가능하다.

④ 이론적으로 불확정일 수 있다.

07 대화함축은 취소 가능하고, 분리는 불가능하며, 계산이 가능하고, 비고 정적이다.

08 고정함축의 특성으로 옳지 <u>않은</u> 것은?

① 고정함축은 취소 불가능하다.

② 고정함축은 비교적 확정적이다.

③ 계산할 수 있는 성질의 것이 아니다.

④ 대화에 의해 가변적 의미를 가진다.

08 고정함축은 대화의 상황과 관계없이 고정적 의미이다. 고정함축은 의미 론적인 것이고, 대화함축은 화용론 적인 것이다. 따라서 고정함축은 함 의나 의미론적 전제와 맥을 같이 하 고 있다.

09 다음 표현이 대화함축하는 의미와 거리가 <u>먼</u> 것은?

> It's hot here.

① Let's continue the lesson tomorrow.

② Let's go home.

③ Please open the window.

④ No, I don't think so.

09 주어진 발화를 기반으로 화맥에 따 라 ①, ②, ③의 여러 가지 대화함 축이 추론될 수 있으나, ④는 발화 자체와 모순되는 내용으로 대화함축 과는 거리가 멀다.

정답 07③ 08④ 09④

01 화맥이란 어떤 문장이 적정하게 쓰이는 상황을 가리킨다.

02 첫 문장은 나머지 문장 모두를 전제한다.

03 전제는 의미론적 전제와 화용론적 전제로 나뉘는데, 의미론적 전제는 화맥 관여 없이 문장의 논리적 추론을 기반으로 하고, 화용론적 전제는 화맥을 관여시킨 상태에서 추론을 한다.

정답 01 ① 02 ④ 03 ③

제 4 장 전제(presupposition)의 화용론적 설명

01 하나의 문장이 적정하게 쓰이는 상황을 무엇이라고 하는가?

① 화맥
② 함축
③ 전제
④ 부분

02 다음 〈보기〉의 관계가 적절한 것은?

> **보기**
>
> (a) Alice believes that the king of France is bald.
> (b) The king of France is bald.
> (c) The king of France exists.
> (d) Alice believes that the king of France exists.

① (a)가 (b)만 전제
② (a)가 (c)만 전제
③ (a)가 (d)만 전제
④ (a)가 (b), (c), (d)를 전제

03 p가 발화하는 화맥의 대화적 특성에 기인하여 q를 전제하는 것은?

① 의미론적 전제
② 고정함축
③ 화용론적 전제
④ 상황론적 전제

제 **5** 장 **화행(speech acts)**

01 언어는 단순한 진술보다는 다양하게 사용되며, 대부분의 발화는 진리값으로 판단될 수 있는 것이 아니라는 입장을 가진 사람은?

① 모르건
② 오스틴
③ 프린스
④ 매콜리

01 오스틴의 화행이론에 대한 설명이다.

02 다음 표현의 수행발화는 무엇인가?

> I promise to take you to the game.

① 단정(assertion)
② 지시(directives)
③ 언질(commissives)
④ 감정표현(expressives)

02 설(J. Searle)의 수행발화 분류에는 단정, 지시, 언질, 감정표현, 선언이 있다. 언질은 약속, 위협, 제안 등이 해당된다.

03 오스틴의 수행발화의 종류가 <u>아닌</u> 것은?

① 언표적 행위
② 언표 내적 행위
③ 언질적 행위
④ 언향적 행위

03 언표적(발화) 행위, 언표 내적(발화 수반) 행위, 언향적(발화영향) 행위가 있다.

정답 01 ② 02 ③ 03 ③

안심Touch

04 ③은 선언에 해당된다. 화행의 종류
에는 단정, 지시, 언질, 감정표현, 선
언이 있다.

04 다음 표현 중 '요청'의 간접화행과 가장 거리가 먼 것은?

① Would you mind closing the window?

② Why don't you go home?

③ I fire you from your job.

④ I must ask you to go home.

정답 04 ③

부록

—

최종모의고사

www.sdedu.co.kr

제1회   최종모의고사
제2회   최종모의고사
제1~2회 정답 및 해설

제한시간: 50분 | 시작 ___시 ___분 – 종료 ___시 ___분

Ξ 정답 및 해설 311p

01 전통문법의 특징으로 옳은 것은?

① 문장을 5문형으로 분류한 것은 매우 효율적이었다.
② 낱말을 분포와 기능에 따라 분류하였다.
③ 화자가 사용하는 문법을 객관적으로 기술하였다.
④ 그리스어와 라틴어 문법틀에 맞도록 규범화하였다.

02 변형생성문법에 대한 설명으로 옳은 것은?

① 문법 기술에 있어 심층구조 개념을 도입하였다.
② 들리는 말소리를 근거로 하여 문장 분석을 하였다.
③ 언어가 들리는 대로 분석하여 존재하는 사실을 기술한다.
④ 문어체보다 구어체 언어를 연구 대상으로 삼는다.

03 인도–유럽 어족에 대한 설명으로 옳지 <u>않은</u> 것은?

① 영어가 속하는 어족이다.
② 대부분 굴절 언어이다.
③ 원래 8개 어단이었다가 10개로 확장되었다.
④ 영어는 사템어에서 유래하였다.

04 영어사에 관한 설명으로 옳지 <u>않은</u> 것은?

① 현대영어는 1700년 무렵을 기준으로 초기 현대영어와 후기 현대영어로 나뉜다.

② 20세기의 영어를 현재영어(Comtemporary English)라고 부르기도 한다.

③ 셰익스피어는 후기 현대영어 시대에 속하는 문인이다.

④ 19세기 이후 과학의 발달로 많은 신조어가 생겨나게 되었다.

05 영국영어와 미국영어에 대한 설명 중 옳은 것은?

① 영국인들이 미국에 도착했을 때 빅토리아 왕조의 영어를 쓰고 있었다.

② 영어에 토지의 특징과 관련된 어휘를 많이 전해준 언어는 스페인어였다.

③ 영국영어는 모음 뒤의 r을 발음하고, 모음 사이의 t 음은 탈락된다.

④ 영국영어에서는 제3강세가 덜 쓰여 음절 생략이 자주 발생했다.

06 구조문법에 대한 설명으로 옳지 <u>않은</u> 것은?

① 주관적 해석이 가능한 의미 분석은 매우 중시되었다.

② 구어적인 언어 자료를 중심으로 수집하고 분석하였다.

③ 블룸필드의 "언어"는 구조문법의 최고봉으로 꼽는다.

④ 파블로프의 행동주의 심리학의 영향을 주로 받았다.

07 말소리가 만들어지는 과정에 대한 설명 중 옳은 것은?

① 말소리는 주로 구강 내에 존재하는 공기를 움직여서 만들어낸다.

② 후두를 지난 공기는 비강을 거쳐 인두로 이동한다.

③ 성도는 구강과 흉강으로 구성된다.

④ 비강 통로는 연구개를 움직여서 여닫는다.

08 말소리를 만들어내는 기류기작에 대한 설명으로 옳은 것은?

① 폐의 공기를 내보내어 소리를 만들면 진입(ingressive)이라고 부른다.

② 인간의 말소리는 대체로 폐 진입 기류기작으로 만들어진다.

③ 성문 기류기작으로 만드는 소리는 내파음(implosives)과 방출음(ejectives)이 있다.

④ 혀 차는 소리(clicks)는 경구개 진입 기류기작으로 만들어진다.

09 유성음과 무성음에 대한 설명으로 옳지 <u>않은</u> 것은?

① 구분하는 기준은 성대의 진동 유무이다.

② 유무성을 구분하는 자질은 [vibrated]이다.

③ 성대 진동은 사실 성대의 빠른 개폐운동을 가리킨다.

④ 속삭이는 경우를 제외하면 모든 모음은 유성음이다.

10 다음 중 자음의 조음 위치로 볼 수 <u>없는</u> 것은?

① 유음

② 치간음

③ 성문음

④ 경구개 치경음

11 말소리와 조음 방법이 어울리지 <u>않는</u> 것은?

① /p, b, m/ - 파찰음

② /s, z, h/ - 마찰음

③ /l, r/ - 유음

④ /w, y/ - 활음

12 변별 자질을 통한 자음 분류에 대한 설명 중 **틀린** 것은?

① 중립위(neutral position)는 /e/를 발음할 때 구강 내 혀 위치를 말한다.

② [anterior] 자질은 치경 돌기를 기준으로 전후방 위치를 나타낸다.

③ 연구개음은 [-anterior, +coronal]로 표시될 수 있다.

④ [coronal] 자질은 설단의 중립위 위치를 기준으로 상하 위치를 나타낸다.

13 모음의 분류에 대한 설명으로 **틀린** 것은?

① 혀가 입천장의 어느 부위에 접촉하느냐를 기준으로 삼는다.

② 혀의 높낮이를 기준으로 고모음, 중모음, 저모음으로 나눈다.

③ 입술의 둥글기에 따라 원순모음과 비원순모음으로 나눈다.

④ 혀의 전후 위치를 기준으로 전설모음, 중설모음, 후설모음으로 나눈다.

14 모음의 분류 기준이 **아닌** 것은?

① 혀의 높낮이

② 혀의 전후 위치

③ 입술의 모양

④ 긴장도

15 음률자질(prosodic features)에 속하는 것이 **아닌** 것은?

① 설단

② 강세

③ 억양

④ 음의 길이

16 음소에 대한 설명 중 옳은 것은?

① 화자의 마음속에 내재해 있는 심리적 단위의 소리이다.
② 다른 음소로 바뀌어도 뜻 차이가 없다.
③ 환경에 무관하게 같게 발음된다.
④ 성대를 긴장시켜 성문이 닫힌 상태에서 나는 소리이다.

17 다음 예의 공통점은?

creck, cruke, cruk, crike

① 자립형태소
② 우연한 공백
③ 자유변이
④ 변이음

18 영어 자음의 중요한 분류자질이 되는 것은?

① [voiced]
② [round]
③ [high]
④ [low]

19 영어의 주요 분류자질이 될 수 <u>없는</u> 것은?

① [sonorant]
② [consonantal]
③ [syllabic]
④ [continuant]

20 다음 음의 공통적 특징으로 옳은 것은?

> /p, t, k/

① 잉여자질
② 자연집단
③ 이항대립
④ 최소대립어

21 동화작용에 대한 설명 중 틀린 것은?

① 이웃하거나 가까운 소리들이 서로 비슷하게 변하는 현상이다.
② 두 소리가 서로 영향을 미쳐 다른 소리로 변하면 상호동화라 부른다.
③ 이웃한 말소리의 변별자질을 취하여 비슷하게 변하는 현상이다.
④ 앞 소리가 뒷 소리에 영향을 주면 역행동화라고 부른다.

22 동화작용에 대한 설명 중 옳은 것은?

① pray, clay, twin, cute에서 /r, l, w, y/가 무성음화되는 것은 역행동화이다.
② dogs, cars, books, caps에서 -s가 /s, z/로 되는 것은 순행동화이다.
③ impossible, incomplete에서 im-/in-으로 되는 것은 상호동화이다.
④ pancake, grandpa에서 -n-이 /ŋ, m/으로 되는 것은 순행동화이다.

23 음운규칙의 기호 설명으로 옳은 것은?

① #는 음절 경계를 표시한다.
② $는 형태소 경계를 표시한다.
③ +는 낱말 경계를 표시한다.
④ ( )는 수의적 선택을 표시한다.

24 음절 구조의 특징으로 옳은 것은?

① 핵음과 초음, 그리고 말음으로 구성된다.
② 말음은 음절에서 정점을 이루는 소리이다.
③ 핵음은 핵 앞에 나타나는 소리로 /ŋ, ʒ/를 제외한 음이다.
④ 초음은 핵음 다음에 나타나는 소리로 모든 자음이 대상이 될 수 있다.

25 칸의 음절 구조 형성에 대한 설명으로 틀린 것은?

① 자모음들이 음절을 형성할 때의 소속을 수형도로 나타낸다.
② 음절 구조 할당 규칙에서 말음보다 초음의 연결이 우선 고려된다.
③ [+syllabic] 자질을 지닌 음은 정확히 한 개의 음절과 연결된다.
④ 연결선들은 서로 교차 가능하며 빠른 속도의 발음을 표시할 수 있다.

26 형태소를 정의한 것으로 옳은 것은?

① 단어를 구성하고 있는 음소들의 단위를 말한다.
② 더 이상 쪼갤 수 없는 최소의 의미 단위를 말한다.
③ 말소리를 분석할 때 더 이상 쪼갤 수 없는 최소의 소리 단위이다.
④ 언어음을 기술하는 단위를 말한다.

27 다음 접사의 공통 성질로 옳은 것은?

> -s, -'s, -ed, -ing

① 자립형태소
② 파생접사
③ 유일형태소
④ 굴절접사

28 형태소에 대한 설명으로 옳은 것은?

① 접두사나 접미사는 최소의 의미가 없으므로 형태소라 볼 수 없다.

② 의존형태소는 문장에 의지하여 하나의 독립된 단어로 쓸 수 있다.

③ 영어의 모든 굴절형태소는 접미사의 형태를 갖추고 있다.

④ 파생형태소는 단어를 새로 만드는 어형성의 기능은 없다.

29 파생접사에 의한 어형성에 대한 설명으로 옳은 것은?

① 파생접사에 의한 어형성은 대부분 품사의 전환을 가져온다.

② 명사에 -ship, -dom의 파생접사가 붙으면 품사가 변한다.

③ use + -less → useless의 경우 무접파생의 예이다.

④ 파생접사에 의한 어형성에는 주로 굴절접사가 사용된다.

30 새로운 단어가 생성되는 어형성에 대한 설명으로 옳은 것은?

① 둘 이상의 자립형태소가 결합하는 방식을 혼성어라고 한다.

② edit, burgle, butch는 전환에 의하여 생성된 단어들이다.

③ Vaseline, Xerox, Kleenex는 명칭에서 따온 단어들이다.

④ ROK, OPEC, COVID는 약어로 생성된 단어들이다.

31 이형태에 대한 설명으로 옳은 것은?

① 이형태들은 대조적인 분포를 이루고 있다.

② 직전의 음에 따라 이형태가 결정되면 음운적 조건에 의한 이형태들이다.

③ 각 이형태들의 출현 환경을 규칙으로 기술하기는 어렵다.

④ 복수형 어미 -(e)s나 과거형 어미 -(e)d는 이형태가 없다.

32 문장의 구조의존성에 대한 설명으로 옳은 것은?

① 구조적 중의성은 동음이의어나 다의어에 의해 생겨나는 현상이다.

② the tall professor's friend를 통해 어휘적 중의성을 설명할 수 있다.

③ 문장 속에서의 순서에 따른 단어의 결합 방식을 어순이라 한다.

④ 의문문 형성 시 조동사의 이동은 구조와 직접적인 관련은 없다.

33 문장의 구성성분 테스트 방법이 <u>아닌</u> 것은?

① clefting(분열문)

② pro-form substitution(대형태 대치)

③ movement(이동)

④ determiner(한정사)

34 문장의 변형에 대한 설명 중 옳지 <u>않은</u> 것은?

① 여러 가지 변형 규칙이 순차적으로 적용되면 안 된다.

② 불변화사 이동은 복합동사가 포함된 문장에서 발생한다.

③ 선행사와 관계사절이 있을 경우 외치변형이 적용 가능하다.

④ 불변화사 이동 및 외치변형은 문장의 구조의존성을 입증한다.

35 다음의 구구조 규칙으로 생성된 문장으로 옳은 것은?

S → NP Aux VP	NP → (Det) N	VP → V NP

① He put the ball on the table.

② Harry may sleep.

③ The boy will love the girl.

④ She showed up at the meeting.

36 다음의 비문법성은 무엇으로 설명하는가?

> • *The steel felt lonely.
> • *The wood ate Tom's hand.

① 귀환성(recursiveness)
② 선택제약(selectional restriction)
③ 구구조 규칙(phrase structure rule)
④ 변형규칙(transformational rule)

37 변형규칙에 대한 설명 중 **틀린** 것은?

① 변형 전의 심층구조와 변형 후의 표층구조로 기술한다.
② 문장 내의 명사구를 문두로 이동시키는 것을 화제문화라고 한다.
③ 복합명사구 내부의 wh-구를 이동시키면 비문이 된다.
④ 비주어 상승이란 가주어와 진주어로 문장을 표현하는 것을 말한다.

38 대명사화에 대한 설명으로 옳지 **않은** 것은?

① 대명사화는 변형규칙 중에서 구조의존성이 낮다.
② 성분통어 혹은 C-command 개념이 필수적이다.
③ 대명사가 선행하면서 후행 명사를 성분통어하면 비문이다.
④ 성분통어는 형제 혹은 자매 사이에서만 시작된다.

39 의미 이론에 대한 설명으로 <u>틀린</u> 것은?

① 지시 의미론은 의미를 표현이 지시하는 지시물로 본다.

② 종합 의미론은 의미를 표현의 지시와 의의로 본다.

③ 심리 의미론은 의미를 표현이 내포하는 관념이나 개념으로 본다.

④ 화용론적 의미론은 의미를 표현의 진리조건적 내용으로 본다.

40 그라이스의 대화의 격률이 <u>아닌</u> 것은?

① 관련성

② 질

③ 양

④ 협력

제한시간: 50분 | 시작 ___시 ___분 - 종료 ___시 ___분

⊡ 정답 및 해설 314p

01 과학적 전통문법에 대한 설명으로 가장 옳은 것은?

① 옛 전통문법의 규범성을 그대로 답습하였다.
② Robert Lowth가 대표적 학자이다.
③ 문헌문법(philological grammar)이라 불리기도 한다.
④ 문법연구의 관점이 역사적 국면에 있다.

02 구조문법의 언어습득이론과 거리가 <u>먼</u> 것은?

① 선천적인 언어습득장치 사용 하에 언어를 습득한다.
② 언어습득은 모방, 반복, 연습의 후천적 노력의 결과이다.
③ 파블로프의 행동주의 심리학에 근거한다.
④ 20세기 전반부 내지 중반부에 성행했던 이론이다.

03 다음 중 음소배열제약에 의해 영어에서 가능한 음소의 배열은?

① /klib/
② /lbki/
③ /dlim/
④ /ʧlib/

04 다음의 규칙이 시사하는 바로 옳은 것은?

> [+consonantal, -voiced, -continuant] → [+aspirated] / #_____

① top의 /k/가 [t̚]로 발음된다.
② cup의 /k/가 [kʰ]로 발음된다.
③ cut의 /t/가 [t̚]로 발음된다.
④ attend의 /t/가 [tʰ]로 발음된다.

05 나머지 셋과 <u>다른</u> 음변화 현상은 무엇인가?

① Chomsky and Halle를 Homsky and Challe로 발음한다.
② 미국인이 writer를 rider와 구별되지 않게 발음한다.
③ 어린 아이가 kitchen을 chicken으로 발음한다.
④ 고대영어의 brid가 현대영어에서 bird가 되었다.

06 다음과 같은 음변화 현상이 적용되는 단어는?

> [+nasal] → [-anterior, -coronal] / _____ [-anterior, -coronal]

① in̲tolerance
② im̲balance
③ in̲coherent
④ in̲decisive

07 다음과 같은 음변화 현상이 적용될 수 있는 단어는?

$$\emptyset \rightarrow [\ni] \ / \ [+sibilant] \ \_\_\_\_\_ \ [+sibilant]$$

① bush
② piano
③ dessert
④ stone

08 단어의 발음이 음성기호로 <u>잘못</u> 표시된 것은?

① zeal [zil]
② thin [θɪn]
③ bite [bɑɪt]
④ just [jʌst]

09 자모음을 말로 설명한 것 중 옳은 것은?

① /g/ : voiced palatal plosive (유성 경구개 파열음)
② /y/ : voiced alveolar glide (유성 치경 활음)
③ /e/ : mid back unrounded vowel (중 후설 비원순 모음)
④ /ə/ : mid central unrounded vowel (중 중설 비원순 모음)

10 모음 /e, ɛ, ʌ, ə, o, ɔ/의 공통점은?

① [-high, -low]
② [-back, -front]
③ [+mid, -back]
④ [+high, -low]

11 단어의 음절 구조를 설명한 것 중 옳은 것은?

① key에서 말음(coda)은 /y/이다.

② tap에서 핵음(nucleus)은 /a/이다.

③ on에서 /ɔ/는 초음(onset)이다.

④ psycho에서 초음(onset)은 /s/이다.

12 단어의 제1강세~제4강세를 표시한 것 중 틀린 것은?

① a-ni-mate (1-4-3)

② re-fu-gee (3-4-1)

③ red coat (2-1)

④ white house (1-3)

13 음성 변별자질에 대한 설명 중 틀린 것은?

① 성절자음의 자질은 [+syllabic]으로 표시한다.

② 공명음과 저지음은 [sonorant]로 구분한다.

③ 활음은 반모음 성질을 지니므로 [+syllabic]이다.

④ 파찰음과 다른 자음들의 구분은 [delayed release]로 한다.

14 밑줄 친 부분에서 상호동화의 예로 볼 수 없는 사례는?

① this_young man

② is_your mother

③ could_you

④ in_your soul

15 다음 설명은 무엇의 특성을 말하는가?

> (a) 어간에 첨가되어 문법적 기능을 수행한다.
> (b) 모든 접사가 다 첨가된 후에 마지막으로 첨가된다.

① 파생접사
② 굴절접사
③ 접두사
④ 유일형태소

16 어형성 규칙이 올바르지 <u>못한</u> 것은?

① loosen [$_{Adj}$ X] → [$_{Adj}$ [$_{Adj}$ X]-en]
② realize [$_{Adj}$ Xal] → [$_V$ [$_{Adj}$ Xal]-ize]
③ curiosity [$_{Adj}$ X] → [$_N$ [$_{Adj}$ X]-ity]
④ explanation [$_V$ X] → [$_N$ [$_V$ X]-ation]

17 형태소의 결합 구조가 올바르지 <u>못한</u> 것은?

① (un (law (ful ly)))
② ((un (think able)))
③ ((un (like ly)) hood)
④ (((dis agree) able) ness)

18 복합어의 내부 구조가 <u>다른</u> 하나는?

① income
② uplift
③ lukewarm
④ offset

19 다음 중 어형성의 방법에 대한 설명으로 옳지 <u>않은</u> 것은?

① lighthouse는 복합어이다.
② brunch는 약어이다.
③ house keep은 역성어이다.
④ COVID는 두문자어이다.

20 다음은 품사변화를 보여주는 셀커크의 관점에서 단어구조를 나타낸 것이다. 괄호 속에 들어갈 표시로 적절한 것은?

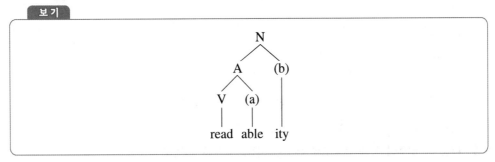

① (a) A^{af}, (b) N^{af}
② (a) V^{af}, (b) N^{af}
③ (a) A, (b) N
④ (a) A, (b) V

21 다음의 세 규칙이 나타내는 바로 옳은 것은?

S → NP VP   VP → V S′   S′ → Comp S

① 문법범주의 하위범주화 속성을 나타낸다.
② 변형규칙의 순서를 나타낸다.
③ 어휘선택의 선택제약을 나타낸다.
④ 구구조 규칙의 귀환성을 나타낸다.

22 다음 문장 안에서 괄호 속에 들어갈 재귀대명사로 옳은 것은?

Linda said that her husband loved (   ).

① oneself
② themselves
③ himself
④ herself

23 다음 중 비주어 상승 규칙으로 유도된 문장으로 옳은 것은?

① The topic is very informative to discuss.
② Tom seems to me to be happy.
③ Tom turned out to have told a lie.
④ It is difficult to understand her.

24 다음 수형도에서 볼 수 있는 현상은?

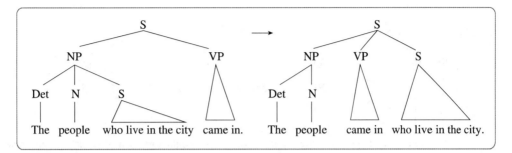

① 외치변형
② 복합명사구 이동
③ 불변화사 이동
④ 비주어 상승

25 다음 수형도를 구구조 규칙으로 나타낸 것으로 옳은 것은?

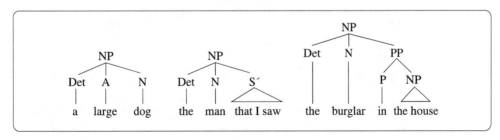

① NP → (Det) N S´ PP
② NP → Det A N S´ PP
③ NP → Det (A) N S´ PP
④ NP → (Det) (A) N (S´) (PP)

26 다음 수형도가 나타내는 규칙은?

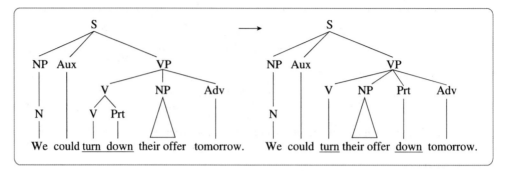

① 불변화사 이동
② 선택제약
③ 비주어 상승
④ 외치변형

27 다음의 수형도가 나타내는 구구조 규칙으로 올바른 것은?

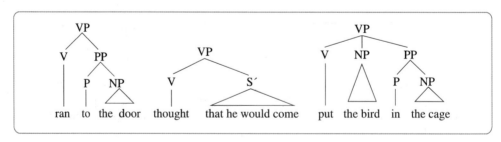

① VP → (V) NP PP S′
② VP → V (NP) PP S′
③ VP → V (NP) (PP) S′
④ VP → V (NP) (PP) (S′)

28 다음의 수형도가 나타내는 구구조 규칙으로 올바른 것은?

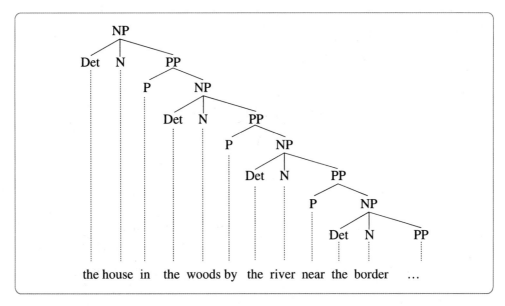

① NP → (Det) N (PP)   PP → P NP
② NP → (Det) N PP   PP → (P) NP
③ NP → Det N (PP)   PP → (P) NP
④ NP → Det N PP   PP → P NP

29 다음의 수형도가 나타내는 구구조 규칙으로 올바른 것은?

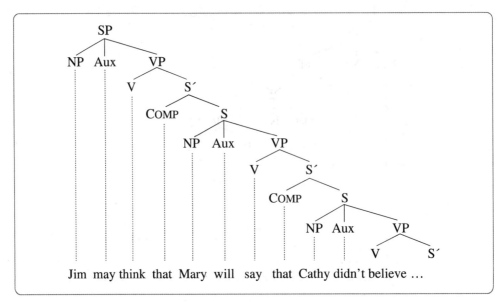

① S → NP Aux VP   VP → V S′   S′ → Comp S

② S → NP (Aux) VP   VP → V S′   S′ → Comp S

③ S → NP Aux VP   VP → V (S′)   S′ → Comp S

④ S → NP Aux VP   VP → V S′   S′ → (Comp) S

30 다음의 빈칸에 들어갈 말로 옳은 것은?

> The book is tough for me to understand.
>
> it <u>for me to understand the book</u> is tough
>
> ↓ (a)
>
> <u>it</u> is tough for me to understand <u>the book</u>
>
> ↓ (b)
>
> The book is tough for me to understand _____.

① (a) 외치변형, (b) 비주어 상승
② (a) 비주어 상승, (b) 외치변형
③ (a) 동일명사구 삭제, (b) 비주어 상승
④ (a) 보문절 이동, (b) 비주어 상승

31 다음 중 여격이동에 대한 설명으로 옳지 <u>않은</u> 것은?

① 3형식과 4형식 문장 사이의 변형이다.
② 구조기술에는 목적어 뒤에 전치사구가 있다.
③ 전치사구가 4형식의 직접목적어가 된다.
④ 심층구조가 3형식이고 표층구조가 4형식이다.

32 다음 중 비주어 상승의 사례가 <u>아닌</u> 것은?

① The suggestion is impossible to deal with.
② Mary is eager to investigate.
③ The deal is fun to talk about.
④ Tom is difficult to work with.

33 다음 수형도에서 Who가 이동이 불가능한 이유는?

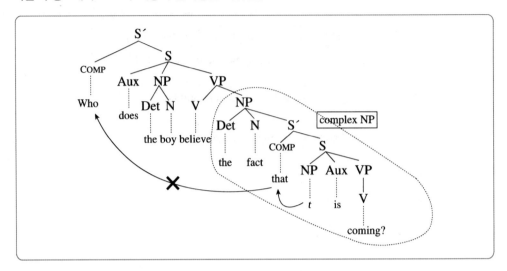

① S - S′ 두 경계를 동시에 넘지 못한다.

② S′ - Det 두 경계를 동시에 넘지 못한다.

③ NP - NP 두 경계를 동시에 넘지 못한다.

④ NP - S 두 경계를 동시에 넘지 못한다.

34 대명사화가 불가능한 경우는?

① Tom left school when he was young.

② When he was young, Tom left school.

③ When Tom was young, he left school.

④ He left school when Tom was young.

35 다음 중 성분통어에 대한 설명으로 **틀린** 것은?

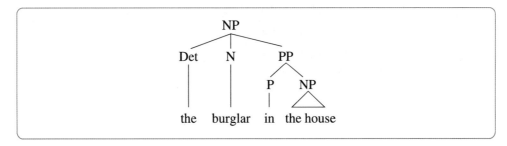

① Det는 P를 성분통어한다.
② N은 PP를 성분통어한다.
③ P는 Det를 성분통어한다.
④ Det는 PP를 성분통어한다.

36 다음 수형도에서 NP인 The boy에 대한 설명으로 **틀린** 것은?

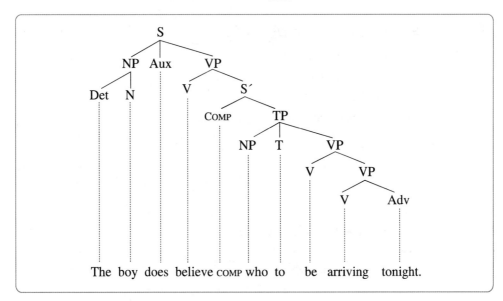

① NP는 VP를 성분통어한다.
② NP는 S´를 성분통어한다.
③ NP는 Aux를 성분통어한다.
④ NP는 S를 성분통어한다.

37 다음 단어들의 의미속성을 표시한 것 중 잘못된 것은?

① man : [+HUMAN, +MALE, +ADULT]
② woman : [+HUMAN, -MALE, +ADULT]
③ girl : [+HUMAN, -MALE, -ADULT]
④ boy : [+HUMAN, -MALE, -ADULT]

38 다음 중 밑줄 친 부분이 명백히 직시적 표현으로 해석되는 것은?

① Here we are.
② You, but not you, are dismissed.
③ There we go.
④ Now, let me tell you the story.

39 다음 중 '요청'의 화행이라고 볼 수 없는 것은?

① Why don't you see it yourself?
② I'd have to ask you to go.
③ Would you mind closing it?
④ I pronounce you man and wife.

40 다음 발화와 관련한 설명으로 옳지 않은 것은?

> I wish you wouldn't commit theft again.

① 이 문장의 발화 행위를 언표적 행위(locutionary act)라 한다.
② 언표 내적 행위(illocutionary act)는 요청이나 지시라고 볼 수 있다.
③ 이 발화가 청자에게 설득의 영향을 미친다면 그것은 언향적 행위(perlocutionary act)이다.
④ 평서문으로서 약속의 화행으로 쓰인다.

제1회

01	02	03	04	05	06	07	08	09	10
④	①	④	③	④	①	④	③	②	①
11	12	13	14	15	16	17	18	19	20
①	③	①	③	①	①	②	①	④	②
21	22	23	24	25	26	27	28	29	30
④	②	④	①	④	②	④	③	①	②
31	32	33	34	35	36	37	38	39	40
②	③	④	①	③	②	④	①	④	④

01 정답 ④

전통문법은 예전 그리스어와 라틴어에 기반을 둔 문법의 틀 안에서 규범적이었다.

02 정답 ①

변형생성문법의 가장 획기적인 특징은 심층구조의 도입이다.

03 정답 ④

영어는 켄툼어에서 유래하였다.

04 정답 ③

셰익스피어는 16세기 초기 현대영어 시대의 문인이다.

05 정답 ④

① 엘리자베스 왕조의 영어를 쓰고 있었다.
② 영어에 토지의 특징과 관련된 어휘를 많이 전해 준 언어는 프랑스어이다.
③ r은 발음되지 않고 t 음은 그대로 발음된다.

06 정답 ①

주관적 해석의 영향 때문에 의미론의 발달이 지체되었다.

07 정답 ④

① 구강이 아니라 폐에 존재하는 공기를 움직여서 만들어낸다.
② 인두를 거쳐 구강이나 비강으로 이동한다.
③ 성도는 구강과 비강으로 구성된다.

08 정답 ③

① 배출(egressive)에 대한 설명이다.
② 폐 배출 기류기작으로 만들어진다.
④ 연구개 진입 기류기작으로 만들어진다.

09 정답 ②

유무성을 구분하는 변별 자질은 [voiced]이다.

안심Touch

10 정답 ①

유음은 조음 방법 중 하나이다.

11 정답 ①

①은 파찰음이 아니라 구강/비강 파열음이다.

12 정답 ③

연구개음은 [-anterior, -coronal]로 나타낸다.

13 정답 ①

모음 조음 시에 혀는 입천장에 닿지 않는다.

14 정답 ③

입술의 모양이 아니라 둥근 정도이다.

15 정답 ①

설단은 혀날을 가리키며 음률자질이 아니다.

16 정답 ①

② 다른 음소로 바뀌어 뜻 차이를 유발한다.
④ 성문 폐쇄음에 대한 설명이다.

17 정답 ②

영어에서 가능한 음소 배열이나, 우연히 나타나지 않는 형태를 우연한 공백이라고 한다.

18 정답 ①

나머지는 모두 모음과 관련된 자질들이다.

19 정답 ④

주요 집단자질(분류자질, major class features)은 [consonantal, syllabic, sonorant, approximant]의 4가지이다.

20 정답 ②

무성 파열음은 [+consonantal, -voiced, -continuant]의 세 자질로 표시되는 자연집단이다.

21 정답 ④

앞 소리가 뒷 소리에 영향을 주면 순행동화이다.

22 정답 ②

①은 순행동화, ③, ④는 역행동화에 대한 설명이다.

23 정답 ④

①은 단어 경계, ②는 음절 경계, ③은 형태소 경계를 표시한다.

24 정답 ①

②는 핵음, ③은 초음, ④는 말음에 대한 설명이다.

25 정답 ④

연결선들은 절대 교차하지 않는다.

26 정답 ②

③은 음소의 정의이며, ②가 형태소의 정의이다.

27 정답 ④

문법적 관계를 나타내주는 굴절접사들이다.

28 정답 ③
① 접두사나 접미사도 형태소로 볼 수 있다.
② 의존형태소는 독립된 단어로 쓸 수 없다.
④ 파생형태소는 어형성 기능이 있다.

29 정답 ①
② 품사는 안 변하고 의미가 새로운 단어가 파생된다.
③ 접사가 있으므로 무접파생이 아니다.
④ 파생접사에 의한 어형성이므로 굴절접사가 아닌 파생접사가 사용되어야 한다.

30 정답 ③
①은 복합어, ②는 역성어, ④는 두문자어에 대한 설명이다.

31 정답 ②
① 상보적/배타적 분포를 이루고 있다.
③ 규칙으로 기술 가능하다.
④ 복수형 어미 -(e)s나 과거형 어미 -(e)d도 이형태가 있다.

32 정답 ③
① 구조적 중의성은 다른 단어와의 관계, 즉 구조에서 생겨나는 중의성이다.
② 구조적 중의성의 예이다.
④ 의문문에서의 조동사 이동은 문장 구조와 밀접한 관련이 있다.

33 정답 ④
한정사는 어휘 범주의 하나이다.

34 정답 ①
불변화사 이동과 외치변형은 순차적으로 적용된다. 따라서 순차적 적용은 가능하다.

35 정답 ③
VP를 보면 목적어는 있고 전치사구는 없어야 하므로 ①은 안 되고, ②는 목적어가 없으므로 안 되며, ④는 목적어가 없고 전치사구가 있어서 안 된다.

36 정답 ②
동사가 취하는 논항들(주어, 목적어, 보어 등)의 '의미'에 가해진 제약을 말한다.

37 정답 ④
적용 가능한 경우에 비주어가 가주어인 it 자리로 이동하는 것을 말한다.

38 정답 ①
구조의존성이 매우 높다.

39 정답 ④
화용론적 의미론은 의미를 그 표현이 맥락 내에서 사용되는 현상이나 국면으로 본다.

40 정답 ④
마지막 격률은 양태이다.

제2회

01	02	03	04	05	06	07	08	09	10
③	①	①	②	②	③	①	④	④	①
11	12	13	14	15	16	17	18	19	20
④	④	③	④	②	①	①	③	②	①
21	22	23	24	25	26	27	28	29	30
④	③	①	①	④	①	④	④	①	①
31	32	33	34	35	36	37	38	39	40
③	②	④	④	③	④	④	②	④	④

01 정답 ③
스위트를 효시로 예스퍼슨, 푸츠머, 커르미 등 유럽 영어학자들에 의해 이루어진 과학적 전통문법을 문헌문법이라 부르기도 한다.

02 정답 ①
변형생성문법의 언어습득이론에 대한 설명이다.

03 정답 ①
/s/가 있으면 /skl-/은 불가능하지만 없으면 /kl/은 가능하다.

04 정답 ②
무성파열음이 어두에서 대기음으로 발음된다는 규칙이다.

05 정답 ②
선지 중 음위전환의 설명이 아닌 것은 ②의 설탄음화 현상이다.

06 정답 ③
비음이 다음에 오는 파열음의 조음위치로 역행동화되는 경우인데, [-anterior, -coronal]은 연구개음이므로 ③이 정답이다.

07 정답 ①
[sibilant]는 치찰음 /s, z, ∫, ʒ, t∫, ʤ/이므로 정답은 ①이다.

08 정답 ④
영어의 유성파찰음 기호는 [ʤ]이므로 just [ʤʌst]가 맞다.

09 정답 ④
①은 velar(연구개), ②는 palatal(경구개), ③은 front(전설)이 들어가야 옳다.

10 정답 ①
중모음을 모아 놓은 것이므로 [-high, -low]이다.

11 정답 ④
①에서 말음은 /i/이고, ②에서 핵음은 /æ/이며, ③에서 초음은 없고, ④에서 p-는 묵음이다.

12 정답 ④

white house는 구이므로 2-1이 되어야 맞다.

13 정답 ③

활음은 [-syllabic]이다.

14 정답 ④

인접한 두 소리가 제3의 소리로 바뀌는 것이 상호 동화인데, ④는 변화가 없다.

15 정답 ②

영어의 모든 굴절접사는 접미사 형태로 모든 파생 접사가 붙은 후에 마지막으로 첨가된다.

16 정답 ①

loosen [Adj X] → [v [Adj X]-en]처럼 동사로 바뀌어야 맞다.

17 정답 ①

((un (law ful)) ly)가 맞다.

18 정답 ③

다른 것들은 '전치사+동사 → 명사'의 경우이나, ③은 '형용사+형용사 → 형용사'의 경우이다.

19 정답 ②

brunch는 혼성어이다.

20 정답 ①

able과 ity 각각 형용사화 접미사와 명사화 접미사이므로 (a) A^{af}, (b) N^{af}이다.

21 정답 ④

S의 안에 VP가 있고, VP 안에 S′가 있으며, S′ 안에 S가 있으므로, 결국 S가 반복해서 나타나는 귀환성을 나타낸다.

22 정답 ③

재귀대명사화는 동일절 내에서만 적용되므로 that-절 내부에서 이루어져야 한다. 따라서 her husband를 받는 himself가 된다.

23 정답 ①

④가 만약 She is difficult to understand이면 정답이 될 수도 있다. It ~ for ~ to ~의 문장에서 to 이하 구에 목적어(비주어)가 it 자리로 상승하면 비주어 상승 규칙이 적용된 것으로 볼 수 있다.

24 정답 ①

주어인 NP 안의 핵 N을 수식하는 절인 S가 술어인 VP 우측으로 이동한 외치변형의 수형도를 나타낸다.

25 정답 ④

Det는 I의 경우가 있으므로 선택 사항, A도 선택 사항, N은 필수, S′는 선택 사항, PP도 선택 사항이므로 정답은 ④이다.

26 정답 ①

turn down의 down이 V 지배에서 벗어나 VP 지배 안으로 이동한 불변화사 이동을 나타낸다.

27 정답 ④

V만 필수이고 나머지 NP, PP, S′는 모두 선택 사항이므로 ④가 정답이다.

28 정답 ④

구구조 규칙의 귀환성을 나타내는 사례로, Det, N, PP, P, NP가 모두 필수로 표시되므로 정답은 ④이다.

29 정답 ①

구구조 규칙의 귀환성을 나타내는 사례로, 수형도 상에 NP, Aux, VP, V, S´, Comp, S 등 모두 필수이므로 괄호가 없는 ①이 정답이다.

30 정답 ①

외치변형과 비주어 상승이 차례로 적용되는 사례이다.

31 정답 ③

표층구조의 전치사구가 심층구조의 간접목적어가 된다.

32 정답 ②

to-부정사 내의 목적어(비주어)가 상위문의 주어로 이동하는 것이 비주어 상승 규칙인데, investigate의 목적어는 Mary가 아니다.

33 정답 ④

복합명사구(NP)는 내부에 절(S)이 있는데 의문사는 이 두 경계를 연속으로 넘을 수 없다.

34 정답 ④

④는 대명사가 선행하고 Tom을 C-command(성분통어)하므로 대명사화가 불가능하다.

35 정답 ③

성분통어 대상은 자매 혹은 형제와 그 아래 지배 항목을 말하므로 P는 자매인 NP와 그 아래 항목만을 성분통어할 수 있다.

36 정답 ④

성분통어는 형제 혹은 자매와 그 밑의 지배를 받는 것들만 할 수 있으므로 NP는 부모인 S를 성분통어할 수 없다.

37 정답 ④

④는 boy : [+HUMAN, +MALE, -ADULT]여야 한다.

38 정답 ②

①, ③, ④는 관용적 표현으로 직시적 표현은 아니다.

39 정답 ④

④는 선언에 해당된다.

40 정답 ④

평서문으로서 요청/지시의 화행으로 쓰인다.

4단계 대비 주관식 문제

출/제/유/형/완/벽/파/악/

훌륭한 가정만한 학교가 없고, 덕이 있는 부모만한 스승은 없다.

– 마하트마 간디 –

제1장 언어학(linguistics)과 영어학(English linguistics)

01 언어의 개념에 대해 설명하시오.

01 정답

언어란 사람들 사이의 의사소통 체계로서 '음성, 몸짓, 수화, 문자' 등 구조화된 시스템을 기반으로 한다. 또한 언어는 조직적·기호적·음성적·관습적인 수단이며, 인간 두뇌 작용의 산물로서 인간의 심상을 살펴볼 수 있는 도구이다.

02 언어학과 영어학의 관계에 대해 설명하시오.

02 정답

언어학이란 언어를 분석하여 연구하는 방법과 이론적 모델을 확립하는 과학적인 학문 체계이며, 영어학이란 특정 언어를 연구하는 개별 언어 연구 중에서 영어라는 특정 언어를 과학적으로 연구하는 것을 뜻한다. 다시 말해, 언어학은 인간의 자연 언어를 연구하는 것이고, 영어학은 영어라는 특정 언어를 연구하는 것이다.

안심Touch

제2장 영어학의 분야

01 **정답**
기술문법이란 언어의 모든 규칙 체계를 가치 판단 없이 있는 그대로의 모습으로 객관적 기술을 하는 것을 말한다. 반면, 규범문법이란 존재하지 않는 어떤 올바른 기준을 정해 놓고 이를 지키지 않을 경우 언어를 오염시키거나 격하시킨다고 생각하는 태도 혹은 규범적 규칙의 집합체를 말한다.

01 기술문법과 규범문법의 차이에 대해 설명하시오.

02 **정답**
말소리와 이들의 운용 체계 등을 연구하는 '음성학과 음운론', 어휘의 형성 체계를 연구하는 '형태론', 그리고 구와 문장의 체계를 연구하는 '통사론' 등이 있다.

02 영어학의 핵심 연구 분야를 세 가지 이상 나열하고, 간략하게 설명하시오.

03 **정답**
공시적 연구는 특정한 한 시점에서 언어 현상을 연구하는 것이다. 반면, 통시적 연구는 시간의 흐름에 따라 역사적으로 변천하는 언어 현상을 연구하는 것이다.

03 공시적 연구와 통시적 연구의 차이에 대해 설명하시오.

04 영어학의 주변 연구 분야를 세 가지 이상 나열하고, 간략하게 설명하시오.

04 **정답**
언어 활동을 심리적 연구 방법에 기초하여 연구하는 '심리언어학', 사회 속에서 나타나는 언어 양상을 연구하는 '사회언어학', 언어의 획득, 습득 및 언어 교육을 연구하는 '응용언어학' 등이 있다.

제3장 문법 연구의 변천

01 16세기 영국에서 시작된 전통문법의 주요 내용과 그 문제점에 대해 설명하시오.

01 **정답**
문장 분석은 문장의 의미를 근거로 하였으며, 문장은 주부와 술부로 나누고 그 구조를 '구, 절, 문장'으로 나누었다. 문장 형식은 5형식으로 분류하였고, 어휘는 8품사로 분류하였다. 문제점으로는 품사 분류 기준 및 5형식 문형 분류에 일관성이 없다는 점과 무엇보다도 규범문법이라는 점을 들 수 있다.

02 19세기 말에 등장한 과학적 전통문법(혹은 문헌문법)의 두드러진 특징을 서술하시오.

02 **정답**
과학적 전통문법은 규범문법을 탈피하여 많은 예를 과학적으로 분석하는 문법으로, 스위트(H. Sweet)는 품사 범주를 설정할 때, 형태・의미・기능을 모두 고려해야 한다고 주장하였으며, 이러한 세 기준을 일괄적으로 적용하였다.

03 정답

구조문법의 근본에는 행동주의나 경험주의가 깔려 있어 연구도 과학적이었다. 언어 자료를 문어체가 아니라 구어체 위주로 수집하였고, 분석에 있어서도 분석자의 주관성을 배제하였다. 또한 '음운, 형태소, 어휘'를 중요시하고 이들이 이루는 문법의 계층을 엄격히 구분하였으며, 각 계층을 구성하는 단위들이 합쳐져서 전체 문법을 구성하게 되었다.

04 정답

전통문법은 정신주의를 바탕으로 한 규범문법인 데 반해, 구조문법은 경험주의와 행동주의에 바탕을 둔 기술문법이라는 점에서 다르다. 또한, 전통문법은 라틴어 문법을 모델로 하여 직관에 의존하는 분석을 하는 데 반해, 구조문법은 전체 구조 속에서 객관적인 분포와 기능에 의존하는 과학적 분석을 통해 언어 자료를 기술적이며 객관적으로 입증하는 데 중점을 둔다.

05 정답

변형생성문법은 촘스키의 "통사구조" 저술을 계기로 시작되었으며, 구조문법이 경험주의와 행동주의를 바탕으로 한 데 반해, 변형생성문법은 이성주의와 정신주의를 철학적 배경으로 하고 있다. 변형생성문법의 목표는 언어능력과 언어수행을 구분하여 언어능력을 규명하는 것이다. 이 문법의 가장 큰 특징은 문법 기술에 심층구조와 표층구조를 설정하고, 이들 사이를 연결하는 변형규칙을 도입했다는 점이다.
최소주의 이론은 이론적 장치를 최소화하면서도 문법 현상의 설명력을 극대화할 수 있는 이론으로, LF-구조와 PF-구조만을 문법에서 고려하여 문장 구성 요소들에 대한 자질을 점검하는 문법 이론이다.

03 20세기 초에 등장한 구조문법을 행동주의 심리학과 경험주의에 비추어 설명하시오.

04 전통문법과 구조문법을 두 가지 측면에서 비교하여 설명하시오.

05 촘스키(N. Chomsky)의 변형생성문법과 최소주의 이론을 비교하여 설명하시오.

제4장 영어의 계보

01 인도-유럽 어족의 특성에 대해 설명하시오.

01 **정답**
영어가 속하는 인도-유럽 어족은 인구어라고도 불리며, 문법 기능을 접사로 주로 나타낸 굴절 언어에 속하고, 가족 관계나 생활과 관련된 어휘에 유사성이 많은 것으로 알려져 있다. 이 어족은 총 10개의 어단으로 구성되어 있으며, '영어, 러시아어, 힌두어, 서구 유럽어들'이 역사적으로 한 어족에 속한다.

02 게르만어가 겪은 제1차 자음전환과 제2차 자음전환에 대해 간략하게 설명하시오.

02 **정답**
제차 자음전환은 그림 법칙(Grimm's Law)이라고도 불리며, '대기음 → 비대기음 → 무성음 → 마찰음'으로 순차적으로 전환된 규칙을 말한다. 제2차 자음전환은 현대 독일어가 속한 고지 독일어에서 자음들이 일정하게 변한 것을 말하는데, 영어가 속한 저지 독일어에서는 변하지 않았다.

안심Touch

제5장 현대영어(Modern English)의 이해

01 현대영어를 시기별로 구분하여 간략하게 설명하시오.

01 정답

1500년경 이후의 영어를 현대영어라 하고, 이 중에서 1700년 무렵을 기준으로 그 이전은 초기 현대영어, 그 이후 1900년경까지를 후기 현대영어로 구분한다. 1900년 이후(20세기)의 영어를 현재영어라고 부른다. 가령, 16세기 셰익스피어가 구사한 언어는 초기 현대영어로 볼 수 있다.

02 현대영어의 특징을 나열하고 간략하게 설명하시오.

02 정답

현대영어는 고대영어나 중세영어에 비해 굴절형이 극소화되었고, 미국이 강대국으로 성장하면서 전 세계로부터 많은 차용어들이 수입되었다. 또한, 캑스턴(W. Caxton)에 의한 인쇄술의 도입으로 철자법이 고정되었지만, 발음은 많은 변화를 겪어서 음과 철자의 괴리가 생기게 되었다.

03 현대영어의 특징인 '굴절형의 극소화'에 대해 설명하시오.

03 정답

우선, 모든 격어미가 소실됨으로써 문장에서의 단어의 문법적 기능이 어미가 아니라 어순에 의해서 결정되게 되었다. 또한, 단어의 문법적 성이 소실됨으로써 단어에 붙던 굴절어미가 사라지게 되었다. 문장에서 직설법이나 가정법을 만들 때 쓰던 동사의 굴절어미도 거의 사라지게 되어 조동사의 사용이 활발해지게 되었고, 소실된 격어미를 대체하기 위해 전치사 to의 사용이 증가된 것도 특징으로 볼 수 있다. 어휘의 품사도 굴절형의 소실에 따라 문장 내의 문법적 기능이나 분포에 의해서 결정되었으며, 굴절어미가 소실되어 어순이 고정되면서 강조하고 싶은 말의 어순을 바꾸기 쉽지 않아서 억양의 활용이 증가하게 되었다.

04 현대영어의 특징인 '음과 철자의 괴리'에 대해 설명하시오.

04 **정답**
영어는 철자와 실제음 사이에 괴리
가 큰 언어 중의 하나인데, 이는 15세
기 말경에 도입된 인쇄술로 철자법
이 고정된 반면, 계속되는 발음의 극
심한 변화가 철자에 반영되지 못했
기 때문이다. 대모음변이로 인해 중
세영어와 현대영어의 모음 체계도
대폭 달라지게 되었고, 존슨의 사전
편찬으로 인해 철자법은 더욱 고정
되었다. 또한, 외래어의 많은 차용으
로 인해 같은 철자가 여러 음으로 발
음되기도 하면서 음과 철자의 괴리
는 더욱 커지게 되었다.

제6장 미국영어와 영국영어

01 영국영어와 차이를 보이는 미국영어는 여러 인종들의 언어가 반
영된 결과이다. 미국영어에 주된 영향을 미친 세 가지 언어를 쓰
고, 예를 들어 설명하시오.

01 **정답**
미국영어에 주로 프랑스어, 스페인
어, 네덜란드어가 영향을 미쳤다. 프
랑스어는 주로 땅의 특징에 관한 이
름들이 영향을 미쳤는데, 'prairie(대
초원), crevasse(빙하 틈)' 등이 있
다. 스페인어는 서부 생활과 관련되
는 단어들에 영향을 미쳤는데, 'pon
cho(외투), lariat(올가미 밧줄), ran
ch(농장)' 등이 있다. 미국 초기에 뉴
욕에 정착한 네덜란드인들로부터 차
용한 단어는 'cookie(쿠키), waffle
(와플), Santa Claus(산타클로스)' 등
이 있다.

02 영국영어와 미국영어의 발음의 차이에 대해 설명하시오.

02 **정답**
두 언어는 분절음과 초분절음에 있
어서 차이가 있다. 구체적으로 영국
영어에서는 모음 뒤의 r-음이 발음
되지 않고, 모음 사이의 t-음이 그대
로 발음되는 반면, 미국영어에서는
r-음이 발음되고, t-음은 설탄음화
된다. 또한, 두 언어는 모음의 발음에
있어서도 차이가 있는데, 'pass, lau
gh, plant' 등의 모음에서 영국영어
는 [ɑ]로, 미국영어는 [æ]로 발음한
다. 마지막으로, 강세에 있어서 영국
영어에서는 다음절 어휘에서 제3강
세가 적어서 음절의 생략이 더 빈번
하게 일어나는 경향이 있다.

03 **정답**

영국영어보다 미국영어에서 철자의 간소화 경향이 두드러진다. '영국영어 〉 미국영어'의 예를 살펴보면, 'colour 〉 color, theatre 〉 theater, cheque 〉 check, mediaeval 〉 medieval, mould 〉 mold' 등이 있다. 또한, 어휘의 차이도 발견되는데 '영국영어 : 미국영어'의 예를 살펴보면, 'depot : station, goods train : freight train, luggage : baggage' 등이 있다.

03 영국영어와 미국영어의 철자 및 어휘의 차이에 대해 예를 들어 설명하시오.

04 **정답**

단어 have가 영국영어에서는 마치 조동사처럼 의문문에서 문두로 이동하여 'Have you a book?'이 되는 반면, 미국영어에서는 have가 본동사처럼 쓰여 조동사 do가 문두로 이동하여 'Do you have a book?'이 된다. 이러한 현상은 부정문에서도 나타나, 영국영어에서는 have not이 되는 반면, 미국영어에서는 don't have가 된다. 동사 help의 용법에 있어서도 부정사의 쓰임이 다른데, 영국영어에서는 'I help Mary to find the book.'인 반면, 미국영어에서는 'I help Mary find the book.'이다.

04 영국영어와 미국영어의 문법의 차이에 대해 두 가지 예를 들어 설명하시오.

| 제2편 | 영어음성학(English Phonetics) |

제1장 말소리의 생성

01 음성학의 세 분야에 대해 간략하게 소개하시오.

01 정답
음성학을 연구 분야에 따라 세부적으로 나누면, 발성 기관이 말소리를 만들어 내는 방법을 연구하는 '조음음성학', 말소리의 음향적 · 물리적 성질을 연구하는 '음향음성학', 말소리가 청취 기관을 거쳐 두뇌로 전달되는 과정에서의 소리 특성을 연구하는 '청취음성학'이 있다.

02 음성학에서 기류 기작(airstream mechanism)이 무엇인지 설명하시오.

02 정답
사람이 말소리를 만들어 낼 때 발성 기관이 공기를 어떻게 활용하는지를 '기류 기작'이라고 한다. 공기의 위치에 따라 '폐, 연구개, 성문' 등으로 나뉘며, 공기를 밖으로 밀어내면 '배출', 안으로 흡입하면 '진입'이라고 부른다. 영어의 대부분의 말소리는 '폐 배출 기류 기작'으로 만들어진다.

03 유성음과 무성음의 차이에 대해 설명하시오.

03 정답
폐 속의 공기가 성대를 통과하면서 생물학적 · 물리학적 작용에 의해 일초에 수백 번씩 성대가 열렸다 닫혔다 하는 개폐 운동을 반복하게 되는데, 이를 '성대의 진동'이라고 표현한다. 성대의 진동을 수반하는 말소리를 '유성음'이라고 하며, 주로 모음이나 유성 자음이 이에 해당한다. 성대의 진동이 없는 말소리를 '무성음'이라고 하며, 주로 무성 자음이 이에 해당한다.

04 **정답**

폐에서 나온 공기가 후두와 인두를 거치게 되면 성도의 연구개에서 두 갈래의 길을 마주하게 된다. 연구개 문이 열려 있으면서 구강의 어딘가가 막혀 있으면, 공기는 비강을 통해 코로만 나오게 되어 '비강음'이 만들어진다. 반면, 연구개 문이 닫혀 있으면 공기는 구강을 통해서만 나오게 되며, 구강의 모양과 구강 내 발성 기관의 움직임에 따라 다양한 '구강음'이 만들어진다.

05 **정답**

말소리를 만드는 공기의 흐름이 성도 안에서 방해를 받는지(자음), 아니면 상대적으로 별 저항 없이 원활하게 흐르는지(모음)를 기준으로 삼는다. 방해하는 발성 기관은 주로 공기 흐름의 아래에 존재하는 아랫입술과 혀로 볼 수 있고, 이들이 위로 다양한 방식으로 움직이면서 방해하게 되어 자음이 만들어진다. 모음의 경우, 방해는 거의 받지 않으나 아래턱의 위치 변화에 따라 혀의 위치도 변하고, 또 입술의 모양이 둥글게 되기도 하기 때문에 이에 따라 다양한 모음이 만들어진다.

01 **정답**

자음은 공기의 흐름이 성도 안에서 막히거나 좁아지는 등 방해를 받아서 만들어지는데, 막히거나 좁아지는 지점을 그 소리가 만들어지는 위치, 즉 '조음 위치'(조음점)로 정의한다. 같은 위치에서도 통로가 막히는 정도에 따라 서로 다른 소리가 만들어질 수 있는데, 이러한 정도를 '조음 방법'으로 정의한다.

04 말소리를 비강음과 구강음으로 나누는 기준은 무엇인지 간략하게 설명하시오.

05 말소리를 자음과 모음으로 나누는 기준은 무엇인지 간략하게 설명하시오.

제2장 자음(consonants)

01 영어의 자음을 구분할 때 '유무성음 여부, 조음 위치, 조음 방법' 등을 고려하는데, 조음 위치와 조음 방법을 어떻게 정의하는지 설명하시오.

02 영어 자음의 조음점(조음 위치)을 네 개 이상 나열하고, 간략하게 설명하시오.

양순음, 순치음, 치경음, 경구개음, 연구개음 등이 있다. '양순음'은 두 입술에서 만들어지는 소리를, '순치음'은 아랫입술과 윗니 사이에서 만들어지는 소리를 말한다. '치경음'은 혀끝과 입천장의 치경돌기 사이에서 만들어지는 소리를, '경구개음'은 혀의 전방과 경구개 사이에서 만들어지는 소리를, '연구개음'은 혀의 후방과 연구개 사이에서 만들어지는 소리를 말한다.

03 영어 자음의 조음 방법을 세 개 이상 나열하고, 간략하게 설명하시오.

파열음 혹은 폐쇄음, 마찰음, 활음 등이 있다. '파열음/폐쇄음'은 구강 내 특정 지점을 완전히 막았다가 갑자기 개방시킴으로써 만들어지는 소리이고, '마찰음'은 구강 내에 좁은 틈을 만들고 공기를 빠른 속도로 통과시켜 얻는 시끄러운 소음 소리이다. '활음'은 한 조음 위치에서 시작하여 다른 조음 위치로 발성 기관이 미끄러지듯 빠르게 활강하여 만들어지는 소리이다.

04 변형생성문법에서 제안한 변별 자질로서 조음 위치를 반영할 수 있는 변별 자질 두 가지를 나열하고 설명하시오.

모음 /e/를 발음할 때의 혀 위치인 중립위를 기준으로 [anterior]와 [coronal]의 두 가지 변별 자질이 있다. 이 중 [anterior]는 혀끝이 치경돌기를 기준으로 전후방 어디에서 소리를 만드느냐를 구분하기 위한 자질이며, 혀끝이 중립위보다 높이 올라가는지 여부에 따라 [coronal] 자질로 구분할 수 있다.

05 정답
지속성, 공명성, 소음성 등을 들 수 있다. '지속성'은 구강 내에서 공기의 흐름이 막히지 않고 지속적으로 유지되면서 나는 소리인지를 구분하는 자질이다. '공명성'은 공기가 성도에서 낭랑하게 공명하는지 아닌지를 구분하는 자질이다. '소음성'은 마찰 소음으로 인해 시끄러운 잡음이 만들어지느냐를 구분하기 위한 자질이다.

05 변형생성문법에서 제안한 변별 자질로서 조음 방법을 반영할 수 있는 변별 자질을 세 가지 이상 나열하고 설명하시오.

제3장 모음(vowels)

01 정답
자음의 경우 유무성 여부, 조음 위치, 조음 방법 등의 기준을 이용한다. 반면, 모음의 경우 조음 방법은 성대 진동이 유일하고(유성음), 구강 내에 막히거나 좁은 틈이 생기지 않으므로 조음 위치는 마땅히 정하기 힘들다. 따라서 모음은 주로 혀의 상하/전후 위치 및 입술 둥글기에 따라 분류한다.

01 영어 자음을 분류할 때와 모음을 분류할 때의 차이점을 서술하시오.

02 정답
혀의 높낮이, 혀의 전후 위치, 입술 둥글기, 긴장도 등이 있다. '혀의 높낮이'는 모음을 발음할 때 구강 내에서 혀의 최고점으로 정의하며, 고모음·중모음·저모음으로 구분한다. '혀의 전후 위치'에 따라 혀의 최고점 위치가 앞에 있을 때 전설모음, 중간쯤에 있으면 중설모음, 뒤쪽에 있으면 후설모음으로 구분한다. 또한, '입술 둥글기'에 따라 원순모음과 비원순모음으로 나눈다. '근육 긴장도'에 따라 긴장모음과 이완모음으로 나누지만, 실제로는 음절 구성 시에 받침의 유무에 따라 적용되는 기준이다.

02 영어 모음을 분류할 때의 기준 네 가지를 나열하고, 간략하게 설명하시오.

03 영어 모음을 음운론적으로 분류할 때 사용되는 변별 자질을 세 가지 이상 나열하고 설명하시오.

03 정답
고설성, 후설성, 원순성, 긴장성 등이 있다. 모음의 높낮이를 반영하는 변별 자질로 고설성인 [high]와 저설성인 [low]를 이용하고, 이들에 부호를 붙여 [+high], [-high]와 같이 쓰면 다양하게 모음을 분류할 수 있다. 모음의 전후 위치를 반영하는 변별 자질로 후설성인 [back]과 부호를 이용할 수 있고, 후설모음 중에서 원순모음은 원순성을 반영하는 [+round] 자질로 표현할 수 있다. 긴장모음 및 이완모음도 긴장성을 반영하는 [tense]와 부호를 이용하여 표현할 수 있다.

제4장 음성기호(phonetic symbols)

01 국제음성기호(IPA symbols)가 필요한 이유를 설명하시오.

01 정답
대부분의 인간의 문자는 말소리를 모호함이 없이 정확하게 표기할 수 없다. 영어의 경우도 예외가 아니므로, 철자와 발음의 관계가 명확하지 않고 일관성이 없어서 영어 말소리를 정확하게 표현할 수 없다. 따라서 인간의 말소리를 명확하게 나타낼 수 있는 글자 혹은 문자가 필요한데, '국제음성기호'는 학자들이 모여 만든 기호 체계로서 이러한 기능을 수행할 수 있다.

02 국제음성기호가 갖추어야 할 요건을 설명하시오.

02 정답
하나의 기호가 단 하나의 말소리만을 나타내야 하며, 반대로 하나의 말소리는 반드시 하나의 기호로만 표현되어야 한다. 그렇게 해야만, 각 말소리를 일관된 음가를 가진 기호로 표기하여 혼돈을 피하고, 교육 및 연구의 목적으로 잘 이용할 수 있다.

03 **정답**

영어 단어 'pill, no, zeal, leaf'의 첫 자음 소리는 각각 [p, n, z, l] 음성기호로 표기할 수 있고, 'beat, bait, boot'의 모음 소리는 각각 [i, eɪ, u] 음성기호로 표기할 수 있다.

03 각각 영어 단어 세 가지 이상을 예로 들어, 자음 및 모음에 해당하는 국제음성기호를 설명하시오.

제5장 음률자질(prosodic features)

01 **정답**

말소리는 작은 단위로 나눌 수 있는 분절음과 여러 분절음에 걸쳐 적용되어야 의미를 갖는 초분절음으로 구분될 수 있다. 초분절음은 다른 말로 음률자질이라고 불리며, '음의 고저인 피치, 강세, 억양, 음의 길이' 등이 있다. 둘 이상의 음절이 어울려 낱말이나 구와 절을 이루게 되면, 여기에 음의 고저인 피치가 단어 단위로 적용되는 '성조', 문장 단위로 적용되는 '억양'이 생겨, 문법적이고 의미적인 차이를 만들게 된다.

01 음률자질이란 무엇인지 설명하시오.

02 **정답**

소리가 낭랑하게 멀리까지 잘 들리는 정도를 '공명도'라 하는데, 말소리에 따라 공명도가 상대적으로 다르다. 음절의 한 가운데 있는 모음의 공명도가 최고로 높고, 좌우에 있는 자음들은 공명도가 작다. 따라서 여러 음절로 이루어진 다음절 단어의 경우 공명도가 오르내리는 모양을 보이게 되는데, 이 경우 수학적으로 볼 때 극대값들의 개수를 세면 그것이 바로 음절의 개수가 된다.

02 공명도를 기준으로 음절을 어떻게 정의할 수 있는지 설명하시오.

03 음절의 구조를 수형도로 나타내는 방법을 간략하게 설명하시오.

뒤집어진 나무의 모양을 본떠서 음절의 구조를 나타내는 것이 '수형도'이다. 뿌리에 해당하는 '핵음'에는 모음이 맨 위 가운데에 있고 여기에서 가지가 좌우로 뻗어 내려오는데, 왼쪽 가지의 자음은 '초음'에 해당하고, 오른쪽 가지의 자음은 '말음'에 해당한다. 핵음과 말음은 합쳐져서 '운'을 이루기도 한다. 즉, 음절은 초음과 운으로 구성되고, 운은 다시 핵음과 말음으로 구성되는 것이다. 이처럼 좌우 두 갈래로 가지를 쳐서 음절구조를 표시하는 방법을 수형도라고 부른다.

04 영어 강세의 특성과 종류에 대해 간략하게 설명하시오.

영어에서 강세란 음절에 부여되는 성질로, 단어 내에서 어느 음절이 다른 음절들보다 더 강하고 길게 발음되는 것을 말한다. 강세는 단어의 고유한 성질인 동시에, 때때로 강세 위치에 따라 같은 철자를 지닌 단어도 품사가 다를 수 있다.

강세의 종류에는 제1강세부터 제4강세까지 있으며, 제2강세는 구나 문장에서만 쓰인다. 다음절어에서 강세가 두 개 있을 때 제일 센 것을 제1강세, 그다음으로 센 것을 제3강세, 둘 사이에 존재하는 약한 것들을 제4강세라 한다. 둘 이상의 단어가 결합하여 복합어를 이루는 경우도 한 단어로 취급하여 이러한 강세 패턴으로 분석한다. 하지만 단어들이 결합하지 않은 구의 경우에는 형용사가 제2강세를, 형용사의 꾸밈을 받는 명사는 제1강세를 받는 것으로 분석한다.

05 정답

문장 속에서 유성음이 있는 부분은 성대의 개폐 속도에 따라 피치가 결정되는데, 문장 내에서의 이러한 피치의 변화 양상을 '억양 혹은 인토네이션'이라 부른다. 문장 속의 억양 곡선 모양에 따라 의미나 뉘앙스의 차이가 생기게 된다.

05 영어 문장의 억양, 즉 인토네이션의 개념에 대해 간략하게 설명하시오.

제3편 | 영어음운론(English Phonology)

제1장 음소(phonemes)와 이음(allophones)

01 음소의 개념에 대해 실제 사례를 들어 설명하시오.

01 정답

한 언어에서 모국어 화자들의 머릿속에 존재하는 서로 다른 말소리를 '음소'라고 부르는데, 다르다는 개념은 언어마다 상대적으로 다르므로 주의해야 한다. 예를 들어, /k, g/ 음성기호로 표현되는 두 소리는 영어에서는 다른 소리이지만, 키캄바 언어에서는 같은 소리이다. 마찬가지로 /s, s´/ 소리들은 한국어에서는 다른 소리, 즉 음소이지만, 영어에서는 같은 소리에 가깝다고 볼 수 있다. 이처럼 화자들의 머릿속에 추상적으로 존재하는 심리적인 말소리를 음소라고 부르며, 이러한 다른 소리들을 조합하여 각 언어마다 고유한 어휘가 만들어지게 되는 것이다.

02 (변)이음의 개념에 대해 실제 사례를 들어 설명하시오.

정답
원어민의 머릿속에는 하나의 소리 (음소)로 파악되지만, 발성 기관을 통해 물리적인 소리로 여러 단어들 속에서 구현될 때에는 다소 다른 소리들로 실현될 수 있는데, 이러한 경우 이 물리적 소리들을 그 음소의 '변이음'이라고 부른다. 한국어 /ㄹ/ 소리의 경우 한국어 원어민들의 머릿속에서는 하나의 소리(음소)로 여겨지지만, 실제로는 단어 환경에 따라 두 가지의 변이음으로 실현된다. 단어 '라면'과 '나라'의 경우 같은 음소 /ㄹ/이 들어있지만, 발성 기관을 통해 발음될 때 물리적으로 다른 두 개의 변이음(설측음과 설탄음)으로 실현된다.

제2장 말소리의 분포 유형

01 괄호 안에 들어갈 알맞은 단어를 쓰시오.

01 **정답**
대조

> 서로 다른 음소들이 모여 새로운 단어를 만들어 낼 수 있음을 의미하는 것으로, 어떤 단어를 이루는 음소들 중에서 하나의 음소를 다른 음소로 바꾸게 되면 그 단어는 뜻이 바뀔 수 있고, 새로운 단어가 될 가능성이 있을 때, 이 음소들은 서로 ( ) 분포를 이룬다고 한다.

02 **정답**
상보

02 괄호 안에 들어갈 알맞은 단어를 쓰시오.

> 하나의 음소가 여러 이음으로 절대로 중복되지 않는 환경에서
> 서로 보완하듯이 나타날 때, 이 분포를 (　　) 분포라고 부른다.

03 **정답**
자유 변이

03 괄호 안에 들어갈 알맞은 단어를 쓰시오.

> 단어 economic이나 potato의 발음에서처럼 두 말소리가 음소
> 들의 분포처럼 같은 음성학적 환경에 나타나면서도 단어의 뜻
> 변화를 나타내지 않는 경우, 대조 분포도 상보 분포도 아닌 것
> 으로 볼 수 있다. 이러한 경우 이 말소리들은 (　　)을(를) 보인
> 다고 말한다.

제3장 음운의 연속

01 다음 내용에 해당하는 개념을 쓰시오.

> 한 언어 안에서 그 언어를 구성하는 음소들이 음절 등을 이루면
> 서 보이는 배열상의 특징들을 연구하는 음운론의 한 분야

02 영어의 음절구조를 자음(C)과 모음(V)의 개수 관점에서 간략하게 설명하시오.

03 괄호 안에 들어갈 알맞은 말을 순서대로 쓰시오.

> 한 언어에서 그 언어 규칙이 허용함에도 불구하고 우연히 나타
> 나지 않는 형태를 (㉠) 공백이라고 부르며, 이는 언어 규칙
> 이 허용하지 않아서 생기는 (㉡) 공백과는 다르다.

---

01 **정답**
음소배열제약(혹은 음소배열론, 음절구조제약)

02 **정답**
영어의 음절구조에서 초성인 초음에는 자음군이 최대 3개까지 올 수 있고, 종성인 말음에는 최대 4개까지 올 수 있다. 또한, 핵음에는 모음 이외에도 성절자음이 올 수 있다는 특징이 있다. 그래서 영어는 CCCV CCCC의 음절구조를 갖는다고 볼 수 있다.

03 **정답**
㉠ 우연한
㉡ 체계적

제4장 변별적 자질(distinctive features)

01 정답
변별 자질(혹은 변별적 자질)

01 다음 내용에 해당하는 개념을 쓰시오.

> 음소를 구성한다고 볼 수 있는 소리 성질들로서, 음소를 구분하고 분류하며 음운 현상에 관여하는 소리 집단을 기술하는 데 쓰는 개념

02 정답
이항대립

02 괄호 안에 들어갈 알맞은 말을 쓰시오.

> 변별 자질 개념은 +와 −를 대립시켜 표시하는데, 이렇게 하나의 개념을 그 성질이 있고 없음의 두 가지로 나누어 쓰는 방식을 (   )(이)라고 부른다.

03 영어 말소리를 음운론적으로 분석하는 데 쓰이는 변별 자질 네 가지를 나열하시오.

03 정답

주요 집단 자질, 후두 자질, 방법 자질, 위치 자질

04 괄호 안에 들어갈 알맞은 말을 쓰시오.

모음 전체, 성절자음과 활음을 포함한 모든 자음을 구분하는 주요 집단 자질은 [syllabic]이고, 자음과 모음을 구분하는 자질은 [consonantal]이며, 조음 기관이 접근하여 만들어지는 소리를 구분하는 자질은 [approximant]이다. 또한, 공명음 및 모음을 포함한 소리들과 저지음을 구분하는 자질은 (   )이다.

04 정답

[sonorant]

05 영어음운론에서 음소 집합을 분류할 때 쓰이는 '자연집단'이라는 개념에 대해 간략하게 설명하시오.

05 정답

'자연집단'은 하나 이상의 변별 자질을 공유하는 모든 말소리 집단을 지칭하는 개념이다. 공유하는 자질의 개수가 적을수록 그 집단을 구성하는 말소리 원소들의 개수는 증가하고, 반대로 공유하는 자질의 개수가 많을수록 그 집단을 구성하는 말소리 원소들의 개수는 감소한다.

안심Touch

제5장 음운의 변동(phonological changes)

01 괄호 안에 공통으로 들어갈 말을 쓰시오.

> ( )의 변동이란 언어에서 볼 수 있는 체계적이고 ( )론 적인 말소리의 변화를 가리키는 말이며, 생성문법에서 원어민 이 말을 하거나 들을 때 발생하는 두뇌 속의 ( )론적인 작용 을 포착하여 표기하는 방법을 말한다. 음성학적 기호나 변별 자 질을 활용하여 ( ) 변동을 표기할 수 있다.

01 **정답**
음운

02 음운의 변동 중 '동화작용'의 개념을 쓰고, 세 가지 분류기준으로 분류하여 간략하게 설명하시오.

02 **정답**
말소리가 이웃하거나 가까운 거리에 있는 다른 말소리의 영향을 받아 서 로 비슷하게 변하는 현상을 '동화작 용'이라고 한다.
영향을 미치는 거리에 따라, 바로 앞 이나 뒷소리의 영향을 받는 경우 '국 지적 동화', 바로 이웃이 아닌 소리의 영향을 받는 경우 '장거리 동화'라고 한다.
영향을 미치는 방향에 따라, 앞소리 영향으로 뒷소리가 변하면 '순행동 화', 뒷소리 때문에 앞소리가 변하면 '역행동화', 서로 영향을 미쳐 둘 다 변하게 되면 '상호동화'라고 한다.
변하는 정도에 따라, 영향을 주는 소 리의 일부 자질만 취하여 변하면 '부 분동화', 영향을 주는 소리와 똑같이 변하면 '완전동화'라고 한다.

03 음운의 변동 중 '탈락'의 종류를 두 가지로 나누고, 간략하게 설명하시오.

03 **정답**
어떤 환경에서 한 음소가 사라지는 경우를 '탈락'이라고 하는데, 자음 혹은 모음이 탈락하는 경우로 나눌 수 있다. '모음 탈락'의 경우, 대부분 강세를 받지 못하거나 강세가 약한 음절의 모음이 탈락한다. '자음 탈락'의 경우, 조음 위치가 같은 두 개의 음이 연이어 올 때 공명도가 낮은 /t, d/가 탈락하는데, 유사한 탈락 현상은 단어와 단어 사이 경계에서도 일어날 수 있다.

04 괄호 안에 들어갈 알맞은 말을 쓰시오.

영어 단어 'something, tense, length'의 첫 음절에 있는 비음 바로 뒤에 각각 /p, t, k/가 첨가되기도 하는데, 이는 발음 기관들의 움직임이 정확한 타이밍에 이루어지지 못하여 발생할 수 있는 현상으로, 이를 (   )음 삽입 현상이라고 한다.

04 **정답**
무성 파열

05 **정답**
　　㉠ 음위전환
　　㉡ 두음전환

05 괄호 안에 들어갈 알맞은 말을 순서대로 쓰시오.

> 음운 현상 중에서 말소리의 위치가 바뀌는 것으로, 주로 말실수에 의해 발생하는 현상을 (　㉠　)(이)라 하고, 인접한 음 사이가 아니라 단어 경계를 넘어 좀 떨어진 음 사이에 발생하는 경우 이를 (　㉡　)(이)라 한다.

06 **정답**
'중화'는 평상시에는 대조 분포를 이루며 대립되던 음소들이 특정한 음운 환경에서 하나의 같은 음으로 변하는 것을 가리킨다. 대표적인 예가 /t, d/인데, 이들은 앞 모음이 강세를 갖는 모음 사이에서 모두 동일한 이음인 설탄음으로 발음된다. 이때 이 두 말소리가 중화되었다고 말한다.

06 음운 현상 중 '중화'(neutralization)에 대해 설명하시오.

제6장 음운 규칙(phonological rules)

01 **정답**
영어 원어민의 머릿속에 있는, 음소로 표현되는 '기저형'이 음운 규칙의 적용을 받아 이음 형태의 '표면형'으로 발음될 때의 과정을 음성기호와 화살표 등의 부호를 써서 시각적으로 잘 알아볼 수 있도록 규칙의 형태로 표현하는 것을 말한다.

01 영어의 음운 규칙을 기호를 써서 형식화한다는 것이 무슨 뜻인지 간략하게 설명하시오.

02 괄호 안에 들어갈 알맞은 말을 순서대로 쓰시오.

> 연속되는 음들을 'A, B, C, D…'로 표현할 때, ABC가 ADC로
> 바뀌는 음운 현상이 있다고 하자. 이것을 음운 규칙으로 표시할
> 때, (㉠) → (㉡) / A ＿ C처럼 나타낼 수 있다.

03 괄호 안에 들어갈 알맞은 말을 쓰시오.

> 영어 모음의 비음화 현상에서처럼 머릿속에서 기저형으로 표시
> 된 변별 자질이 표면형에서 변화하는 현상을 영어의 음운 규칙
> 중 ( ) 규칙이라고 한다.

02 정답
㉠ B
㉡ D

03 정답
자질 변화

안심Touch

04 정답

주변의 음들로부터 예측 가능한 변별 자질이 추가되는 규칙을 '자질 첨가 규칙'이라고 하며, 음운 변화 중에 없었던 분절음이 생겨나는 규칙을 '분절음 첨가 규칙'이라고 한다. 강세 음절의 초음으로 무성 파열음이 올 때 이들이 기식음화되는 것은 비변별적 자질인 [aspirated]가 추가되는 것으로, 이는 자질 첨가 규칙으로 볼 수 있다. 영어 단어에서 치찰음으로 끝나는 명사의 복수형을 만들 때 모음이 삽입되는 경우, 이는 분절음 첨가 규칙으로 볼 수 있다.

04 영어의 음운 규칙 중 '자질 첨가 규칙'과 '분절음 첨가 규칙'을 사례를 통해 비교하여 설명하시오.

05 정답
탈락

05 괄호 안에 들어갈 알맞은 말을 쓰시오.

어떤 음성 환경에서 음소적 분절음이 없어지는 규칙으로, 'sign, paradigm'에서처럼 비음 앞에서 유성 연구개 파열음 /g/가 사라지는 규칙을 분절음 (   ) 규칙이라고 한다.

06 다음 내용에서 밑줄 친 '이 규칙'이 무엇인지 쓰시오.

> 영어 단어 writer와 rider를 발음할 때 적용되는 규칙은 두 가지
> 인데, 하나는 모음 뒤에 유성음이 오면 무성음일 때보다 모음의
> 길이가 길어진다는 '장모음화 규칙'이고, 다른 하나는 강세 모음
> 과 비강세 모음 사이에서 /t, d/가 설탄음으로 바뀌는 '설탄음화
> 규칙'이다. 두 규칙이 순서대로 적용될 때, 이 규칙이 먼저 적용
> 되어야만 최종적으로 두 단어 사이의 발음이 달라지게 된다.

06 **정답**
장모음화 규칙

제7장 음절구조

01 음절구조를 체계적으로 제시한 칸(D. Kahn)의 '보편적으로 가능
한 음절구조'에 대해 간략하게 설명하시오.

01 **정답**
[+syllabic] 자질을 지닌 음은 정확
히 한 개의 음절과 연결되어야 하고,
[−syllabic] 자질을 지닌 음은 하나
혹은 그 이상의 음절과 연결되어야
하며, 연결선들은 서로 교차되면 안
된다는 주장이다. 특히, [−syllabic]
음들은 말음보다는 초음을 우선적으
로 최대한 연결해야 한다.

02 정답

'양음절성 규칙'이다. 이는 어떤 [-syllabic] 분절음이 뒤 음절의 초음으로 연결되어 있다 하더라도, 앞 음절의 말음으로 연결시키라는 규칙이다. 이 때 이 분절음을 '양음절성 음'이라고 한다.

02 칸이 '빠르고 정상 속도의 말투'를 포착하기 위하여 제시한 규칙의 이름을 쓰고, 간략하게 설명하시오.

제4편   영어형태론(English Morphology)

제1장 형태소(morphemes)

01 정답

- desire (1개)
- boy + ish (2개)
- boy + ish + ness (3개)
- gentle + man + ly + ness (4개)

01 다음 단어들의 형태소를 각각 분리하고, 개수를 쓰시오.

- desire
- boyish
- boyishness
- gentlemanliness

제2장 파생접사에 의한 어형성(derivational morphology)

01 단어는 단어를 구성하는 형태소의 종류나 개수에 따라 세 가지로 나눌 수 있다. 이 세 가지를 나열하여 간략하게 설명하고, 파생접사에 의한 어형성은 그중 어디에 속하는지 쓰시오.

01 **정답**

단일어, 혼합어, 복합어로 나뉜다. '단일어'는 한 개의 형태소로 이루어진 단어이며, '혼합어'는 둘 이상의 형태소로 이루어지되, 최소 한 개는 의존형태소인 단어이다. '복합어'는 둘 이상의 자립형태소로 이루어진 단어를 말한다. 파생접사는 주로 의존형태소이므로, 이들에 의해 만들어진 단어는 대부분 혼합어일 가능성이 높다.

02 괄호 안에 들어갈 알맞은 말을 순서대로 쓰시오.

> 파생접사에 의한 어형성에서 vaccinate의 경우, 품사가 (㉠) 인 vaccine에서 (㉡)로 품사가 전환된 단어가 새로이 생성되었다고 볼 수 있다.

02 **정답**

㉠ 명사
㉡ 동사

03 정답
무접파생(혹은 영변화)

03 괄호 안에 들어갈 알맞은 말을 쓰시오.

> 접사 없이 강세나 유무성 차이 등 발음만으로 품사가 바뀌어 새로운 단어가 만들어지는 'produce, mouth, use' 등과 같은 경우를 (   )에 의한 어형성이라고 한다.

04 정답
접사는 붙는 위치에 따라 어두에 붙는 '접두사', 어미에 붙는 '접미사'로 나눠진다. 접두사는 주로 어원에 따라 '고유 접두사, 그리스어계 접두사, 라틴어계 접두사, 프랑스어계 접두사' 등으로 나눠진다. 접미사는 주로 품사에 따라 '명사형 접미사, 형용사형 접미사, 동사형 접미사, 부사형 접미사' 등으로 나눠진다. 접두사와 접미사 모두 파생 접사일 경우도 있으나, 영어에서는 굴절형의 경우 접미사만 존재한다.

04 접사의 종류를 여러 기준에 따라 나누고, 간략하게 설명하시오.

05 정답
음운론적 효과 때문이다. 예를 들어, glorious/gloriousness와 curious/curiosity를 보면, 강세 위치의 이동까지 요구하고 있는 -ity는 화자들에게 추가적인 인지적 부담을 주는 것으로 볼 수 있다. 이 때문에 -ness 접미사가 현대영어에서 보다 더 생산적인 어휘 형성력을 발휘하고 있다고 볼 수 있다.

05 명사화 접미사는 대표적으로 '-ness, -ity'의 두 가지가 있는데, 이들이 명사를 만들어 내는 생산성에 있어서 차이를 보이는 이유를 설명하시오.

제3장 기타 방법에 의한 어형성

01 괄호 안에 들어갈 알맞은 말을 쓰시오.

> 복합어는 둘 이상의 (　　　)형태소를 결합하여 만든 새로운 단어를 말하며, 참여하는 형태소의 품사는 다양하지만, 만들어진 복합어의 품사는 대부분 명사나 형용사이다.

01 **정답**
자립

02 어형성에 있어서 윌리엄즈(E. Williams)의 우측핵 규칙이 무엇인지 설명하시오.

02 **정답**
복합어의 품사를 정할 때, 대체로 맨 오른쪽 구성 요소의 품사를 핵으로 결정하는 현상을 말한다. 예를 들어, 'by-product, afternoon' 등과 같은 '전치사 + 명사'의 구성 요소 중에서 복합어의 품사가 명사가 되는 것을 보면 알 수 있다.

03 **정답**
    ㉠ 3
    ㉡ 2

03 괄호 안에 들어갈 알맞은 말을 순서대로 쓰시오.

> 영어 단어인 복합어 darkroom과 명사구 dark room에서 복합어
> 는 한 단어 취급을 하여 dark-는 제1강세, -room은 제(㉠)
> 강세의 강세 패턴을 갖는다. 반면, 형용사와 명사로 이루어진 명
> 사구의 경우에는 dark가 제(㉡)강세, room이 제1강세의 패
> 턴을 갖는다.

04 **정답**
    ㉠ 혼성어
    ㉡ 역성어

04 괄호 안에 들어갈 알맞은 말을 순서대로 쓰시오.

> 영어 단어 smog와 motel의 경우는 'smoke + fog', 'motorist +
> hotel'처럼 각 단어의 일부 혹은 전체를 가져와 합쳐서 만든 단어
> 인데, 이러한 단어들을(㉠)(이)라고 한다. editor나 sailor처
> 럼 원래는 단일 형태소로 이루어진 단어이지만, 'edit + or', 'sail
> + or'처럼 화자가 스스로 잘못된 분석을 행하여 접미사 -or을 탈
> 락시켜 새롭게 edit과 sail이라는 단어를 만들기도 하는데, 이러
> 한 단어들을 (㉡)(이)라고 한다.

제4장 단어의 구조

01 애로노프(M. Aronoff)는 영어 단어의 내부 구조를 수형도나 괄호 묶기를 사용하여 표현하였다. 단어 nationalize의 내부 구조를 괄호묶기를 이용하여 표현하시오.

01 **정답**
[V [A [N nation] al] ize]

02 '셀커크(E. Selkirk)의 X′-형태론', '윌리엄즈(E. Williams)의 우측핵 규칙', '셀커크와 리버(R. Lieber)의 자질삼투 이론'의 공통점을 한 문장으로 쓰시오.

02 **정답**
일반적으로 복합어나 파생어 등 단어의 내부 구조에서 우측에 존재하는 접사나 구성 요소의 범주가 단어의 품사를 결정한다는 점이다.

제5장 이형태(allomorphs)

01 형태소와 이형태들의 관계를 음소와 이음들의 관계와 비교하여 간략하게 설명하시오.

02 '음운적 조건에 의한 이형태들'이 무엇을 의미하는지 사례를 통해 간략하게 설명하시오.

제5편   영어통사론(English Syntax)

제1장 문장의 구조 의존성(structural dependency)

01 영어 문장이 구조에 의존한다는 말은 어떤 의미인지 설명하시오.

01 **정답**

문장 단위로 생각을 전달할 때, 단어들을 무작위로 배열하는 것이 아니라 일정한 규칙에 따라 배열해야 하는데, 이러한 규칙에 따른 배열을 '어순'이라고 한다. 단어들을 1차원적으로 직선으로 배열하면, 때때로 생각을 완벽하게 반영하지 못하고 모호한 구조를 만들게 되어 중의성의 문제가 생기기도 한다. 평서문을 의문문으로 만드는 경우에도 어순에 근거한 문장 구성 성분의 이동이 필요하다. 이렇듯이 문법 규칙에 따라 단어들을 배열하여 문장을 형성하면, 문장은 구조에 의존하게 된다고 볼 수 있다.

02 문장 구조에서 중의성의 종류를 예를 들어 설명하시오.

02 **정답**

문장의 중의성은 '구조적 중의성'과 '어휘적 중의성'의 두 가지로 나눌 수 있다. 'old men and women'에서 old가 무엇을 수식하는지에서 보듯, 어순에 따른 중의성을 '구조적 중의성'이라 한다. 한편, 'The sentence was a long one.'이라는 문장에서 단어 sentence의 뜻이 두 가지이기 때문에 생기는 문장의 중의성을 '어휘적 중의성'이라 한다.

제2장 문장의 구조

01 문장 구조에서 '구성성분 혹은 구성소'의 개념을 단어와 형태소의 관계에 빗대어서 설명하시오.

01 **정답**
긴 단어 내부에 형태소라는 의미를 지닌 최소의 구조물이 존재했던 것처럼, 문장도 그 내부에 다양한 크기를 지닌 중간구조물이 존재하는데, 이를 '구성성분 혹은 구성소'라고 부른다. 구성소는 하나의 단어 혹은 그 이상의 크기를 지닐 수 있으며, 구와 절도 포함하는 포괄적 개념이다. 즉, 계층적 구조를 지닌 문장 속에 존재하는 단어(들)의 집단으로, 문장 속에서 분포나 의미, 기능 등에 있어서 마치 하나의 단위처럼 행동하는 집단이다.

02 문장을 구성하는 구성성분 혹은 구성소를 테스트하는 방법 네 가지를 간략하게 제시하시오.

02 **정답**
첫째는 질문에 대한 간단한 답으로 존재할 수 있는지, 둘째는 대명사나 대동사 같은 대형태 단어로 대치될 수 있는지, 셋째는 이동 가능한 단위인지, 넷째는 분열문에서 나눠질 수 있는 단위인지 등이 있다.

제3장 문장의 변형

01 괄호 안에 들어갈 알맞은 말을 순서대로 쓰시오.

> 문장의 구조에는 여러 가지 이유로 변형이 생길 수 있는데, 이러한 구조변화를 일으키는 규칙을 통틀어서 (㉠)규칙이라고 부른다. 이러한 변형이 생기기 이전의 문장을 기술한 것을 구조(㉡)(이)라 하고, 변형이 생긴 문장을 구조(㉢)(이)라고 부른다.

01 정답
㉠ 변형
㉡ 기술
㉢ 변화

02 괄호 안에 들어갈 알맞은 말을 쓰시오.

> 불변화사가 동사와 결합된 복합동사의 경우, 복합동사가 목적어 앞에 놓이기도 하고, 목적어를 사이에 두고 분리되기도 한다. 특히, 미국영어에서는 목적어가 대명사인 경우, 불변화사는 반드시 목적어 뒤로 이동·분리되어야만 한다. 수형도 상에서 보면, 이동·분리 이후 불연속 구조를 보이게 된다. 이러한 규칙을 ( )(이)라고 한다.

02 정답
불변화사 이동 (규칙)

안심Touch

03 정답

'불변화사 이동'과 '외치변형'이 순차적으로 적용되어 생성되는 문장이다. 복합동사 stand up의 목적어가 관계사절이 포함된 긴 명사구 'all the men who offered me diamonds'인데, 첫째로 불변화사 이동이 되면 stand와 up 사이로 긴 명사구 목적어가 위치하게 된다. 하지만 이 문장은 비문이므로, 관계사절만을 문장 맨 끝으로 이동시키는 외치변형 규칙을 추가로 적용해야만 한다. 그 후 최종적으로 올바른 문장이 된다.

03 영어 문장 'I will stand all the men up who offered me diamonds.'에서 적용되는 변형규칙을 나열하고 설명하시오.

04 정답

외치변형 (규칙)

04 다음 구조기술과 구조변화가 가리키는 변형규칙을 쓰시오.

구조기술	X	–	NP[(Det) N - S´]			–	Y
	1		2	3			4
구조변화	1		2	Ø			4+3

제4장 문장의 생성

01 영어 문장을 생성하기 위한 '구구조 규칙'의 개념을 간략하게 설명하시오.

02 '구구조 규칙의 귀환성'이 무엇인지를 간략히 설명하고, 사례를 두 가지 제시하시오.

01 정답

올바른 영어 문장을 만들기 위해서는 다양한 크기의 통사범주들이 어떻게 결합하는지 찾아내는 것이 필요하다. 통사범주는 어휘범주와 구범주를 말하는데, 문장을 구성하는 구성소들의 크기가 다양하기 때문에 가장 작은 어휘범주부터 점차 커지는 구범주들이 어떠한 방식과 규칙으로 결합하는지를 발견하면, 이들을 활용하여 영어의 모든 문장을 생성해 낼 수 있을 것이다. 이렇게 찾아낸 규칙들을 '구구조 규칙'이라고 한다.

02 정답

구구조 규칙의 특징 중 하나는 유한한 개수의 구구조 규칙을 가지고 무한한 개수의 문장을 만들 수 있다는 것인데, 영어의 경우, 둘 이상의 구구조 규칙을 갖고 특정 구성성분을 무한히 순환 반복하게 할 수 있다. 이러한 성질을 '귀환성'이라 부르고, 이 성질은 언어의 창조성을 설명하는 원천이 되기도 한다. 예를 들어, 'NP → Det N PP'와 'PP → P NP'의 두 가지 구구조 규칙을 통해, NP와 PP가 무한 반복하여 무한히 긴 문장을 끝없이 많은 수로 생성할 수 있다. 또한, 'S → NP Aux VP'와 'VP → V S'', 그리고 'S' → Comp S'의 세 가지 구구조 규칙을 통해, S와 VP가 무한히 반복될 수 있다.

03 **정답**
  하위범주화

03 괄호 안에 들어갈 알맞은 말을 쓰시오.

> 어떤 단어가 문장 내에서 구조를 형성할 때에 필요로 하는 통사 범주 등의 자세한 정보를 (   ) 규칙이라고 한다. 예를 들면, 동사 find는 목적어 NP를 필요로 한다든지, 형용사 fond는 전치사 of 뒤에 NP를 필요로 한다든지 하는 사항들을 가리키는 규칙이라고 볼 수 있다.

04 **정답**
  선택제약

04 괄호 안에 들어갈 알맞은 말을 쓰시오.

> 동사가 자신이 취하는 주어나 목적어 등의 논항들에 대해 의미에 있어서 특정한 자질을 요구할 때, 이들을 (   )(이)라고 한다. 예를 들어, 동사 cry는 주어가 [+animate]인 성질, 즉 생명체인 명사를 취해야 'The boy cried'처럼 정문이 되지, '*The rock cried'처럼 [−animate]인 명사가 오면 비문이 된다.

05 구구조 규칙 'NP → (Det) (Adj) N (PP)'로 생성할 수 없는 명사구를 하나 제시하고 설명하시오.

05 정답
예를 들어, 'the women that I met'처럼 명사 뒤에 관계사절이 오는 경우는 이 구구조 규칙으로 생성할 수 없다. 이러한 명사구를 생성하려면 구구조 규칙 'NP → Det N S″'이 필요하므로 주어진 구구조 규칙이 'NP → (Det) (Adj) N (PP) (S′)'처럼 수정되어야 한다.

제5장 변형규칙(transformational rules)

01 촘스키(N. Chomsky)가 제안한 변형생성문법에서는 모든 문장은 변형규칙을 통해 생성된다고 가정한다. 변형규칙의 개념을 간단히 설명하고, 종류를 나열하시오.

01 정답
변형규칙은 변형의 전과 후를 가정하는 상태에서만 가능하다. 변형생성문법에서 변형 전의 구조를 심층구조라 하고, 변형 후의 구조를 표층구조라 한다. 심층구조에서 표층구조가 만들어지는 과정을 변형규칙으로 정의하였고, 변형규칙은 크게 '이동, 삭제, 삽입, 대치'의 네 가지로 나뉜다.

02 괄호 안에 들어갈 알맞은 말을 쓰시오.

> 변형생성문법의 이동 규칙 중에서 문장 중의 어떤 NP를 문장의 맨 처음으로 이동시켜 화제어를 만드는 규칙을 (   )(이)라고 한다. 예를 들어, 'I am falling in love with Linda.'라는 문장에서 Linda를 중심으로 이 규칙을 적용하면, 'Linda, I am falling in love with.'와 같이 변한다.

02 정답
화제문화

03 **정답**
　⊙ 3
　ⓒ 4

03 괄호 안에 들어갈 알맞은 말을 순서대로 쓰시오.

> 목적어를 두 개 취할 수 있는 'give, send, buy, make' 등은
> 문장의 의미가 같은 두 개 형식 구문이 가능한데, '여격 이동'이
> 란 (　⊙　)형식의 전치사구에 들어 있는 명사구를 간접목적
> 어로 만들어 (　ⓒ　)형식 구조의 문장이 되게 만드는 것을 말
> 한다.

04 **정답**
　비주어

04 괄호 안에 들어갈 알맞은 말을 쓰시오.

> (　　) 상승문의 특징은 보이지는 않지만 문장의 어느 곳에 문법
> 적으로 빈자리가 있고, 주어 자리에 있는 명사구는 주어가 아니
> 고, 이 빈자리가 갖는 문법적 기능을 갖고 있다는 것이다. 이러한
> 경우가 되려면 to-보문구처럼 시제가 없어야 한다. 만일 that-보
> 문절이 되어 시제가 있으면 불가능하다.

05 괄호 안에 들어갈 알맞은 말을 순서대로 쓰시오.

> 복합명사구를 내포한 문장에서 이곳으로부터 wh—구를 이동시켜 의문문을 만들면 비문이 되는데, 이러한 변형규칙은 (㉠) 의 존성을 나타내는 사례로 볼 수 있다. 이 사례는 문장의 어떤 구성성분이 한 번에 두 개, 즉 NP-S의 구조물을 통과하여 이동하지 못한다는 것을 나타내는데, 이를 (㉡)조건이라고 부른다.

05 **정답**
㉠ 구조
㉡ 하위인접

06 괄호 안에 들어갈 알맞은 말을 순서대로 쓰시오.

> 영어 명령문에서 주어 You를 삭제하는 (㉠) 규칙이나, 'John went home and (John) did his homework.'나 'John runs faster than Mary (runs).'처럼 반복되는 명사구나 동사구를 삭제하는 (㉡) 명사구/동사구 삭제 규칙은 구성성분 일부가 없어지는 규칙인데, 이러한 규칙들을 (㉢) 규칙이라고 한다.

06 **정답**
㉠ 명령문화
㉡ 동일
㉢ 삭제

07 **정답**
　㉠ 대명사화
　㉡ 성분통어

01 **정답**
단어 혹은 어휘의 의미를 다루는 '어휘 의미론', 문장의 의미를 다루는 '문장 의미론', 그리고 실제 언어 상황에서 발화된 문장이 지니는 의미를 다루는 '화용론' 등 세 가지 영역으로 나눌 수 있다. 특히, '문장 의미론'은 문장을 구성하는 단어 의미의 총합 이외에 단어의 결합 순서와 조합 방법, 즉 문장 구조에 따른 의미 변화에 대한 학문으로 볼 수 있다.

07 괄호 안에 들어갈 알맞은 말을 순서대로 쓰시오.

> 모든 변형규칙은 문장의 구조에 의존하는데, 영어의 (㉠)은(는) 그중에서도 특히 구조 의존성이 높은 경우이다. 이러한 문장의 정문/비문 여부를 판단하려면 문장을 이루는 구성성분들 간의 (㉡) 관계를 알아야 한다. 문장의 구성성분들을 가계도를 이루는 부모와 형제자매들로 볼 경우, 어떤 사람의 형제나 자매들이 있고 이들의 자식들이 있을 경우, 이 사람은 그 형제자매들과 그들의 자식들 모두를 C-통어한다고 정의한다.

| 제6편 | 영어의미론(English Semantics) |

제1장 단어의 의미

01 의미론은 언어의 의미를 연구하는 언어학의 한 분야이다. 의미론을 크게 세 가지 영역으로 나누고, 간략하게 설명하시오.

02 괄호 안에 들어갈 알맞은 말을 순서대로 쓰시오.

> 단어 의미론에서 단어의 표현을 직접 가리키는 대응물이나 지시
> 물로 보는 이론을 (㉠) 의미론이라 하고, 어떤 표현의 의미
> 를 사람의 마음속에 그 표현과 관련되어 갖게 되는 관념이나 개
> 념으로 보는 이론을 (㉡) 의미론이라 하며, 한 표현의 의미
> 가 그 표현의 지시와 의의로 구성된다고 보는 이론을 (㉢)
> 의미론이라 한다.

02 **정답**
㉠ 지시
㉡ 심리
㉢ 종합

03 괄호 안에 들어갈 알맞은 말을 쓰시오.

> 어휘 의미론에서 비한정지시에는 특정지시와 비특정지시가 있
> 다. 예문 'I have a bicycle.'에서 a bicycle이 만약 화자가 갖고
> 있는 특정한 자전거인 경우, 이 (   )지시가 한정지시와 비슷
> 하긴 하지만, 한정표현의 유일성을 나타내는 the와 같은 표현이
> 없다는 점에서 다르다고 볼 수 있다.

03 **정답**
특정

04 정답
㉠ 속성(혹은 자질, 성분)
㉡ 의미장

04 괄호 안에 들어갈 알맞은 말을 순서대로 쓰시오.

> 통사론에서 문장이 구성소들로 구성되고, 형태론에서 단어가 형태소들로 구성되고, 음운론에서 음소가 여러 변별자질들로 구성된 것처럼, 의미론에서도 단어의 의미가 더 작은 단위인 의미(㉠)들의 합으로 표현되기도 한다. 이들을 이용하여 한 언어 안에서 단어들의 관계를 분석하고 정의하며 분류하는 이론을 (㉡)이론이라고 한다.

제2장 문장의 의미

01 정답
문장의 의미는 문장을 구성하고 있는 단어들의 의미와 단어들이 상호 갖고 있는 구조적 의미를 더해서 혹은 합성해서 이루어지는데, 이를 '문장 의미의 합성원리'라고 한다.

01 의미론에서 '문장 의미의 합성원리'가 무엇인지 간략하게 설명하시오.

02 괄호 안에 들어갈 알맞은 말을 순서대로 쓰시오.

> 의미역이란 동사의 의미적 성격에 따라 명사구들이 부여받는 문장 속에서의 역할이다. 'Mary cooked the meal.'에서 Mary처럼 대체로 문장의 주어들이 행위의 주체로서 갖는 의미역을 (㉠)(이)라 하고, 'Mary broke the window.'에서 the window처럼 행위를 당하거나 받는 요소를 (㉡)(이)라 한다. 그리고 'Mary felt ill.'에서 Mary처럼 고통, 즐거움 등의 기분이나 감정을 내적으로 경험하는 주체를 (㉢)(이)라 한다.

02 정답
㉠ 행위자
㉡ 수동자
㉢ 경험자

03 괄호 안에 들어갈 알맞은 말을 순서대로 쓰시오.

> 문장들이 서로 나타내는 의미 관계는 여러 가지로 분류될 수 있다. 문장 p가 성립하면 문장 q도 자동적으로 성립할 경우, p가 q를 (㉠)한다고 하며, 문장 p가 참인 명제가 되기 위해 문장 q가 당연한 배경일 때, p가 q를 (㉡)한다고 한다. 그리고 그라이스(P. H. Grice)가 사용한 용어로, 위의 두 가지 경우와 시사를 포괄적으로 지칭하는 경우 (㉢)한다고 표현한다.

03 정답
㉠ 함의
㉡ 전제
㉢ 함축

제7편 영어화용론(English Pragmatics)

제1장 화용론의 범위

01 괄호 안에 들어갈 알맞은 말을 순서대로 쓰시오.

> 화용론은 언어학의 한 분야로서 (㉠) 행위로 인해 실제 사용된 문장을 (㉡) 속에서 분석한다. 추상적 생각인 문장이 구체적인 상황, 장소, 시간에서 말소리에 의해 실제로 사용되어 발생한 사건을 (㉢)(이)라고 한다.

01 정답
㉠ 발화
㉡ 화맥(혹은 맥락, 문맥)
㉢ 발화

02 화용론에서 여러 발화가 시간적이고 연속적으로 나열된 연속체를 무엇이라고 부르는지 쓰시오.

02 정답
담화

제2장 직시(deixis)

01 화용론에서 직시란 무엇인지 간략하게 설명하시오.

---

01 **정답**

직시란 그리스 말로 '가리킴'을 의미하는 말이며, 어떤 표현이 화맥에 있는 무언가를 '가리키는' 현상을 말한다. 직시표현은 대체로 '사람직시, 시간직시, 공간직시'의 세 가지로 나뉜다.

---

02 두 문장 'Place the notebook here.'와 'Here we are.'에서 쓰인 단어 here의 차이점을 직시의 관점에서 설명하시오.

---

02 **정답**

앞 문장에서 쓰인 here는 화자가 공간상의 특정한 위치를 직시하고 있는 것이지만, 뒷 문장에서 쓰인 here는 직시표현으로 쓰인 것이 아니라, 문두에 써서 청자의 관심을 끌기 위해서 사용된 것으로, 'There we go.'에서 there와 비슷한 방식으로 쓰인 것이다.

안심Touch

제3장 대화함축(conversational implicatures)

01 정답
 ㉠ 협동
 ㉡ 질
 ㉢ 양
 ㉣ 양태

01 괄호 안에 들어갈 알맞은 말을 순서대로 쓰시오.

> 그라이스(H. P. Grice)는 원만한 대화를 하고 있을 때 대화 참여자들이 모두 묵시적으로 동의하고 준수하는 어떤 원칙이 있다는 것을 발견하였는데, 이를 (㉠)원리라고 하였고, 이를 구성하고 있는 하위 원리들을 격률로서 제안하였다. 이 중에서 거짓이라고 생각하거나 적절한 증거가 없는 정보에 대하여 말하지 말 것을 나타내는 격률은 (㉡)의 격률이라 하고, 대화에 필요한 양만큼의 정보를 제공할 것을 나타내는 격률은 (㉢)의 격률이라 하며, 대화 속 정보와는 무관하지만 대화 참여자의 태도와 기대와 관련된 격률은 (㉣)의 격률이라 한다.

02 정답
 함축

02 괄호 안에 공통으로 들어갈 말을 쓰시오.

> 화자가 'The weatherman says it will rain tomorrow.'라고 발화할 경우, 청자는 질의 격률이 지켜질 것이라고 예상하여 'It will rain tomorrow.'를 ( )한다고 할 수 있다. 이러한 사례를 격률의 준수로 인한 ( )(이)라고 부른다.

03 괄호 안에 들어갈 알맞은 말을 순서대로 쓰시오.

> 대화의 협동원리에 의해 지켜질 것으로 예상되던 대화격률을 일부러 위반함으로써 새로운 함축을 유도하는 것을 '격률의 위반으로 인한 함축'이라고 한다. 만일 어떤 화자가 'War is war.'라고 말한다면, 이는 (㉠)의 격률을 일부러 위반하여 새로운 함축을 유도하는 것으로 볼 수 있다. 그리고 만일 화자가 어떤 사람의 험담을 하는데, 근처에 그 사람이 있음을 발견한 청자가 갑자기 무관한 날씨 얘기를 한다면, 이는 (㉡)의 격률을 일부러 어긴 것이 된다.

03 **정답**
 ㉠ 양
 ㉡ 관련성

제4장 전제(presupposition)의 화용론적 설명

01 전제가 화용론적으로 무엇을 말하는지 간단한 사례를 들어 설명하시오.

01 **정답**
전제란 한 문장이 적절하게 발화되기 위해 화자/청자가 참이라고 인정하는 선행 조건을 말한다. 예를 들어, 화자가 'You skipped the class again!'이라고 말한다면, again이란 단어를 이용하여 청자가 이전에도 결석한 적이 있다는 것을 전제하고 있는 것이며, 청자도 이를 인정한다고 믿을 때에 이 문장이 적절하게 발화된다고 할 수 있다.

제5장 화행(speech acts)

01 괄호 안에 들어갈 알맞은 말을 순서대로 쓰시오.

> 말로 행하는 행위 혹은 행위를 수반하는 발화를 (ⓐ)(이)라고 한다. 즉, 발화가 실생활에서 어떤 행동을 요구하거나 수행하게 되는 것을 말한다. (ⓑ)에서는 진술문 혹은 평서문에 대하여 진리값을 주로 연구하지만, (ⓒ)에서는 진술문과 구분되면서 진리값을 따질 수 없는 수행문에 대한 연구를 한다.

02 괄호 안에 들어갈 알맞은 말을 순서대로 쓰시오.

> 발화 수반 행위는 넓은 의미로 수행발화라고 할 수 있는데, 이를 분석하기 위해서는 진리조건과는 다른 기준이 필요하다. 수행발화가 적절하기 위해 만족시켜야 하는 조건을 (ⓐ) 조건이라고 부른다. 설(J. Searle)은 이러한 조건을 4가지로 체계화했는데, '명제내용 조건, 예비 조건, (ⓑ) 조건, (ⓒ) 조건'이 있다.

독학학위제 2단계 전공기초과정인정시험 답안지(객관식)

컴퓨터용 사인펜만 사용

★ 수험생은 수험번호와 응시과목 코드번호를 표기(마킹)한 후 일치여부를 반드시 확인할 것.

전공분야

성명

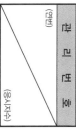

(1)	2	수 험 번 호

(2) ① ● ③ ④

※ 감독관 확인란

(인)

관 리 번 호

(연번)

(응시자수)

절취선

응시과목

과목코드	응시과목						
	1 ① ② ③ ④	11 ① ② ③ ④	21 ① ② ③ ④	31 ① ② ③ ④
	2 ① ② ③ ④	12 ① ② ③ ④	22 ① ② ③ ④	32 ① ② ③ ④
교시코드	3 ① ② ③ ④	13 ① ② ③ ④	23 ① ② ③ ④	33 ① ② ③ ④
	4 ① ② ③ ④	14 ① ② ③ ④	24 ① ② ③ ④	34 ① ② ③ ④
	5 ① ② ③ ④	15 ① ② ③ ④	25 ① ② ③ ④	35 ① ② ③ ④
	6 ① ② ③ ④	16 ① ② ③ ④	26 ① ② ③ ④	36 ① ② ③ ④
	7 ① ② ③ ④	17 ① ② ③ ④	27 ① ② ③ ④	37 ① ② ③ ④
	8 ① ② ③ ④	18 ① ② ③ ④	28 ① ② ③ ④	38 ① ② ③ ④
	9 ① ② ③ ④	19 ① ② ③ ④	29 ① ② ③ ④	39 ① ② ③ ④
	10 ① ② ③ ④	20 ① ② ③ ④	30 ① ② ③ ④	40 ① ② ③ ④

답안지 작성시 유의사항

1. 답안지는 반드시 컴퓨터용 사인펜을 사용하여 다음 보기와 같이 표기할 것.
   보기 잘된표기: ● 잘못된표기: ⊗ ⊗ ⊙ ◐ ○ ○
2. 수험번호 (1)에는 아라비아 숫자로 쓰고, (2)에는 "●"와 같이 표기할 것.
3. 과목코드는 해당과목의 코드번호를 찾아 표기하고, 응시과목란에는 응시과목명을 한글로 기재할 것.
4. 교시코드는 문제지 전면 의 교시를 해당란에 "●"와 같이 표기할 것.
5. 한번 표기한 답은 긁거나 수정액 및 스티커 등 어떠한 방법으로도 고쳐서는 아니되고, 고친 문항은 "0"점 처리함.

응시과목

과목코드	응시과목						
	1 ① ② ③ ④	11 ① ② ③ ④	21 ① ② ③ ④	31 ① ② ③ ④
	2 ① ② ③ ④	12 ① ② ③ ④	22 ① ② ③ ④	32 ① ② ③ ④
교시코드	3 ① ② ③ ④	13 ① ② ③ ④	23 ① ② ③ ④	33 ① ② ③ ④
	4 ① ② ③ ④	14 ① ② ③ ④	24 ① ② ③ ④	34 ① ② ③ ④
	5 ① ② ③ ④	15 ① ② ③ ④	25 ① ② ③ ④	35 ① ② ③ ④
	6 ① ② ③ ④	16 ① ② ③ ④	26 ① ② ③ ④	36 ① ② ③ ④
	7 ① ② ③ ④	17 ① ② ③ ④	27 ① ② ③ ④	37 ① ② ③ ④
	8 ① ② ③ ④	18 ① ② ③ ④	28 ① ② ③ ④	38 ① ② ③ ④
	9 ① ② ③ ④	19 ① ② ③ ④	29 ① ② ③ ④	39 ① ② ③ ④
	10 ① ② ③ ④	20 ① ② ③ ④	30 ① ② ③ ④	40 ① ② ③ ④

[이 답안지는 마킹연습용 모의답안지입니다.]

독학학위제 2단계 전공기초과정인정시험 답안지(객관식)

컴퓨터용 사인펜만 사용

★ 수험생은 수험번호와 응시과목 코드번호를 표기(마킹)한 후 일치여부를 반드시 확인할 것.

전공분야	
성명	

수험번호	

(1) 2 —

(2)

응시과목

과목코드	응시과목
	1 ① ② ③ ④ 21 ① ② ③ ④
	2 ① ② ③ ④ 22 ① ② ③ ④
	3 ① ② ③ ④ 23 ① ② ③ ④
	4 ① ② ③ ④ 24 ① ② ③ ④
	5 ① ② ③ ④ 25 ① ② ③ ④
	6 ① ② ③ ④ 26 ① ② ③ ④
	7 ① ② ③ ④ 27 ① ② ③ ④
	8 ① ② ③ ④ 28 ① ② ③ ④
	9 ① ② ③ ④ 29 ① ② ③ ④
	10 ① ② ③ ④ 30 ① ② ③ ④
	11 ① ② ③ ④ 31 ① ② ③ ④
	12 ① ② ③ ④ 32 ① ② ③ ④
	13 ① ② ③ ④ 33 ① ② ③ ④
	14 ① ② ③ ④ 34 ① ② ③ ④
	15 ① ② ③ ④ 35 ① ② ③ ④
	16 ① ② ③ ④ 36 ① ② ③ ④
	17 ① ② ③ ④ 37 ① ② ③ ④
	18 ① ② ③ ④ 38 ① ② ③ ④
	19 ① ② ③ ④ 39 ① ② ③ ④
	20 ① ② ③ ④ 40 ① ② ③ ④

교시코드 ① ② ③ ④

과목코드	응시과목
	1 ① ② ③ ④ 21 ① ② ③ ④
	2 ① ② ③ ④ 22 ① ② ③ ④
	3 ① ② ③ ④ 23 ① ② ③ ④
	4 ① ② ③ ④ 24 ① ② ③ ④
	5 ① ② ③ ④ 25 ① ② ③ ④
	6 ① ② ③ ④ 26 ① ② ③ ④
	7 ① ② ③ ④ 27 ① ② ③ ④
	8 ① ② ③ ④ 28 ① ② ③ ④
	9 ① ② ③ ④ 29 ① ② ③ ④
	10 ① ② ③ ④ 30 ① ② ③ ④
	11 ① ② ③ ④ 31 ① ② ③ ④
	12 ① ② ③ ④ 32 ① ② ③ ④
	13 ① ② ③ ④ 33 ① ② ③ ④
	14 ① ② ③ ④ 34 ① ② ③ ④
	15 ① ② ③ ④ 35 ① ② ③ ④
	16 ① ② ③ ④ 36 ① ② ③ ④
	17 ① ② ③ ④ 37 ① ② ③ ④
	18 ① ② ③ ④ 38 ① ② ③ ④
	19 ① ② ③ ④ 39 ① ② ③ ④
	20 ① ② ③ ④ 40 ① ② ③ ④

교시코드 ① ② ③ ④

답안지 작성시 유의사항

1. 답안지는 반드시 컴퓨터용 사인펜을 사용하여 다음 보기와 같이 표기할 것.
   보기 잘된 표기: ● 잘못된 표기: ⓥ ⓧ ⊙ ◑ ○●
2. 수험번호 (1)에는 아라비아 숫자로 쓰고, (2)에는 "●"와 같이 표기할 것.
3. 과목코드는 "과목코드번호"를 보고 해당과목의 코드번호를 찾아 표기하고, 응시과목란에는 응시과목명을 한글로 기재할 것.
4. 교시코드는 문제지 전면 의 교시를 해당란에 "●"와 같이 표기할 것.
5. 한번 표기한 답은 긁거나 수정액 및 스티커 등 어떠한 방법으로도 고쳐서는 아니되고, 고친 문항은 "0"점 처리함.

※ 감독관 확인란

(인)

관리번호	
(연번)	(응시자수)

[이 답안지는 마킹연습용 모의답안지입니다.]

절취선

독학학위제 2단계 전공기초과정인정시험 답안지(객관식)

전공분야

성 명

수 험 번 호

2
-

(1) | - |

(2) ① ● ③ ④

과목코드 | 응시과목

교시코드 ① ② ③ ④

1 ① ② ③ ④	21 ① ② ③ ④
2 ① ② ③ ④	22 ① ② ③ ④
3 ① ② ③ ④	23 ① ② ③ ④
4 ① ② ③ ④	24 ① ② ③ ④
5 ① ② ③ ④	25 ① ② ③ ④
6 ① ② ③ ④	26 ① ② ③ ④
7 ① ② ③ ④	27 ① ② ③ ④
8 ① ② ③ ④	28 ① ② ③ ④
9 ① ② ③ ④	29 ① ② ③ ④
10 ① ② ③ ④	30 ① ② ③ ④
11 ① ② ③ ④	31 ① ② ③ ④
12 ① ② ③ ④	32 ① ② ③ ④
13 ① ② ③ ④	33 ① ② ③ ④
14 ① ② ③ ④	34 ① ② ③ ④
15 ① ② ③ ④	35 ① ② ③ ④
16 ① ② ③ ④	36 ① ② ③ ④
17 ① ② ③ ④	37 ① ② ③ ④
18 ① ② ③ ④	38 ① ② ③ ④
19 ① ② ③ ④	39 ① ② ③ ④
20 ① ② ③ ④	40 ① ② ③ ④

답안지 작성시 유의사항

1. 답안지는 반드시 컴퓨터용 사인펜을 사용하여 다음 보기와 같이 표기할 것.
   보기 잘된표기: ●   잘못된표기: ⊙ ⊗ ◑ ○ ◔
2. 수험번호 (1)에는 아라비아 숫자로 쓰고, (2)에는 " ● "와 같이 표기할 것.
3. 과목코드는 뒷면 "과목코드번호"를 보고 해당과목의 코드번호를 찾아 표기하고,
   응시과목란에는 응시과목명을 한글로 기재할 것.
4. 교시코드는 문제지 전면 의 교시를 해당란에 " ● "와 같이 표기할 것.
5. 한번 표기한 답은 긁거나 수정액 및 스티커 등 어떠한 방법으로도 고쳐서는
   아니되고, 고친 문항은 "0"점 처리함.

교시코드 ① ② ③ ④

과목코드 | 응시과목

1 ① ② ③ ④	21 ① ② ③ ④
2 ① ② ③ ④	22 ① ② ③ ④
3 ① ② ③ ④	23 ① ② ③ ④
4 ① ② ③ ④	24 ① ② ③ ④
5 ① ② ③ ④	25 ① ② ③ ④
6 ① ② ③ ④	26 ① ② ③ ④
7 ① ② ③ ④	27 ① ② ③ ④
8 ① ② ③ ④	28 ① ② ③ ④
9 ① ② ③ ④	29 ① ② ③ ④
10 ① ② ③ ④	30 ① ② ③ ④
11 ① ② ③ ④	31 ① ② ③ ④
12 ① ② ③ ④	32 ① ② ③ ④
13 ① ② ③ ④	33 ① ② ③ ④
14 ① ② ③ ④	34 ① ② ③ ④
15 ① ② ③ ④	35 ① ② ③ ④
16 ① ② ③ ④	36 ① ② ③ ④
17 ① ② ③ ④	37 ① ② ③ ④
18 ① ② ③ ④	38 ① ② ③ ④
19 ① ② ③ ④	39 ① ② ③ ④
20 ① ② ③ ④	40 ① ② ③ ④

※ 감독관 확인란

(응시자수)

관 리 번 호

(연번)

인

절취선

[이 답안지는 마킹연습용 모의답안지입니다.]

독학학위제 2단계 전공기초과정인정시험 답안지(객관식)

컴퓨터용 사인펜만 사용

★ 수험생은 수험번호와 응시과목 코드번호를 표기(마킹)한 후 일치여부를 반드시 확인할 것.

전공분야

성 명

수 험 번 호

응시과목

(바둑판 마킹표 1~40)

과목코드 / 교시코드

응시과목

(바둑판 마킹표 1~40)

과목코드 / 교시코드

답안지 작성시 유의사항

1. 답안지는 반드시 컴퓨터용 사인펜을 사용하여 다음 [보기]와 같이 표기할 것.
   [보기] 잘 된 표기: ● 　 잘못된 표기: ⊗ ⊗ ◑ ⊙ ○ ●
2. 수험번호 (1)에는 아라비아 숫자로 쓰고, (2)에는 "●"와 같이 표기할 것.
3. 과목코드는 뒷면의 "과목코드번호"를 보고 해당과목의 코드번호를 찾아 표기하고,
   응시과목란에는 응시과목명을 한글로 기재할 것.
4. 교시코드는 문제지 전면 의 교시를 해당란에 "●"와 같이 표기할 것.
5. 한번 표기한 답은 긁거나 수정액 및 스티커 등 어떠한 방법으로도 고쳐서는
   아니되고, 고친 문항은 "0"점 처리함.

※ 감독관 확인란
(인)

관 리 번 호
(연번)
(응시자수)

절취선

독학학위제 2단계 전공기초과정인정시험 답안지(객관식)

전공분야

성명

★ 수험생은 수험번호와 응시과목 코드번호를 표기(마킹)한 후 일치여부를 반드시 확인할 것.

수험번호

(1) 2 - - - -
(2) ① ● ③ ④

※ 감독관 확인란

관리번호

과목코드 / **교시코드** / **응시과목**

응시과목	①	②	③	④
1	①	②	③	④
2	①	②	③	④
3	①	②	③	④
4	①	②	③	④
5	①	②	③	④
6	①	②	③	④
7	①	②	③	④
8	①	②	③	④
9	①	②	③	④
10	①	②	③	④
11	①	②	③	④
12	①	②	③	④
13	①	②	③	④
14	①	②	③	④
15	①	②	③	④
16	①	②	③	④
17	①	②	③	④
18	①	②	③	④
19	①	②	③	④
20	①	②	③	④
21	①	②	③	④
22	①	②	③	④
23	①	②	③	④
24	①	②	③	④
25	①	②	③	④
26	①	②	③	④
27	①	②	③	④
28	①	②	③	④
29	①	②	③	④
30	①	②	③	④
31	①	②	③	④
32	①	②	③	④
33	①	②	③	④
34	①	②	③	④
35	①	②	③	④
36	①	②	③	④
37	①	②	③	④
38	①	②	③	④
39	①	②	③	④
40	①	②	③	④

독학학위제 2단계 전공기초과정인정시험 답안지(객관식)

★ 수험생은 수험번호와 응시과목 코드번호를 정확하게 표기(마킹)한 후 일치여부를 반드시 확인할 것.

컴퓨터용 사인펜만 사용

전공분야

성명

수 험 번 호								
(1)	2	-						
(2)	① ② ● ④	-	① ② ③ ④ ⑤ ⑥ ⑦ ⑧ ⑨ ⑩	① ② ③ ④ ⑤ ⑥ ⑦ ⑧ ⑨ ⑩	-	① ② ③ ④ ⑤ ⑥ ⑦ ⑧ ⑨ ⑩	① ② ③ ④ ⑤ ⑥ ⑦ ⑧ ⑨ ⑩	-

※ 감독관 확인란

(연번)   ㉑

관 리 번 호
(응시자수)

응시과목

과목코드		응시과목				
	① ② ③ ④ ⑤ ⑥ ⑦ ⑧ ⑨ ⑩	1	①	②	③	④
	① ② ③ ④ ⑤ ⑥ ⑦ ⑧ ⑨ ⑩	2	①	②	③	④
	① ② ③ ④ ⑤ ⑥ ⑦ ⑧ ⑨ ⑩	3	①	②	③	④
	① ② ③ ④ ⑤ ⑥ ⑦ ⑧ ⑨ ⑩	4	①	②	③	④
	① ② ③ ④ ⑤ ⑥ ⑦ ⑧ ⑨ ⑩	5	①	②	③	④
교시코드		6	①	②	③	④
① ② ③ ④		7	①	②	③	④
		8	①	②	③	④
		9	①	②	③	④
		10	①	②	③	④
		11	①	②	③	④
		12	①	②	③	④
		13	①	②	③	④
		14	①	②	③	④
		15	①	②	③	④
		16	①	②	③	④
		17	①	②	③	④
		18	①	②	③	④
		19	①	②	③	④
		20	①	②	③	④
		21	①	②	③	④
		22	①	②	③	④
		23	①	②	③	④
		24	①	②	③	④
		25	①	②	③	④
		26	①	②	③	④
		27	①	②	③	④
		28	①	②	③	④
		29	①	②	③	④
		30	①	②	③	④
		31	①	②	③	④
		32	①	②	③	④
		33	①	②	③	④
		34	①	②	③	④
		35	①	②	③	④
		36	①	②	③	④
		37	①	②	③	④
		38	①	②	③	④
		39	①	②	③	④
		40	①	②	③	④

응시과목 (두 번째 블록)

과목코드		응시과목				
	① ② ③ ④ ⑤ ⑥ ⑦ ⑧ ⑨ ⑩	1	①	②	③	④
	① ② ③ ④ ⑤ ⑥ ⑦ ⑧ ⑨ ⑩	2	①	②	③	④
	① ② ③ ④ ⑤ ⑥ ⑦ ⑧ ⑨ ⑩	3	①	②	③	④
	① ② ③ ④ ⑤ ⑥ ⑦ ⑧ ⑨ ⑩	4	①	②	③	④
	① ② ③ ④ ⑤ ⑥ ⑦ ⑧ ⑨ ⑩	5	①	②	③	④
교시코드		6	①	②	③	④
① ② ③ ④		7	①	②	③	④
		8	①	②	③	④
		9	①	②	③	④
		10	①	②	③	④
		11	①	②	③	④
		12	①	②	③	④
		13	①	②	③	④
		14	①	②	③	④
		15	①	②	③	④
		16	①	②	③	④
		17	①	②	③	④
		18	①	②	③	④
		19	①	②	③	④
		20	①	②	③	④
		21	①	②	③	④
		22	①	②	③	④
		23	①	②	③	④
		24	①	②	③	④
		25	①	②	③	④
		26	①	②	③	④
		27	①	②	③	④
		28	①	②	③	④
		29	①	②	③	④
		30	①	②	③	④
		31	①	②	③	④
		32	①	②	③	④
		33	①	②	③	④
		34	①	②	③	④
		35	①	②	③	④
		36	①	②	③	④
		37	①	②	③	④
		38	①	②	③	④
		39	①	②	③	④
		40	①	②	③	④

답안지 작성시 유의사항

1. 답안지는 반드시 컴퓨터용 사인펜을 사용하여 다음 [보기]와 같이 표기할 것.
   [보기] 잘 된 표기: ● 잘못된 표기: ⊗ ⊗ ⊙ ◐ ◑ ●
2. 수험번호 (1)에는 아라비아 숫자로 쓰고, (2)에는 "●"와 같이 표기할 것.
3. 과목코드는 뒷면 "과목코드번호"를 보고 해당과목의 코드번호를 찾아 표기하고, 응시과목란에는 응시과목명을 한글로 기재할 것.
4. 교시코드는 문제지 전면 의 교시를 해당란에 "●"와 같이 표기할 것.
5. 한번 표기한 답은 긁거나 수정액 및 스티커 등 어떠한 방법으로도 고쳐서는 아니되고, 고친 문항은 "0"점 처리함.

[이 답안지는 마킹연습용 모의답안지입니다.]

절취선

참고문헌

■ Department of Linguistics, the Ohio State University, 『Language Files : Materials for an Introduction to Language』, Ohio State University Press, 1991.

■ 예하미디어 편집부, 『영어학개론』, (주)예하미디어, 2006.

■ 김영문, 『영어학개론』, 박문각|에듀스파, 2012.

■ 홍영예, 윤영은, 백미현, 오은진, 채서영, 『영어학의 이해』, 한국문화사, 2011.

■ 박희석, 구희산, 『영어학의 이해』, 경문사, 2002.

■ 이승환, 안승신, 『영어음성학』, 한국방송통신대학교출판부, 2004.

■ 홍성심, 이봉형, 서진희, 김광섭, 『영어학강의』, 한국문화사, 2006.

안심Touch

SD에듀 독학사 영어영문학과 2 · 4단계 영어학개론

개정1판1쇄 발행	2024년 07월 10일 (인쇄 2024년 05월 22일)
초 판 발 행	2022년 05월 06일 (인쇄 2022년 03월 24일)
발 행 인	박영일
책 임 편 집	이해욱
편 저	윤규철
편 집 진 행	송영진 · 양희정
표지디자인	박종우
편집디자인	정재희 · 남수영
발 행 처	(주)시대고시기획
출 판 등 록	제10-1521호
주 소	서울시 마포구 큰우물로 75 [도화동 538 성지 B/D] 9F
전 화	1600-3600
팩 스	02-701-8823
홈 페 이 지	www.sdedu.co.kr
I S B N	979-11-383-7085-1 (13740)
정 가	23,000원